U0053740

思想觀念的帶動者

文化現象的觀察者

本土經驗的整理者

生命故事的關懷者

心靈工坊 PsyGarden

Master

對於人類心理現象的描述與詮釋
有著源遠流長的古典主張，有著速簡華麗的現代議題
構築一座探究心靈活動的殿堂
我們在文字與閱讀中，尋找那奠基的源頭

日本人的傳說與心靈【典藏版】

定本 昔話と日本人の心

河合隼雄——著
河合俊雄——編
廣梅芳、林詠純——譯

目錄

譯者簡介

廣梅芳（負責本書全文〔包含〈解說〉、第一章到第九章、附篇及索引〕翻譯）

臨床心理師，台灣大學經濟系畢業，倫敦政治經濟學院社會暨組織心理碩士，日本九州大學臨床心理學博士。定期在國際學會和期刊上發表心理學相關研究，以及翻譯十餘本心理學書籍，擁有十年以上跨國企業高管經驗，現旅居丹麥執業。譯作有《走進父親的花園》（探索）、《艾瑞克森：自我認同的建構者》、《憂鬱心靈地圖》、《慾望之心：了解賭徒心理》（張老師文化）、《理性的藝術》（心理）、《愛，上了癮》（心靈工坊）等。

林詠純（負責本書〈序說　國際化的時代與日本人的心靈〉、〈後記〉、〈岩波現代文庫版後記〉及〈典藏版編者後記〉翻譯）

臺灣大學物理系、地質系雙學士，日本九州大學藝術工學府碩士。曾在民間研究機構擔任日文研究助理，現為專職日文譯者。譯有《轉大人的辛苦》、《閱讀奇幻文學》、《神話心理學》（以上為心靈工坊出版）、《阿德勒勇氣整理術》、《親情救贖》、《洗腦》等書。

【典藏版推薦序1】

初遇河合隼雄

周慕姿／心曦心理諮商所所長

第一次讀到河合隼雄的作品，就是在我念廣電所時。當時有事沒事就會去學校的政大書城晃晃，找拉岡的書時，無意間看到這本《日本人的傳說與心靈》，封面是很美的浮世繪。忍不住好奇打開來看，一看卻停不下來，立刻付錢帶回去，而這本書，也成為我當時的論文的促發點，開始了我對榮格、童話分析的世界。

小時候，我非常喜歡各國的童話，讀了很多日本童話與民間故事。對於日本童話與西方童話不同的地方，印象十分深刻。例如以給孩童看的格林童話來說，大結局總是「王子與公主過著幸福快樂的日子」，「結婚」總是很重要的主題；就算不結婚，故事也一定會發生一些什麼：冒險的過程、有人死掉又重生的過程……但日本童話（或說民間故事），在這部分和格林童話有很大的不同，日本童話的故事情節，有許多故事是一個男人、遇到一個女人，後來因為發現了這個女人的某些秘密，一切幸福快樂都退回原點。例如我從小就很喜歡的童話〈黃鶯之居〉，或是大家耳熟能詳的〈鶴妻〉、〈雪女〉就是這樣的故事。這種「空」的結局，帶著一些悵然，有些事情似發生又沒發生，河合隼雄在《日本人的傳說與心靈》特別討論了這種結局與日本人的心靈、追求「美」的特性與文化的關聯性，讓當時的我讀了覺得非常驚嘆，聯想到一些關於日本文化的戲劇與故事，因而一窺日本人心靈的特色。

另外，河合隼雄在此書中，也花了很多篇幅討論「女性」的角色。這種「女性」、「母性」的特色，實為日本童話／民間故事很大的特色之一，特別是，「母性」象徵的「包容性」與「模糊」，也會在「界線」上呈現。例如在日本童話中，有些故事的特色是異界間的界線不明顯，可能因為一個時間的變化（傍晚為被稱為「逢魔時刻」），或是空間的變化，就到了異界。但在西方童話中，許多故事的「異界」，多半與「森林」有關，要走進一個「不容易進去的地方」，或是「被詛咒的城堡」、「傳說中神秘的國度」等等，因為不容易去，就會多了許多冒險、克服困難的成分。以「異界」來象徵潛意識，就會發現西方童話與日本童話的不同，這些不同，也是讓我們更能深入了解民族性、文化差異的極佳素材。

當時第一次讀《日本人的傳說與心靈》時，我時常想到《神隱少女》這部片（這也是促成我後來論文的主題之因），《神隱少女》的女性自我成長／母性主題明顯，且結合了許多日本與西方的童話元素，形成了這部片的瑰麗豐富樣貌。在我第一次《神隱少女》時，忽略了許多隱喻，當讀了《日本人的傳說與心靈》這本書，再去觀看《神隱少女》，甚至是許多日本電影、小說時，更能有機會發現其文本的多元與豐富，更提升了觀看文本的趣味。

河合隼雄是我非常崇敬的心理學家，也是我對童話分析的啟蒙大師。《日本人的傳說與心靈》這本書，除了有豐富的故事、令人目不暇給的分析外，其筆觸，就如同鄰家學識豐富的老爺爺，與你分享許多他觀察、蒐集、整理出的各種「文化的心靈層面」，這種關乎「集體潛意識」的心理層面觀察，實際上離我們並不遙遠，仍然深刻地影響現在的日本人，甚至也影響著與日本文化接近的我們。很高興聽到心靈工坊決定重新出版這本書，也有幸受邀替這本書寫序。非常推薦大家這本書，事實上，以古觀今，卻也發現：過去離現在，並不遙遠。

【典藏版推薦序2】

對日本社會影響最深遠的心理學家：河合隼雄

新井一二三／日本作家、明治大學教授

本書作者河合隼雄（一九二八～二〇〇七）是日本最有名的心理學家之一。他於晚年還當上了日本政府文化廳長官，可以說是對整個日本社會影響力最深遠的心理學家。

他被廣大日本人所愛慕的程度，可以透過邀請他對談並出版其紀錄的文學家名單推斷：村上春樹、吉本芭娜娜、小川洋子、谷川俊太郎……。我自己也找來他多本著作閱讀，而且從中取得了很大的鼓勵。如今，離他去世已經十多年了。可是，至今還有很多著作繼續出版而吸引著新讀者。

河合隼雄早年念日本國立京都大學時候的專業是數學；做了幾年高中教師以後，獲得傅爾布萊特獎學金去美國修讀心理學；後來再轉到瑞士蘇黎世的榮格研究所；一九六五年成為了日本第一位榮格派分析師。回到日本，他發現日本人不像歐洲人那麼善於用語言來表達自己的心事，反之透過沙遊療法（在沙箱裡自由擺放公仔等小物件來講故事）的方式讓個案表達自己，效果要好很多。

在寫作方面，早期的河合從西方觀點來批評日本文化的落伍性。那似乎跟他在軍國主義時代度過青春期有關。缺乏邏輯和感情用事是在日本社會上到處可見的現象，但是當指揮戰爭的國家領導人都具有一樣的毛病，那麼後果自然會非常嚴重了。這一點若跟西方社會的運作比較一下，就再清楚不過了。河合隼雄的代表作之一《母性社會日本的病理》（『母性社会日本の病理』）（一九七二）揭發了日本文化缺乏鞏固的父性原理。後來，經過多年的臨床經驗，他逐漸開始對日本文化的深層擁有獨特的洞察與了解。

本書原作（『昔話と日本人の心』）於一九八二年問世。當時在日本知識界，榮格派心理學特別紅。連大學生都熱中於榮格式的解夢分析，紛紛寫下「夢日記」，要從中找出符合阿尼姆斯、阿尼瑪、老智者等原型的形象。另外，用心理學方法來分析格林等童話隱藏的潛意識，也令人感到非常新鮮。差不多同一時間裡，美國心理學家寫的《長不大的男人》（*The Peter Pan Syndrome: Men Who Have Never Grown Up*）一書的日文版也成了暢銷書。正逢其時，河合隼雄出版了援用同一方法來分析日本傳說故事的專書，真叫大家大開眼界了。明治維新以後，尤其是第二次世界大戰戰敗後的日本，基本上把西方先進國家視為榜樣，沒想到連老家日本傳統的庶民文化，被專家高手料理了一下就能上得了檯面了。

再說，在這本《日本人的傳說與心靈》裡，河合隼雄關注的對象是老故事中的女性角色，也足夠教人吃一驚的。當時的日本，連女性主義的名稱都還沒有普及，誰會想到在老故事中往往處境悲慘的日本女性，居然能夠上大名鼎鼎榮格派分析心理學之檯面。雖然這一點可以說是從他早十年付梓的上述書一脈相傳過來的，可是大部分讀者還是被日本文化表層的重男輕女弄得眼花，沒能夠看清楚更深一層的結構：代表女性的阿尼瑪其實主宰著日本人的集體潛意識。

說實在，生活在日本社會，不時感覺到：日本文化最大的問題也許不是大男人主義本身，而是那些大男人們偏偏缺乏大男人該有的男子氣，或說榮格派所講的父性原理。正如，過去打仗的年代，日本軍隊常常做出很不合理的決定，導致國家接近滅亡。領導階層不合邏輯的決定在西方社會是一定要挨批評的，何況事關國家存亡。然而，同樣的錯誤判斷在日本卻以「寧為玉碎，不為瓦全」一類的美學話語所接受，並且還強說：那才是愛惜哀傷的「大和心」等。

我這次重讀本書，覺得特別有趣的是，河合指出：日本的老故事中，幾乎沒出現英雄打敗怪獸後娶得美女的情節。重複出現的反而是：年長的單身漢跟母親住在一起，過著「永恆少年」般的日子，而在故事中，他向象徵著潛意識的大海出航。連膾炙人口的浦島太郎都是。河合好像預言了進入二十一世紀以後在日本社會上常被觀察到的「草食男」；他們的標準症狀是：寧願回家跟母親、姊姊一起看著電視吃甜品也懶得出去外面交女朋友。

一想起河合隼雄，在我腦海裡就浮現：與其說是老先生，倒不如說像老太太的圓臉上，總是掛著笑容的形象。身為大學者，他為人卻一點不嚴肅，自稱是「日本說謊俱樂部會長」，還留下了箴言說：謊話是常備藥，真話是劇藥。

他是在兵庫縣山區的黑豆名產地丹波篠山，跟六個兄弟一起長大的。河合家的七兄弟長大後，三個成為了醫生，四個成為了學者。本書所收〈典藏版編者後記〉的作者河合俊雄是他兒子，於京都大學擔任教授，另外還有兩個兒子也都是學者。如此這般的家庭環境中，恐怕全日本最有名的心理學家也只不過是從小怕死的老五「阿隼」罷了。最晚年的二〇〇七年，他出版的童書《愛哭鬼小隼》，主人翁就是小時候的他本人。

我很好奇台灣讀者看了這本書以後，除了更深一層去理解日本文化以及社會結構以外，對自己的文化以及社會結構還會有什麼樣的發現和洞察？我等不及想看到讀者的回應了！

【典藏版推薦序3】

落霞與孤鶩齊飛：一個文化與理論辯證提升的深度心理敘事

魏宏晉／心靈工坊成長學苑講師

我們當下面對世界所具備的現代性（modernity）的最主要根源之一，是出自於古希臘文化傳統的理性精神。儘管十九世紀的新心理學在哲學觀點上，出現了非理性（irrationalism）的轉向，孕育出精神分析的新典範，但整體面貌仍屬科學主義的還原論（deduction），經實證回溯推論的支持（positivism），將問題簡化出一個最終的「答案」，心理問題也還是要推演出個根由，比如說佛洛伊德的性驅力、阿德勒的權力意志等。而其中異數當屬榮格，他的分析心理學不給「答案」，僅指出可能性，以整合代替翦除，為探索心靈鋪陳道路，尋求回鄉的契機。

榮格心理學突破狹隘科學主義的企圖，值得稱許，然而畢竟還是源自西方理性傳統的產物，東方文化圈難免有「適用嗎？」的疑問——而這樣的質疑合理嗎？甚至有解決的可能性嗎？河合隼雄先生的經典著作《日本人的傳說與心靈》深刻地回應了這些問題。

根據河合先生自己的反省，他是在成為榮格學派分析師後，才開始對自身的日本文化根底真正產生認同。無疑地，這與接受榮格學派的理論和實務訓練後而被啟發有關吧。這可說是「無意識的釋放」，也是「意識的覺醒」，整合出一個更高層次的河合隼雄。

河合先生在本書中以親炙於榮格的埃利希．諾伊曼（Erich Neumann）的理論出發，反思了理論普遍性的問題。他特別羅列與日本的文本情節類似，卻有不同敘事邏輯和結果的故事進行比較，凸顯因文化差異，會產生不同敘事脈絡的現象。而儘管河合先生的論述主軸在於文化內涵比較，對理論本身卻未加衝擊。我認為，這不是迴避問題，反而意在擴大理論蘊涵。

諾伊曼對母親原型的研究是榮格學派的經典，他基於意識多為無意識衍生的前提，認為人類出現意識，是脫離無意識而產生自我的過程。英雄（男性、理性原則）屠殺母龍（負向的女性、感性原則），以取得獨立自主的人格。之後再救出公主（正向、純潔的女性原則），與之成婚，完成整合，整然的心靈才得以出現。這個過程，是詮釋榮格個體化理論的一種常見模式。

然而，受限於傳統西方二元論思維的影響，神話象徵特別容易被誤解（或者簡化）為「男尊女卑」。意識的產生以英雄屠龍的故事傳佈，變成了弒母的隱喻，成為指控父性霸權的堅實鐵證。然而這種突出意識與無意識「對立」關係的表達方式，與東方重視的「和諧」原則大相逕庭。在日本文化裡，避免衝突幾為本能機制，遑論弒母更是難以想像。一旦把「對立」與「和諧」概念化成絕對的理論基礎，諾伊曼的理論不就無法跨越文化的天塹了嗎？於此，藉用扎格列歐斯（Zagreus）受苦的希臘神話，也許可以幫助思索這個問題。

宙斯與泰坦族爭霸期間，與其女波瑟芬妮生下扎格列歐斯後，暗示他將繼承自己王位。天后希拉出於嫉妒，也基於權位的考量，唆使泰坦巨神將扎格列歐斯劫走、扼死、撕碎，甚至還要吃掉他。千鈞一髮之際，雅典娜搶救出他的心臟，交由宙斯吞下。後來宙斯再把這顆心臟放進底比斯公主塞墨勒（Semele）腹中，使其轉世成為酒神戴奧尼修斯（Dionysus），列名奧林帕斯神班，與希拉地位相等。

扎格列歐斯被撕成碎片，死而復生，等同心靈個體化的歷程，以心臟為象徵的心智遭到強大無意識阻撓，能量無法向外釋放，內在便發生嚴重衝突對立，受到神性的痛苦懲罰。

扎格列歐斯便是這樣的例子！他有大神宙斯的應許，但遭遇大女神希拉的反對。他既不能拒絕走上成神之路，也無法像人間英雄屠龍一般，殺掉不死的希拉，只好被激烈地撕扯、折磨，藉受苦而轉化。這與精神疾病患者所經歷的並無二致，和尼采面臨過的一模一樣，他們的心靈真實地被撕裂與吞噬。

我們沒有在扎格列歐斯成神的過程中看到他殺戮，因為他殺不死任何一位「敵人」。所以，「弒母」不是個體化的必要條件，這只是西方以男性為表徵的理性原則的象徵性表達，也是西方二元對立哲思的簡化。若採以東方的和諧原則，故事的說法便見不同。比如，如河合隼雄所舉例的，面對各種鬼妖威脅時，日本民間故事很少出現直接衝突擊殺的場面，反多以委婉的方法處理，如餵食石頭、草藥阻避等，更離奇的還逗鬼發笑，甚至成為家人共處的情節……，這種種「怪招」，無非是避禍之外，還希望求全。本書中，多的是各類相關故事的描寫，經作者分析後，更為生動深刻，於此不加贅述，留待讀者自行閱讀發掘，以增樂趣。

日本文化的和諧原則，反映在許多民間故事中，出現許多「離奇情節」，其中或與其他文化有相通者，如利用露出性器官驅鬼，可能都是出自以對立物的巫術象徵抵抗攻擊的思維。然而有些故事則專屬於日本，比如來歷曖昧的美女與人間男子相遇，在男子觸碰到女方禁忌後，美人便消失，彷彿以女性為表徵的終極之美在人間終歸只能曇花一現。這不是西方英雄勇敢屠龍、終於抱得美人歸，「從此過著幸福快樂日子」的「標準版本」。在日本，常出現故事繞了一圈，結局卻回到原點，像是沒發生過一般的情節。美以消失無蹤的方式，在「絕對無」的狀態中完成，如佛教的寂靜涅槃，可能性只能發生在另一個理想世界裡，在那裡才有超越不完美現世的完美。這種透過女性之形象、行為和意志所建築的、男性無可置喙的「淒美」，在其他文化裡少見，但日本故事中卻屢見不鮮。這也說明，誰都有權訂定規則，而能夠以絕對意志執行者，就是西方理論所謂的「男性」，而非性別上的男女。在這點上，河合先生深刻分析日本人的故事和心靈後，反而更精準地表述了榮格理論所指認出來的人類心靈結構。

河合隼雄善於應用日本各類文學故事與深度心理學理論相互驗證，落霞與孤鶩齊飛，秋水共長天一色，辯證性地，提升文本的內涵，也擴大理論廣度，《日本人的傳說與心靈》允為其翹楚之作，心靈工坊出版多年後再增訂重版，不容錯過。

【二〇〇四年中文版推薦序】

日本人的深層心理

李永熾／國立台灣大學歷史系退休教授

河合隼雄教授是日本著名的榮格學派學者，一向以榮格心理學探討日本人的深層心理。他曾以《中空結構日本的深層》一書探討日本神話的結構，認為日本社會應該不是威權取向的社會，而是沒有中心（即所謂中空）、重視協調的社會。這種社會結構跟中國和西歐的社會結構非常不同；也是日本容易接受外來思想的原因之一。之後，河合教授又從日本民間傳說來探討日本社會結構的深層性，成果就是這本榮獲第九屆大佛次郎獎的《日本人的傳說與心靈》。

河合透過日本人所熟悉的「浦島太郎」與「鶴妻」等民間傳說的解析來呈顯日本民族的心靈。民間傳說所表徵的經常是庶民的深層心理欲求與心理現象，換言之，以傳說分析得以挖掘日本人隱晦的無意識，呈顯日本庶民的心理狀況。此一現象與日本日常性的表層現象經常並不相同。日本社會的表層結構看來似乎是父權取向的威權社會，然而就其深層結構觀之，則是相當女性化的柔性社會。

此書除了從民間傳說的分析釐出日本人的心性之外，還以比較日本與西歐傳說的方式呈現日本與歐洲社會結構的差異性。閱讀此書不僅可以獲得解析民間傳說的方法與樂趣，更可以進一步了解日本人的心靈與社會結構。關心日本的人，不可不讀。

【二〇〇四年中文版作者序】

中文版序

河合隼雄

拙作《日本人的傳說與心靈》中譯本在台出版，我深感榮幸。本書雖已有英、德文譯本，但有機會在東亞地區發行，還是格外高興。當初寫這本書的部分原因在於藉此探討一個重大問題——身為受到西方文化強烈影響的日本人，我該怎麼做才能不失去自我認同？因此，本書若能幫助和我面臨相同問題的中文讀者，我將十分欣喜。

我年輕時著迷於西方文化，對自己的傳統文化則是憎惡不已。在這種景仰西方文化的心情下，我得到傅爾布萊特獎學金，於一九五九年前往加州大學洛杉磯分校求學，一直到一九六二年才離開。當時接觸榮格心理學派，於是決定前往瑞士，在蘇黎士做更深入的研究，而在三年後取得榮格心理分析師的執照。在美國和瑞士停留期間，我從西方人的角度審視自己的文化，同時透過榮格心理學派向內尋求日本文化更深層的意涵。這樣的經驗對我助益良多，也讓我開始了解日本與東方文化。

榮格學派藉由童話洞察人類心靈最深層的地方。馮・法蘭茲（Marie-Louise von Franz）在蘇黎士榮格學院講授的童話課程令我印象深刻。然而，我在閱讀日本童話的時候卻發現日本童話和格林童話大大不同。那時我把格林童話當成放諸四海皆準的「標準」，相形之下日本童話幾乎一點意義都沒有。我花了很多時間才得到結論——日本童話有其意義。日本童話並非「無意義」，而是傳達「空」的概念。「空」對人類來說具有深奧意涵。

看到這裡，中文讀者一定會聯想到強調「空無」的老莊思想或佛教。我不在意誰最早提出「空」的概念；我把「空」的概念視為在東亞人民心靈最深層的共同點。學者或一般讀者若因本書開始研究中國童話，進而發現新想法或新知識，那我將十分高興。

感謝本書編輯黃素霞小姐和所有參與本書出版的人士。

序說　國際化的時代與日本人的心靈

西方近代的自我

我在一九五九年以傅爾布萊特獎學金留學生的身分前往美國留學時，遭受到相當嚴重的文化衝擊。我的思維從小就比其他同年齡的孩子更理性、更合邏輯，所以經常因為日本大人的不理性、不合邏輯而氣憤。日本戰敗讓我的這種傾向變得愈來愈強烈，我甚至覺得西方近代的科學思考才是唯一的正確方法。所以我原本以為自己是個西化的人，但實際來到美國之後，雙方之間的文化差異仍讓我驚訝。

尤其他們盡可能試著將想法明確化為言語的態度，特別是強烈連結到自我主張的時候，總讓我覺得「真服了你們」。對日本人而言稀鬆平常的事情，似乎也有許多看在美國人眼裡覺得不可思議。而當美國人將明確的邏輯層層堆疊起來的時候，身為日本人的我卻覺得他們遺漏了最重要的事物。話雖如此，我也不認為日本比較好。我曾陷入當美國人攻擊日本人時想為日本說話，但如果日本人聚在一起說美國人壞話，我也會反過來想幫美國人辯護的兩難境地。

後來我逐漸發現，當兩者彼此以帶有親切、責任感、信賴等價值的言語攻擊或批判對方時，對彼此的理解程度都很淺薄，因此在以這樣的價值觀責備對方之前，應該去了解兩者在心靈狀態上的基本差異。關於這點，我之後會以父性原則與母性原則的區分來釐清兩者之間的不同，譬如「親切」是源自於父性原則還是母性原則，呈現出的狀態將會大相逕庭。因此如果沒有發現這點，可能就會發生斷定對方「不親切」的狀況。

埃利希・諾伊曼（Erich Neumann）的著作《意識的起源與歷史》，以具體化的表現鮮活地描述了西方近代確立的「自我」與其建立過程。我至今仍難以忘記在瑞士留學時讀到本書的感動與衝擊。本書也將極為簡略地介紹諾伊曼的理論（原文書第二十至二十六頁）[1]。他的理論非常明快，並且強而有力帶給讀者體驗性的理解，我一方面為此而感動，另一方面也領悟到日本做為一個整體，尚未到達確立這類「自我」的階段，因此受到強烈的衝擊。自此之後，諾伊曼的理論就一直是我經常在心裡參照，並且必須對抗的存在。

非常坦白地說，如果將諾伊曼的理論套用在日本的狀況思考，將會面對日本人當中「有人成功地殺掉母親嗎？」這個問題。觀察包含自己在內的日本人，就會發現成功做到這點的人出乎意料地少。如果將近代的自我確立視為「正確」，並且認為諾伊曼提出的過程是絕對，那麼就不得不斷定日本人「落後」於西方。但無論是自己實際身為日本人這點，還是從歐美人的生活方式中得到的**真實感受**，都讓我覺得，儘管承認近代的自我確立對人類而言極為重要，卻很難說是唯一。

我逐漸開始認為，日本人，或是非基督宗教圈的人的生活方式，各自有其價值與意義，沒有遵循歐美模式的必要。但接下來產生的問題是，將這樣的想法寫下來極為困難，一不小心可能會寫成並不完全的歐美模式，或是因為無法恰到好處地描述其結構，結果給人「比不上」歐美模式的感覺。

女性的意識

我從瑞士回國之後，隔了十年才寫下《童話心理學：從榮格心理學看格林童話裡的真實人性》，這並不是因為想寫的內容不明確，而是因為該如何將這樣的內容傳達給日本人是個難題。這本書出版時，獲得一般人的廣泛接受（話雖如此，學院派的心理學界並沒有將這樣的內容視為學術研究的對象）。而事實上，我自己覺得《童話心理學》採用格林童話作為骨架有點可惜。畢竟我身為日本人，明明知道日本有許多民間故事，寫作時卻仍以格林童話為題材，不管怎麼說都不自然，但另一方面，如果要以「榮格心理學」為基礎探討民間故事，格林童話運用起來遠比日本民間故事容易也是事實。所以我當時心想，首先第一步先運用格林童話寫成容易理解的形式吧，接下來再挑戰日本的民間故事。

我在撰寫《童話心理學》時，因為抱持著這樣的想法，所以也多少會參考日本的民間故事，討論彼此的異同。不過一旦開始準備動筆寫日本的民間故事，就發現這個工作並不容易，需要相當的時間。雖然我未曾停止思考，但《日本人的傳說與心靈》的出版時間，仍與上一本著作隔了五年。這段期間想法一直難以整合，讓我費了一番苦心。把對格林童話的分析套用在日本的民間故事上時，讓我經歷了完全不同的困難。

我在反覆閱讀日本的民間故事當中，發現自己想做的工作不單單只是針對日本的民間故事進行思考，而是希望找出那條與西方近代自我不同的路線。這樣的工作當然困難。西方近代的自我，是撰寫「論文」的強大武器。因為其概念有明確的規定，並且一直以來都致力於釐清概念之間的相互關係，提出邏輯整合的體系。因此日本人在撰寫「論文」時，也必須仰賴借用西方「自我」的效力。但我無論如何都想從事與之不同的工作。但我在撰寫與西方風格的自我不同的自我時，能夠融會貫通、排除矛盾嗎？

由於在撰寫時遇到這個本質上的困難，因此遲遲無法將「日本的民間故事」寫成一本書。對我來說每一則民間故事都很耐人尋味，都有很多想說的內容，所以我找不到一個融會貫通的方法。我想了很多之後赫然發現，可以「把焦點放在女性主角」，這真的讓我很欣喜。從「女性的意識」切入，就能將整體貫穿起來。

女性的意識確實擁有「整體性」。但這並不是積極、主動找出條理所帶來的「整體性」。

反而是雖然自己並未試圖主動找出條理，卻被動地受周圍影響，並在這樣的被動性當中，自然而然看見條理。這很容易被看成行動不積極、沒有判斷力，但其實這樣的行為本身具備了力與價值，是堪與西方風格的男性意識相提並論的另一種個別意識。

如同諾伊曼提出的象徵自我確立的男性英雄，在近代的西方具有「不分男女」的意義，我所提出的「女性意識」，對日本人來說也同樣具有「不分男女」的意義。或者倒不如說，我的意思是現代人無論東西方，都不應該把西方近代的自我當成絕對唯一，無論是意識的狀態，還是自我實現的過程，都應該有許多變化才是適切的想法。

我懷著這樣的意圖，想著該如何仔細描寫「女性的意識」，完成了這本《日本人的傳說與心靈》，對我自己來說，則有著「如此一來，自己的想法終於首度問世」的心情。之前撰寫的書籍，主要目的都是將自己從榮格研究所以及榮格的著作中學到的內容傳達給日本人，所以總是想到身為日本人該如何理解這些內容，雖然也會在某種程度上闡述自己的意見，卻不覺得具有自己的獨創性。而且過去在「該如何將榮格的想法傳達給日本人」方面，有許多必需的考量，所以撰稿時與其說是直接自己的想法，不如說把更多心思花在讓讀者理解更多，但撰寫《日本人的傳說與心靈》時，總而言之是將重點擺在自己想說的內容上。

再訪歐美

我從榮格研究所回國之後，就完全與歐美斷絕關係，以自己的方式累積自己的經驗。這樣的經驗雖然讓我開始能懷著自己對西方近代自我的想法，討論日本人的意識狀態，但我也擔心，這樣的理論對歐美人適用嗎？

我在《日本人的傳說與心靈》出版的一九八二年，時隔二十四年之久再度造訪美國。這對我來說是個好機會，藉此測試自己在日本單獨思考的事情能於在國外能夠獲得多少認同。我在美國與第一位分析師斯皮格曼（J. M. Spiegelman）博士，以及在瑞士榮格研究所留學時認識的希爾曼博士暢談之後，終於知道自己在日本思考的許多事情沒有太多偏差。更令我欣喜的是，他們也感受到超越西方近代自我的必要性，並因此而努力。於是我開始覺得自己「身為日本人」的想法，對世界而言似乎也有意義。

這點為我帶來勇氣，而我從這年開始，也突然在歐美友人的支持下，經常造訪他們所在的地方。就像開頭所寫的，我抱持著強烈的「向歐美學習」的態度，而實際上我一直以來也從歐美學到許多，所以我從來沒想過自己會反過來站在授課的立場。但是美國的友人給了我勇氣，讓我能夠四處演講。接著在一九八四年，我在洛杉磯的榮格研究所講授日本的民間故事，同時也準備將我的著作翻譯成英文出版。

我在〈『半人』的悲劇〉（收錄於《民間故事啟示錄》，二〇一八年，心靈工坊）開頭寫道，我為了將自己的著作翻譯成英文而仔細閱讀時發現，自己雖然寫下「關於『片子』的事情之後再討論」，但後來完全沒有再提及。這時我甚至覺得背脊莫名冒出冷汗，自己忘記思考自己的命運，如果就這樣棄之不顧——就像片子故事的結局一樣——將會發生悲劇。我覺得父親是鬼，母親是日本人的「片子」，與我的狀況極為相似。因為根據西方的榮格思想，思考自己身為日本人的生存方式，在許多方面都必須品嘗「片子」的苦澀。

我從瑞士回國之後，二十多年來都沒有再接觸歐美的其中一個理由，就是自己的立場中有這樣的不安定。我既不是能將日本的傳統宗教或藝術傳授、教導給西方人的專家，也並非精通西方學問，能夠發揮超越他們的能力。我覺得自己這種半是西方、半是日本的狀態，無論從哪邊看都給人半吊子的感覺不是嗎？但我發現，就算是半吊子，以半吊子的方法逐漸加深體驗，也能讓發言產生意義。

我在美國進行關於「片子」的演講時，結束後有許多人過來跟我說「我也是片子」，這點讓我十分驚訝。其中有些人是外國裔第二代或混血兒。像這些不會讓人立刻聯想到「片子」的人告訴我，我所說的內容「可以有許多不同的解釋，譬如甚至可以想成精神與肉體之間的『片子』」讓我印象非常深刻。演講後收到的來信中，每一位聽眾都寫著「我邊想著『自己心中的片子』邊聽演講」或是「現代沒有人心裡不存在『片子』吧」等等，讓我覺得非常欣喜。我原本的打算是談論自己的事情，卻意外地引起所有聽眾的共鳴。

我在拜訪歐美進行演講或授課時，也經常提到「中空結構」。像這類關於神話的分析，我也經常在意識到西方的自我的情況下進行。若將「統合」與「均衡」想成相互對比的概念，那麼西方意識較重視前者，日本人的意識較重視後者，不是嗎？我試圖透過比較兩者的神話結構來釐清這點。我在歐美談論這個問題時發現，歐美人同樣沒有把這點單純當成「日本的狀況」，而是將其視為與自身在現代的生活方式有關的事物來理解。

當然，歐美也有許多人活在以近代自我為中心的思維當中，這是事實。要讓這些人接受「中空結構」的含意非常困難。不過，能夠得知深刻承受現代問題的歐美人，面對被我視為自己本身的狀況來談論的「日本人的內心深層」時，也當成「自己的事情」來理解，對我來說具有非常深刻的意義。原來我的想法在「國際化的時代」也能發揮作用。

關於方法論

前述經驗為我的評論，或者為我構思評論的方法論帶來一些想法。我甚至曾經主修過數學，所以一有機會就喜歡思考方法論。我以前甚至還覺得方法論不夠確實的研究沒有價值。畢竟我是「學者」，最重視研究，因此我也必須經常留意自己的研究的方法論。

不過，我雖然說自己是「學者」，但我自己實際的想法，還是把「心理治療師」當成第一優先。為了成為更優秀的心理治療師，研究與學問都是必要的。我屬於這層意義上的「學者」，但我開始覺得，當我進行能實際對心理治療帶來幫助的學術研究時，似乎與其他一般「學者」的研究不同。其中一個例子就是收錄於本書的，關於民間故事與神話的評論。想必也有人對於能否把這篇評論當成「學術」論文抱持的很大的疑問吧？但實際上，我在撰寫這些文章時，總是把方法論放在心上。

譬如以「片子」為例。我在本文提到，寫這篇論文最強烈的動機源自於自己本身也是「片子」的自覺，也源自於必須探究這項問題的內在衝動。我寫論文時終究無法排除這個中心思想，而如同前述，這篇論文得到許多人的共鳴，讓我發現這麼做有其意義。這雖然也可說是一條從個體邁向普遍之路，但我們也必須認知到這種「普遍」與自然科學中的「普遍」完全不同。

在自然科學當中，研究者與其「對象」被分割開來，盡可能「客觀」地進行研究。其結果的「普遍性」獨立於研究者個人之外。以這樣的研究為基礎打造的科技，只要根據說明書操作，任何人都能得到相同的結果。由於這個方法的效果太好，所以大家會過度以為所有「學術」研究都必須遵循這個方法。於是以「物」為對象的學問急遽進步，但以人的關係性為問題的領域，累積的結果卻一片荒蕪，不是嗎？

我的方法則完全相反，不僅不揚棄主觀，甚至還對其相當重視，並以此為依據展開研究。

而對研究的評價，涉及接觸研究的各人的主觀評價。因此我不像自然科學研究那樣，根據方法論主張普遍性。說得極端一點，甚至只要我自己一個人接受就夠了，但為了讓這項研究擁有一定程度的普遍性，還是必須花心思在探究的方法與提出的方法，此外更重要的是必須加深我自己的內在體驗。

不過，這裡所說的加深體驗是什麼意思呢？意思是我必須避免依賴明確、毫無矛盾的明晰意識，而是定睛凝視在自己心底深處蠢動、曖昧難解的意象，並依靠從中獲得的事物，自己徹底負起責任謹慎行動。這時又會產生新的意象，也經常會遇到苦於判斷的情況。但絕對不能急於將意象明確化、或是急於歸納。過程中需要的不是自己的意志，而是耐心等待，如此一來這些意象自然而然就會開始逐漸現形。我想不斷累積這樣的經驗，就是所謂的「加深」。

透過這樣的過程掌握到的事物，需要一定程度的工夫才能傳達給他人。舉例來說，就像本書所呈現的，以民間故事為例，就是盡可能多調查類似的故事，也必須與不同文化的國家的狀況進行比較。但各位必須認知到這些終究只是旁證，是取得讀者「理解」的工夫。這點還是與自然科學當中，透過累積資料來證明自己假說的方法不同。

我後來知道自己的方法不只適用於日本，也一定程度適用於歐美。但我想學院派世界的普遍傾向，仍尚未準備好明確接受這樣的做法。而且我也沒有要否定西方的自我或自然科學方法的意思。我認為與西方的方法並存，並且引進這些新的方法與想法，對於日後國際間的理解也有很大的幫助。我想只有深化自己生而為日本人的這個事實，才能以國際人的身分過著有意義的生活，也才能與其他國家的人進行交流。（林詠純譯）

註釋

1 編註：本書的原文書頁碼為貼近內文下方之數字。

說一說那些古老的故事！——
已知未知的過去，
不能不聽一聽啊 ——

——鹿兒島縣黑島——

|第一章|

禁忌的房間

古老的民間故事到底要告訴我們些什麼？許多人認為民間故事是脫離現實、荒誕無稽而且 1
毫無價值的。但是從最近常聽到「民間故事風潮」這個名詞，就可以知道有愈來愈多的人開始關心民間故事。我們不但可以、而且有必要從許多不同的角度去研究民間故事，比如說從民俗學、文學、宗教學等不同的領域進行研究探討。我則是從深層心理學的立場出發，希望能從日本的民間故事中，找出日本人的心理。從日本人最近開始關心民間故事可以看出，日本在承受劇烈的近代化和國際化衝擊之下，開始有意識、無意識地希望從由古傳承至今的民間故事中，找回屬於日本人自己的認知。但是光靠閱讀民間故事有可能找到認知嗎？學術界建立了這方面
的科學方法嗎？這些疑點在此暫且放下不論，我現在想要做的是直接從民間故事本身著手。與 2
其探討抽象的意義，不如直接感受故事本身帶給我們的衝擊力要來得有說服力，接著再針對閱讀中產生的問題進行討論。首先要介紹的是具有日本民間故事典型特徵的「禁忌的房間」，例如「黃鶯之居」。

1 黃鶯之居

「黃鶯之居」是一個非常美麗的故事。如同後面的附表所歸結的一般，在日本全國各地都有類似的故事，在此要介紹的是在岩手縣遠野這個地方收集到的版本（見附篇）。這個故事敘述一個年輕的樵夫在一片荒野的森林中發現了一座從來沒看過的氣派豪宅，他長這麼大都沒聽過有這樣一個地方。人有的時候會在平凡的日常生活中突然遇到一個不尋常的機遇。他在這個豪宅中遇到一名美麗的女子，這個女子因為要外出，所以拜託樵夫幫她看家，但是臨走前告誡他：「不要去看後面那棟房子。」但愈是禁止愈會勾起人類的好奇心，這個男的終於犯下禁忌，進到那棟房子。房子裡面有許多間美麗絕倫的房間，當進到第七間房間的時候，他拿起裡面擺的三個鳥蛋，但是失手將這些蛋打破了。那名女子回來看到之後，一面變身為黃鶯，一面恨恨地哽咽著說：「我可憐的女兒啊，吱啾啾啾啾。」鶯啼婉轉地隱身而去。一般來說，民間故事都不會繼續敘述這位被留在那裡的男性的心情，不過這個故事最後是以這位男性呆站在豪宅消失、荒野中空無一物的景象做為完結。

對於故事主人翁的樵夫來說，這片荒野的森林應該是他很熟悉的一個地方。但是卻在偶

3

然之間發現一座從未見聞過的氣派豪宅。我們都曾經有過這樣的經驗：在熟悉的現實生活中，突然發現到一個自己從未曾注意過的事物。在我們習以為常的風景中，可能隱藏著耀眼奪目的美景，也可能隱藏著未知的可怕深淵威脅我們。也許一個我們一直認為非常美麗的人，其實非常醜惡，有時甚至會化身為夜叉。所謂的現實，其實包含著不可勝計的各種層面，只不過我們在日常生活中，會把所謂的現實整合為一個不具威脅性的表面形象；但當這表象被突破之後，裡面的深層結構就會被暴露出來，而民間故事正是用各種故事來描述這些特殊經驗。以這個故事為例，樵夫突然在一個熟悉不過的環境中發現一座豪宅，而且裡面還住了一個美女。這麼一想，許多傳說故事的主人翁不是迷路、被父母遺棄，就是遇到一些類似的不平凡狀況或遭遇。

如果注意那些已認知到現實具有多層面向者的意識，就會發現人類的意識結構也是多層面的。有的人也許到現在為止都不曾意識到現實的多層面，但是有一天可能會因為某個契機而意識到，如果這個未曾認知的意識叫做無意識層，那麼可以說人類的心理包含著意識、無意識等多個層面。所謂的深層心理學就是假定人的心理具有多層性，進而解讀心理深層結構的學說。如果民間故事真的如前所述，是在敘述現實的多層面，那麼透過民間故事，我們應該可以解讀人類心理的深層結構。以「黃鶯之居」為例，年輕的樵夫看到一座未曾看過的豪宅、住在裡面的美女，以及美女不准樵夫看的那棟房子，這些都可以被認為是在反應人類的心理深層部分。故事中的「禁忌的房間」，並不只是文字上所顯示的那麼簡單，而是代表著人類的心底深處。

4

「黃鶯之居」這個故事，在日本民俗學者關敬吾等人所編著的《日本民間故事大成》[1]中，被編在一九六Ａ「禁忌的房間」這個大項目裡面，項目中還記載許多類似的故事。這些故事到底是因為口耳相傳而產生不同版本，還是每個故事本來就是互相獨立的故事，這暫且不提，在這裡是藉由探討這些故事當中共通的模式，了解其中饒富意味的地方。現在列出一個簡單的表來分析這些故事（請參考下頁表一）。在此表中，已經把一些情節差異不大或者源自同一個地區的故事省略，實際上所收集到的故事比這個表中的數量還多。在表中，故事第十四到十八與其他的故事差異較大，故事第一到十三的共同部分是主人翁為男性且與一位年輕女性相遇，並且看了那位女性不准他看的「禁忌的房間」，女性之後因而離去，男性則回到原來的生[5]活當中。其中只有一個（第十個故事）描述那位年輕的男性最後變成一位老公公。

全世界的民間故事和傳說之中，都有描寫平凡的男性和不屬於這個凡世的美女相遇的類似情節。比如說著名的「天鵝湖」，就是描寫在森林中迷路的王子，看到天鵝所幻化的美女而一見傾心的故事。當我們以這種日常、非日常的空間結構去解讀人的心理結構時，可以劃分出意識、非意識的心理層次。換句話說，在男性的無意識層次中存在著一位特殊的女性形象，並且期待與她相遇的心理，這種心理並不專屬於某一位男性，而是一個普遍存在的現象，其意義甚至大到讓世界上許多人都傳誦類似的故事。這種相似的故事情節，正可以說明人類在無意識的心理層面中，擁有一些普遍共通的部分。不過我們會在下一節當中說明這些情節會受到文化和

表一　〈黃鶯之居〉的類似故事

	發生地點	觸犯禁令的人	立下禁令的人	場所	禁忌的房間	房間裡面	結果
1	岩手縣上閉伊郡	年輕樵夫	美女	荒野中的森林	後面的房子	寶物、失手把黃鶯的蛋打破	女子化身黃鶯而去，男子回歸原來
2	山形縣最上郡	茶館的店長	美麗的女子	荒原之中	第十二間房間	一整年的行事曆	聽到黃鶯的聲音，男子回歸原來
3	長崎縣南松浦郡	男子	女子（提出求婚）	山中	東邊和西邊的寶庫	梅花上面有一隻黃鶯	黃鶯振翅飛去，男子回歸原來
4	香川縣丸龜市	旅人	美麗的女兒	迷路	兩個寶庫當中的一個	黃鶯	女子化身黃鶯，男子回歸原來
5	鳥取縣東伯郡	商人	女兒（提出求婚）	某一條街	最後面的第十二個寶庫	梅花上面有一隻黃鶯	女子把男人趕出去，男人回歸原來
6	鳥取縣西伯郡	樵夫	女子	迷路	第四個寶庫	稻米在眼前由種子長成稻穗	女子化為白鷺，男子回歸原來（四年經過）
7	岐阜縣吉城郡	男子	年輕女子	深山	後面的寶庫	桶子裡面有魚	女子發出咕咕聲，鳴叫而去
8	山梨縣西八代郡	兩個賣炭的人	女兒	迷路	衣櫃	稻米在眼前由種子長成稻穗	女孩非常悲傷遺憾，男子回到原來
9	新潟縣長岡市	男子	女子	茅草遍布的野外	第七個寶庫	梅花上面有一隻黃鶯	女子化身黃鶯，男子回歸原來
10	新潟縣西蒲原郡	木匠	女子（提出求婚）	深山	第十二個房間	山神的房間	女子化身為黃鶯，男子變成老公公

11	新潟縣栃尾市	男子	美麗的女兒	深山	第二個房間	梅花上面有一隻黃鶯	女子化身黃鶯，男子回歸原來
12	福島縣磐城市	旅人	年輕女子	原野	第四個寶庫	梅花上面有一隻黃鶯	女子化身黃鶯，男子回歸原來
13	岩手縣花卷市	年輕人	女子（黃鶯報恩）	在山中迷路	後面的房間	失手把蛋打破	女子化身黃鶯，男子回歸原來
14	靜岡縣賀茂郡	男子（提出求婚）	美麗的女兒	豪宅	三年之內不能看到年輕女子		女子化身黃鶯，男子回歸原來
15	福島縣南會津郡	母親	兒子	自己家裡	某個房間	兒子打開翅膀睡著	兒子轉身而走，不知去向
16	山形縣最上郡	年輕的行方僧	年輕女子	旅途中的住所	第十二的寶庫	大雪	女子飛身而去，和尚凍死在雪中
17	岩手縣上閉伊郡	女子	女子	撿柴的地方	第十三個房間	雞	觸犯禁忌的女子變成一隻雞
18	靜岡縣磐田郡	女兒	男子	旅途中的住所	第三個寶庫	龍（男子的父親）	兩個人結婚

社會的影響，因而產生各種變化。也就是說，民間故事是結合一般人普遍共有的性格，再加上該文化中特有的性格而成。本書的目的就是希望藉由探討日本的民間故事，能夠將後面這個部分的性格釐清。

在討論文化差異的問題之前，先將「黃鶯之居」這個故事的特徵解釋清楚。首先，眾所周知地，黃鶯這種鳥類自古以來就深受日本人喜愛。黃鶯在日本被視做「報春」的觀賞鳥，不過日本人到底是從何時開始有這種傾向則不可考。從《萬葉集》中就已經有關於黃鶯的詩歌可以看出，日本從相當古老的時代開始就把黃鶯視為非常重要的鳥類。在《古今集》當中，黃鶯則以春天的鳥類形象大為活躍。《古今集》的假名序之中有以下的句子：「花旁黃鶯啼叫，水中青蛙輕唱，此情此景，讓人詩意大發。」黃鶯在日本人的美學意識中扮演相當重要的角色。這種代表著「美」、「春天」的鳥類，與美麗少女的形象結合在一起，可以說是想當然爾。《海道記》裡「鶯姬」的故事也屬於這種系統。在日本人的心中，黃鶯之居裡面住的那位美麗的女性形象，可以說非常根深柢固。

　在日本人的故事中，於非日常生活空間裡相遇的男女，會發生什麼樣的事情呢？把這兩個人的關係以圖來形容的話，就會是圖一的樣子。樵夫所住的村莊很明顯地屬於平常的世

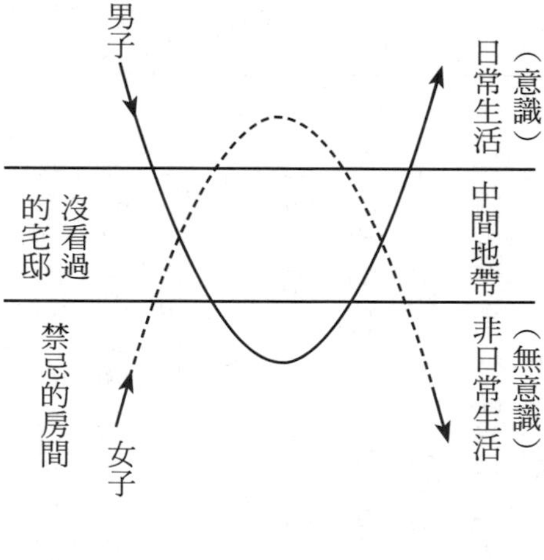

圖一　男女的軌跡（黃鶯之居）

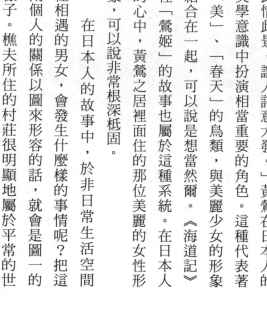

界，對於他來說，山和原野也都是他日常生活中的一部分，但有一天他突然在這裡發現一座從未看過的豪宅，這房子可以算是一個介於平常世界和非平常世界的中間地帶；而宅子裡那間女性不准他偷看的房間，則可以說是屬於非平常的世界。當這種結構還原為人類的心理時，前者就是意識的世界，而後者是無意識的世界。[9]

在平常與非平常世界的中間地帶的這對男女，一經相遇之後馬上就分開，當女子去村子裡買東西的時候，男子侵入到「禁忌的房間」。當他們再度相會的時候，也就是分離的時刻，男子和女子分別回到自己原來平常、非平常的世界。這就像是兩條彗星的拋物線，當那兩次的剎那相遇之後，再也不可能相遇。在類似的故事當中，第三、五、十、十四、十八個故事中出現結婚這個情節。第三、五、十個故事的情節特別類似，在男女一見面之後，女方就提出求婚。其中比較特別的是第十個新潟縣西蒲原郡的故事中，男子最後變成老公公，他在非平常世界中的經驗，影響他在平常世界中的時間體驗，這和之後第五章裡「浦島太郎」的故事有非常類似的部分。當對照浦島故事的演變過程之後，「黃鶯之居」的故事以及女子主動提出求婚的情節，似乎顯示故事源頭更為古老。不過這都是遠不可考的推論了。[10]

如同之後第五章所推論的，由女性主動提出的求婚，就算因此有結婚典禮，也不會像西方故事中常有的那樣，從此過著幸福快樂的生活；相反地，結婚之後就是不得不面對的分離。就像在第十四個故事中，當男性提出求婚，卻破壞了女性提出的禁忌後，還是導致分離的結果。

雖然第十八個故事是以男女結婚做為結局，不過故事中提出禁忌的是男性，而破壞禁忌的是女性，因此與其他的故事有明顯的不同。這就像是關敬吾所說的「這不算是一個純粹的『禁忌的房間』的故事」[2]。以這種看法來說，排除那些特殊例子之後，幾乎可以確定故事的主要情節就是男女有如兩條拋物線一樣，相遇兩次之後就分開（希望讀者能了解類似情節的故事還有許多，數量也遠多於表一所列）。

但是如果當男性打破女性的禁忌之後會導致婚姻破裂，那當男性謹守女性的禁忌時會怎麼樣呢？兩個人真的就可以順利結婚嗎？在《日本民間故事大成》的一九六B「禁忌的房間」項目裡，就是描述男性恪遵女性禁忌的故事。不過在那些故事中，並沒有結婚的情節，而是男子最後變成老公公，成為「鄰家爺爺」類型的傳說故事。比如青森縣三戶郡「禁忌的房間」的故事，描述「山裡面住了一個好爺爺和一個壞爺爺」。好爺爺受到「美麗公主的款待」，當公主去城裡買東西的時候，拜託好爺爺幫忙看家，並且叮囑好爺爺不要打開代表十二個月份的十二個房間中二月的那間房間。好爺爺遵守公主的交代，當公主回來的時候，送給好爺爺一個可以隨心所欲做出各種佳餚的小鍋鑵。好爺爺回家之後和奶奶一起開心地用小鍋鑵做飯吃。這時隔壁貪心的奶奶過來，知道這個消息之後，馬上叫壞爺爺也去山裡面。壞爺爺也遇到那位公主，但是他破壞禁忌，偷看了那間代表二月的房間，結果看到一隻黃鶯振翅飛去，而所有的豪宅全變回原來的山野。

在這個類型中也包含許多類似的故事，不過還是以一九六A類型的數量為多。在此並不能簡單判斷A型和B型故事的關係，以及到底哪一種類型的故事比較久遠。以下的看法雖然沒有資料輔證，但可以試著把B型看做是因為想要把A型故事轉為快樂結局，所以讓故事中的男性去遵守禁忌，不過最後還是因為日本的民間故事有強烈迴避結婚情節的傾向，所以把故事轉為「鄰家爺爺」型的故事。B型的故事數量雖然比較少，裡面卻有好些故事把黃鶯的啼叫聲跟《法華經》結合，描述壞爺爺的行為破壞了黃鶯啼誦《法華經》，這可能是後代所穿鑿附會的，但也因此可以證明B型出現在A型故事之後。不過B型故事的一個特色是年輕女性最後還是隱身而去。對於好爺爺來說，雖然有了快樂的結局，但是對於女性卻不算是一個美好的結局。就算故事被試著改成較為美好的結局，但是女性必須隱身而去的命運卻沒有因此被改變。

2 文化差異的問題

民間故事既普遍存在全人類文化之中，卻又分別具有每個文化的特徵。現在用「黃鶯之居」來說明這一點。在此要把世界中類似的民間故事先做一個比較，《日本民間故事大成》中「禁忌的房間」的A、B型，可以跟阿奈爾（Antti Aarne）＝湯普遜（Stith Thompson）童話中的AT四八〇、七一〇型相比。在歐洲的民間故事中，既有和本書第七章「沒有手的女兒」幾乎一模一樣的故事，也有無法簡單找出對比故事的情形。在這種時候，問題在於把重點放在故事的哪一個部分去做比對。但有一些故事很難找出幾乎一模一樣的故事來比較，例如「黃鶯之居」就是如此，但是在此姑且提出兩個故事做比較。在這裡面，AT四八〇是有關「善良少女和惡少女」的故事，進入到非平常世界的善良少女最後終於得到幸福，而惡少女則遭致不幸的結果。這個故事和「鄰家爺爺」型的故事一樣，都是把重點放在兩個故事主人翁的對比。而AT七一〇是因為故事重點在「禁忌的房間」上，所以被選擇來做比較。格林童話「聖母的孩子」（KHM三）[3]也被舉做例子，但這個故事和「黃鶯之居」有很大的不同。總結來說，雖然很多故事當中提到「禁忌的房間」的橋段，但是因為文化的不同，對於這個部分的著墨也有很大的差異。為了能夠更了解這些差異點，本書的後面特別附上幾個「禁忌的房間」類型的故事，例如格林童話中的「忠實的約翰」（KHM六）、賽普路斯島的「三眼男」等（見附篇）。希望讀者在讀了這幾篇故事後，能夠對於差異點有更多的體認。這就是為什麼從嚴謹的角度來說，湯普遜童話中並沒有和「黃鶯之居」類似的故事，因此這一類型的故事可以說是日本特有的。

正因為差異點如此巨大，當我們為了討論文化差異的問題時，希望能夠著眼「禁忌的房間」（forbidden chamber）這個故事主題，來做比較探討。類似的主題在全世界的民間故事中都可以找到，在湯普遜童話的索引C六一一類中[4]，收集了許多類似主題的故事。為了和日本的「禁忌的房間」類型的故事做比較，下頁的表二用前面日本故事的分析格式，列出日本的德國文學家小澤俊夫編著的《世界的民間故事》[5]中「禁忌的房間」類型的五個故事，以及前面所述格林童話中「聖母的孩子」和「忠實的約翰」兩個故事。這裡所列出的並不是所有西方「禁忌的房間」類型的故事，再加上我對於亞洲和非洲的民間故事並不精通（《世界的民間故事》中，有關亞洲和非洲的故事裡，並沒有發現有「禁忌的房間」類型的故事），所以如果以統計的角度來看這個列表，是完全沒有意義的。不過透過這個表，可以很清楚地看出這些故事和日本故事的差異。

表二　外國的「禁忌的房間」類型的故事

	故事題目（故事出處）	觸犯禁令的人	立下禁令的人	場所	禁忌的房間	房間裡面	結果
1	藍鬍子（法國）	女子	男子（藍鬍子）	藍鬍子的家	祕密房間	前妻們的屍體	女子差點被殺，被兄長所救並與其結婚
2	智慧的瑪莉亞（葡萄牙）	女兒	父親	自己家	祕密房間	國王的花園	差點被國王所殺，後來結婚
3	三眼男（賽普路斯島）	女子	丈夫（三眼男）	三眼男的家	祕密房間	看到丈夫的真面目	女子差點被丈夫殺掉，被國王所救，並與王子結婚
4	貝羅尼克（布列塔尼）	九歲的男孩	公主（魔女）	魔女的家	祕密房間	馬（王子）	男孩逃出來，後來和公主結婚
5	強盜的妻子（克羅埃西亞）	姊妹三人	丈夫（強盜）	森林中的小屋	祕密房間	屍體	兩個姊姊被殺，小妹在別人的幫助下殺掉丈夫
6	聖母的孩子（德國）	女兒	瑪利亞	天國	第十三個門	三位一體的本尊	女兒被趕出天國，後來和國王結婚
7	忠實的約翰（德國）	王子	父親（國王）	城堡	祕密房間	女性的畫像	王子去找到畫中的女性，與其結婚

首先，在西方的故事中，立下禁令的人和觸犯禁令者的關係，多半是丈夫與妻子、父親和女兒或兒子、聖母和女兒、身為主人的公主和為她工作的男子（貝羅尼克），很明顯地，兩者之間，一個擁有社會上的優越地位；一個則相對處於劣勢。很有意思的是，在日本的故事中，[15]立下禁令的多半都是女性。雖然在前面第十八個故事中，立下禁令的是男性，而破壞禁令的是女性，但值得注意的是，那個故事的結尾反而與西方的故事較為類似。若主人翁是年輕男女的時候，外國一、三、五的故事中，立下禁令的都是男性（丈夫）；但如果考慮到禁忌發生的場所時，會發現當父親是立下禁令者的時候（二、七），禁忌的場所都在家裡，這和日常生活的情形完全吻合。當立下禁令者是丈夫的時候，場所都是在丈夫的家中。如果考慮到丈夫這個角色的兩面性時，會發現這個場所正好屬於日常世界和非日常世界的中間地帶。第四、六的故事發生在魔女的家、天國等非日常世界的時候，立下禁令的是魔女、瑪利亞等非人類的角色。把[16]這些特點總結列成下頁表三的時候，可以看出其中的傾向。有關這一個部分，後面將會有詳細的探討，在此要指出的是，當我們用日常、中間帶、非日常的區分法，正好提供一個可以分析西方人內心中意識、中間帶、無意識三個部分的結構模型。

當我們分析過西方的故事之後，再回過頭來看日本的故事，可以很清楚地了解日本的故事完全沒有類似西方故事的那種規律。無論在意識、無意識或者日常、非日常世界的分類中，都沒有明確的規律顯示出誰是立下禁令者。除此之外，頂多可以說日本在中間地帶立下禁令者，多半和西方相反，是以年輕女性居多。不過由這些女子可以自由地到城市買東西看來，她們可以自由進出日常的空間。

當故事描寫到「禁忌」被破壞之後，西方和日本故事的差異則更為明朗。關敬吾敘述：「與其說是那個房間不准看，不如說是那個房間裡面的東西不能被看到，而被破壞禁令者反而為此承受到不幸的結果。」[6] 的確，犯下禁令的人完全沒有遭受到任何處罰，而被破壞禁令者悲傷地隱身而去。在西方故事中，犯下禁令的人**最後**雖然會獲得勝利，不過在此之前必須承受觸犯禁令的懲罰。在湯普遜童話的主題索引中，對於犯下禁令者有各式各樣的處罰，不過其中並沒有「不罰」這個項目；但是在日本的故事中很明顯的是不罰。不過從消極面來看，可以說破壞禁令者失去到手的幸福也算是一種處罰。在第五個故事中「女子把男子趕出去」、第十六個故事中「和尚在雪中凍死」，可以稍稍感受到一些處罰的意味。雖然在第十七個故事

17

表三　外國的「禁忌的房間」類型故事中立下禁令者和被下禁令者

	立下禁令者	被下禁令者
日常	父親	女兒、兒子
中間帶	丈夫	妻子
非日常	魔女、瑪利亞	小孩（男、女）

中有「被變成雞」這種明顯的處罰，但在故事中犯下禁令的是女性，這表示這個故事從一開始就已經打破一般的故事模式。

當禁令被破壞的時候，特別在西方故事中，當場所是在中間地帶時，會發現和日本故事有許多差異點存在，如表四所示。首先，以在禁忌的房間裡面看到的東西來說，在日本的故事中，是黃鶯站在梅花枝頭等春天的景色，或者是稻米的成長過程等自然的美景；而在西方故事中，不是屍體就是啃食屍體的丈夫。在處罰的部分，相對於日本的不罰，西方則是馬上要奪去犯禁令者的生命，甚至有些女性在故事中已經被奪去生命，例如藍鬍子的前妻和「強盜的妻子」中三姊妹的兩個姊姊等。在故事的結尾部分，日本故事中被破壞禁令的女性會悲傷地離開現場，男性則回歸原來；而在西方故事中，會有英雄救美的男性登場，例如兄長、父親、國王等，而主人翁會藉由這些男性的力量殺掉立下禁令的可怕男性。在西方故事中，除了克羅埃西亞的故事以外，其他的故事都以幸福的結婚做為結局。

18

表四　日本和西方的比較

	立下禁令者	犯下禁令者	房間裡面	處罰	結果
日本	女	男	自然的美景	不罰	女子隱身而去 男子回歸原來
西方	男（丈夫）	女（妻）	屍體	死刑	其他的男性出現解救女子

雖然故事的主題都是「禁忌的房間」，但如同現在所見，日本和西方的故事大異其趣。當我們注意是否為喜劇（結婚）結尾時，任誰都會注意到，日本民間故事以整體來說，類似的結尾要比格林童話少很多。俄國的民間故事研究者契斯妥夫（K.V. Chistov）針對這一點曾做過說明[7]，契斯妥夫在為孫子念日本民間故事「浦島太郎」時，認知到這一點。他發現孫子在聽到浦島訪問龍宮以及描述龍宮美景的部分時，完全沒有興趣，而且似乎在等待什麼。當他問孫子在想什麼時，「他什麼時候要跟這個傢伙打？」孫子這麼回答，原來孫子在期待「英雄」浦島打敗「怪物」龍王的場面。對於俄國的小孩子來說，「他們無法了解故事中的主人翁既不和龍王打仗，也不和故事中的龍王女兒結婚的這種結局」。同樣地，德國的民間故事研究者雷利（Lutz Röhrich）也認為「日本的民間故事結尾，多半偏偏就是沒有結婚的場面」[8]。他特別提到「偏偏就是」，是因為歐洲的故事多半會描述一連串的冒險事蹟、破解魔法，直到最後求婚成功做為結局。

話雖如此，日本的民間故事中當然也有提到結婚的時候。日本民俗學之父柳田國男指出，當大人把民間故事「童話化」的時候，可能會因為考慮到聽故事的是小孩子，或者是受到儒家的影響，會刻意把結婚的部分省略。但若果真如此，民間故事中卻又出現許多類似「馬食八十八」這種壞人、懶惰者、狡猾的人獲得成功的故事。因此可見結婚的場面不可能是因為上述的原因而減少的。

從以上可知，日本的民間故事和西方的類似故事有極大的差異。人類的心理**以整體來說**並沒有差異，但是在表層的意識結構上，會因為個人和文化的不同而產生差異。總而言之，人類的無意識深層心理是普遍相同的，但因為表層意識的不同而對事物有不同的理解方式，當深層部分的內容被意識化、形象化、成為故事的時候，被表現出來的部分當然會因為表層的意識不同而產生差異。在下一節將要討論意識的存在表現方式，同時也會探討本節所提出有關為什麼日本的民間故事中很少有結婚場面的原因。

20

3 意識體系

人的意識結構，並不侷限於當下有意識的那個部分，還包括心裡為了應付必要的情況所具備的各種意識，因此整個結構可以說包含好幾個意識體系，並且擁有一定程度的整合性。另外，人類還擁有一個在受到一定程度的外在影響之下，仍然可以做出行為決定的主體自我。所謂個人，指的就是這個擁有統合性和主體性的意識結構的人格，在此稱這種擁有統合性和主體性的中心為自我。這裡將省略不細談有關自我的機能等議題，而希望能將注意力放在——所謂近代西方所建立有關自我的定義，在全世界的精神史上算是極端特異的例子。近代西方人所建立的自我觀念，那種高度的自立性和統合性、對無意識的重視、對外界的強烈防禦，都是無可比擬的。榮格派的分析家埃利希．諾伊曼（Erich Neumann）用非常有趣的方式記述這種特殊自我概念的成形過程，他透過神話故事的形象來掌握、理解整個發展過程的根源。諾伊曼在其名著《意識的起源史》[9]中，不但明確地討論西方人如何確立自我的問題，並且為神話研究的領域提供全新的視野，因此獲得非常高的評價。雖然諾伊曼的理論對於研究民間故事有非常大的助益，但我並**不是**以他的學說去解釋日本的民間故事。要研究日本的民間故事，不應該借用西

21

方的理論，而應該用屬於日本的獨特理論，找出這個理論也正是本書的目的之一。但事實上，我們所謂的「學問」本身受到西方的思想和方法論影響甚鉅，所以還是有必要把西方的近代自我建立過程拿出來，藉由和其對比，尋找出屬於日本人的心理。下一段將簡單解釋諾伊曼《意識的起源史》中的理論，但因為非常簡略，所以說不定讀起來會有一點難以理解。

在一個人建立自我的最初階段，正像是許多開天闢地的神話故事所描述的一般，呈現渾沌的狀態，也就是意識和無意識之間尚沒有分離清楚的狀態。自古以來就有的圓形蛇圖騰正是象徵著這種狀態。這種圖騰顯示的是一隻吞下自己尾巴、整個身體成為一個圓形的蛇圖案，最早出現在巴比倫、美索不達米雅、希臘文化中，在非洲、印度、墨西哥、中國也都有發現，幾乎存在於世界各地。這個沒有分化的圓狀圖形包括了頭和尾、上和下、孕育和被孕育，代表了最基本的無意識狀態。

在這個沒有分化的全體性渾沌之中，當自我的幼芽要萌發的時候，世界則以太母的姿態顯現。太母的形象在全世界的神話和宗教中占有重要的地位。這其中有各式各樣的型態，有像著名的維倫多夫的維納斯（Venus of Willendorf）那種重視肉體形象的太母，也有類似基督教中對於聖母瑪利亞那種強調精神性的太母。對於剛萌芽的虛弱自我而言，世界既如同養育自我的母親，卻又像是一個可怕的母親，很可能吞噬剛萌芽的自己，讓自我退回到渾沌的狀態，因此對於太母的形象也產生正面和負面的認知。以日本為例，代表正面太母形象的一個例子就是觀世音菩薩，其代表無條件接受、養育一切；而代表吞噬一切的負面太母形象的，則是後面將會提到（請參照第二章）的民間故事中的山姥。在日本神話故事中，伊奘冉尊女神，既是在開國時候孕育許多生物的神祇，但也在死後成為死國的女神，同時代表肯定、否定兩種形象。

在這樣的太母之中孕育的自我，在下一個階段將體驗到天與地、父與母、光明和黑暗、晝和夜的分離。這個階段在神話中則透過許多創世紀的故事來表現——天和地的分離、黑暗之中產生第一道的曙光；在這個階段，意識和無意識開始產生分離。

諾伊曼認為人類意識的發展階段從這裡展開劃時代的變化。在這個階段之前用創世紀神話來表達意識的發展，自此之後則開始用英雄神話來表示。意識和無意識分離之後，個人獲得獨立性，並且形成為完整人格之後，意識在神話故事中開始以英雄的形象出現。全世界都有關於英雄的神話故事，當我們把焦點放在故事的骨架時，會了解到故事的主題多半是以英雄的誕生、打敗怪物、獲得寶物（或者女性）所構成。

關於英雄的誕生這個部分，許多故事都描寫英雄有異於常人的誕生方式。希臘神話中的英雄，都是人類女性和眾神之神宙斯（Zeus）所生的兒子，這就代表了這種意思。以日本的民間故事來說，桃太郎的誕生也是這種典型。關於英雄打敗怪物這個部分，佛洛伊德派的分析師會以子弒父、伊底帕斯情結（Oedipus Complex）來解釋。相對於這種解釋，榮格（Carl Gustav Jung）反對將這種神話情節還原為個人的父親和兒子的關係，而認為這種怪物象徵了成為母親和成為父親的原型。因此殺掉怪物具有殺掉父親和母親的兩種象徵，但與其說這代表了生身父母，不如說代表了自己內心裡面的原始自我。

這裡所謂的殺掉母親，可以認為是和吞噬自我的太母戰鬥，也可以說是自我為了和無意識的力量對抗以獲得獨立的戰鬥。當自我開始試圖殺掉這象徵性的母親時，自我就已經獲得一定程度的獨立性。而殺掉父親則代表了和文化社會規範戰鬥，為了獲得真正的自我，不但要打敗無意識，而且要從這個文化中一般性的概念和規範中爭取自由，打贏這場危險的戰爭，也代表了自我終於獲得獨立。

在這樣的戰鬥之後，英雄會得到什麼樣的勝利果實呢？在許多西方的故事中，例如希臘神話中的代表故事，主人翁柏修斯（Perseus）最後和被怪物擄獲的女性結婚。簡單地說，這代表了自我在殺掉母親和父親之後，離開原來的世界獲得獨立，之後再藉由一位女性的仲介，再度和世界建立關係。這時建立的關係不再是圓形蛇那樣未分化的關係，而是已經建立完成的自我和其他的人所建立的嶄新關係。

以上是諾伊曼理論的概略，這個說法有兩個特徵，一個是自我以男性的形象做為代表，另一個是對於結婚這個主題的重視。首先看有關男性形象的問題，在這裡很重要的一點是，在諾伊曼的理論中，所謂的男性和女性都被用來做為一種象徵[10]，因此和現實中的男性、女性意義不同。比如說，他一面認為「這個理論反過來並不成立」，一面明白地表示「女性基本上來

24

25

說擁有男性的性格」。相對於「意識－光明－晝」和「無意識－黑暗－夜」的關係，他認為「無意識對於男性來說是一種陰性存在，同樣地，意識對於女性來說是一種陽性存在」。在這裡，諾伊曼用男性（men）、女性（women）相對於陽性（masculine）、陰性（feminine）。前者指的是以人來說的男、女，而後者則代表象徵性的男性形象和女性形象。當然話雖這麼說，但是這兩者在我們的心裡面互相交纏，而且在討論男女問題的時候，反而會興起許多沒有意義的混亂。總而言之，諾伊曼所形容的這些觀念是西方的產物，他認為西方在近代對於自我意識的概念，在世界精神史裡面算是非常特異的例子，例如將自我和無意識明確地分開，強調擺脫無意識的影響獲得自由等。這種想要支配無意識的強烈意識稱為父權意識（patriarchal consciousness）。相對於這種情況，當無意識擁有強力的支配力，意識無法獲得獨立時，就稱為母權意識（matriarchal consciousness）以做區別。因此，他下了結論，認為當近代的女性擁有父權式意識並且遵從它時，顯示出來的自我就會像前面一節所描述的是男性的英雄形象。

諾伊曼在這裡重複地說明，他用陽性、陰性、父權、母權這些名詞是用來表達象徵意味，和個人的男性、女性、社會制度中所提到的父權、母權，並不一樣。所謂父權、母權的意識，也許在某方面和社會制度的父系制、母系制，或者父權制、母權制有些類似之處，但並不相同。如果以西方為中心來思考人類的意識發展過程的話，誰都會認為人類的意識是從母權意識→父權意識，但並不能因此把這個觀念投射到社會制度上，斷定每一個文化都是從母系社會演變為父系社會。在比較游牧民族和農耕民族時，雖然**心理上**大致認為前者屬於父權式意識，而後者屬於母權式意識，但如果因此推論前者是父系家族制而後者是母系家族制，則是一種謬誤。意識結構和社會結構絕對不同。比如說，一般都知道二次世界大戰前的日本，在**心理上**是母權占優勢，但是在**社會制度上**則採用父權制度。

當以這樣的角度去觀察西方人的自我，再來看表三所列西方「禁忌的房間」類的故事中，立下禁令和破壞禁令者的關係時，會體會到非常有意思的部分。首先，日常世界可以被視為代表意識的層面，在這裡當父親立下禁令時，正代表著西方人的意識是由父性意識所統制。因此在非日常的世界中，立下禁令的就會是聖母。在這裡那被下禁令的小孩子，遵從的並不是意識世界中父子間的血緣關係，而是歸屬於超越個人關係的聖母之下，在這兩種關係的中間則是夫妻關係。這不是一種上下的親子關係，而是一種橫向關係，但下禁令的都是男性，而女性屬於被禁止的一方。這種異性的結合，代表了意識和無意識的統合，具有非常重要的意義。當以這種角度去觀察時，就會發現表二中「結果」的部分，正反應了西方人內心的結構。但是在西方這麼被重視的「結婚」，為什麼在日本的民間故事中卻幾乎不存在呢？讓我們再一次回到「禁忌的房間」，看看這個故事到底可以告訴我們一些什麼。

27

4 究竟發生了什麼？

現在我們已經了解「禁忌的房間」這一類主題的故事，在世界的文化中有相當高的普遍性，同時也知道故事的情節和發展受到文化的強烈影響。為了要思考日本的「禁忌的房間」有 28 什麼樣的特徵，以及到底傳達什麼樣的訊息，首先透過和西方故事的比較來觀察。

先看「黃鶯之居」中破壞禁令的男性，在此列出同樣描寫男性破壞禁令的歐洲民間故事「忠實的約翰」做比較（請參考附篇）。這個故事在別處已經討論過很多[11]，在這裡並不詳述，現在是為了更進一步理解日本的民間故事，所以簡單列出其和日本故事的對比部分，做一個簡單的講解。日本故事的情節發展已經在前面圖一中有所解釋（圖二）。

一看圖二就會了解的是，故事在剛開始的時候，是描寫老國王和王子之間的「父子關係」。這時是一個父權全然占優勢的世界，特徵是王妃或者公主這些女性完全沒有登場。但是 29 當老國王病倒在床榻上時，代表著到此一直保持優勢的父權已經喪失生命力，具有某種意味的革新已經迫在眉睫。之後王子破壞了父親的禁令，進入「禁忌的房間」，看到了「黃金國公主」的畫像。老國王對於自己的兒子有著兩相矛盾的情緒，他在意識上希望兒子擁有和自己一樣的父權，統治自己的王國，但是無意識中卻又期待兒子可以完成自己沒有達成的工作——將全新的母權帶到自己的國家。深諳後者危險性的老國王，刻意把公主的畫像藏在一個房間裡面，還留下遺言不准王子去那個房間，就是表達了這種矛盾的心情。我們可以用這種說法來解釋為什麼要擁有「禁忌的房間」的心理。破壞禁令的王子因為看到那幅畫而深陷情網。為了達成王子的心願，忠實的約翰的存在非常重要，不過在此先省略這一部分不提。總而言之，王子因為約翰的機智和忠誠，終於克服危險，如願和公主結婚。

這個故事的情節，並沒有和前面諾伊曼的理論完全吻合。但是在一個父權為主的文化中，這個故事的確表達了自我的確立過程。就像前面一節所述，身為男性故事主人翁的王子，正是象徵了自我，他破壞父親的禁令，克服危險，最後獲

30

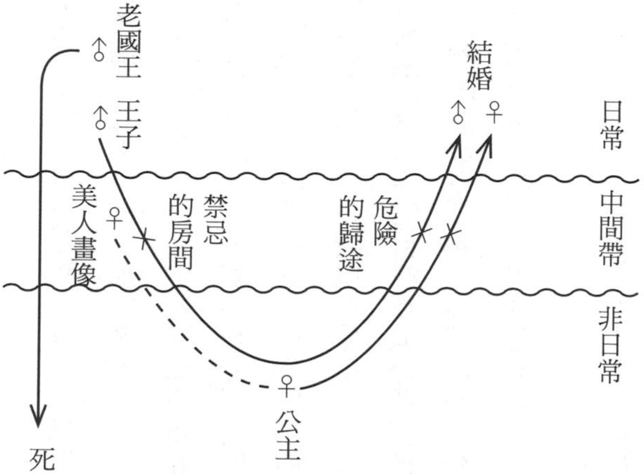

圖二　忠實的約翰

得女性的青睞。如果以更一般化的文化角度去看這個過程，考慮到這個故事發生在父權擁有強大支配權的歐洲，獲得女性青睞可以說代表了一種補償的意義。男性和女性、日常和非日常的世界的統合，代表著一種超越過去的更高層次的統合。

因此西方的「禁忌的房間」可以說代表某種明確的意義。相對於此，日本的故事又如何呢？日本故事中的英雄，好不容易遇到絕世美女，最後卻茫然地站在空無一物的荒野中。究竟發生了什麼事情？瑞士著名的民間故事研究者馬克斯・路德（Max Lüthi）在討論日本和西方民間故事的差異點時，說道：「在歐洲故事中，破壞禁令代表冒險，主人翁的身分很可能因此而高昇，但失敗了則會失去一切。」[12]但是以「黃鶯之居」來說，破壞禁令並不算是一種冒險，但在最後卻「失去一切」。事實上，習慣分析歐洲民間故事的人，會發現要分析日本故事是一件極為困難的事情。這如果用諾伊曼的說法，會認為這是因為日本的自我意識停留在低層次的階段，或者認為這是一種倒退回圓形蛇的狀態，但這種解說並沒有意義。與其這麼解釋，不如改變現有的觀念，反而會找出更為深層的意義。用新的觀念去探討，也許才能真正分析日本的民間故事。

日本「禁忌的房間」這類型的故事中，到底發生了什麼事？真的什麼也沒有發生嗎？我們與其在這裡思考到底發生了什麼，不如把想法一轉，用積極正面的角度去看什麼也沒有發生所代表的意義。如果直接借用英文的表現方法 Nothing has happened 來解釋，也許可以解釋為「無」發生了。用這種觀點去看，也許可以了解日本民間故事中所描述的是「無」的境界。馬克斯・路德認為「一無所有」的結果代表著負面的意義，但這也可以是一種肯定的意義。「無」本來就是一個超越否定和肯定的存在。當把觀念轉換為這種思考方式之後，圖一所描寫的兩條只交會兩次的拋物線，會收斂為一個圓形的感覺（請參照圖三）。在這個圓形之中，超越日常、非日常・男、女之間的區別，而把一切都容納其中，這就是無中之有。

　　這種關於「無」的直接體驗，會讓人失去可以形容的語言。當超越日常、非日常的區別時，所謂主體和客體都會被包含在這個圓形之內，以致於不可能將這一切客觀化或者語言化。這種「無」的狀態並沒有辦法簡單地語言化，因此當試圖解釋時，就會出現某些用來解釋的方法。依照這種思惟去思考的時候，**所謂的民間故事**就是一種解釋的方法。「黃鶯之居」這個毫無根源的子虛烏有故事，也許是在傳遞給民

32

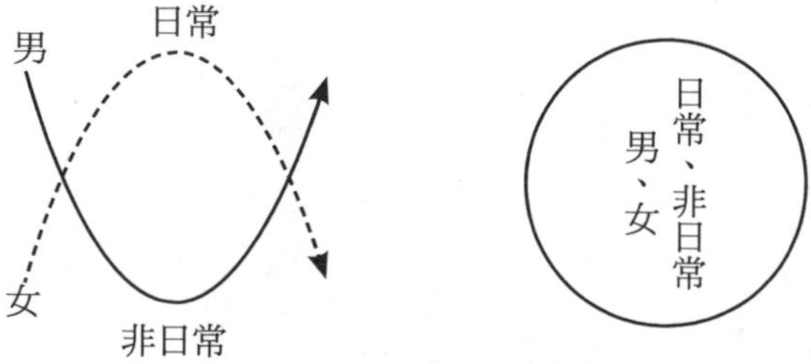

圖三　收斂為一個圓形

眾一個解釋。那它所要傳達的到底是什麼內容呢？「黃鶯之居」最初的畫面和最終的畫面是不變的，這代表了什麼也沒有發生過嗎？也可以說是就算發生過什麼事情，出發點和終結點都是同一點，因為這是一個圓，所以故事可能發生在圓周的任何一點，圓的中間則是無。但是為了那些可能會問「無」是什麼的人，民間故事中特別準備了「站在梅枝上的黃鶯」這個答案，或者是對日本人來說最重要的稻米生長的畫面，藉此代表了「萬有」。

這個故事簡單來說，就是在解釋「究竟發生了什麼？」，而以「無」回答。如果再加上這樣的對話：「無是什麼？」、「無就是黃鶯站在梅枝上。」這種對話會讓人聯想起禪家的問答。我對於禪家無所知悉，這麼說也許褻瀆了禪家。但是如同日本哲學家上田閑照所說：「禪問基本上就是在於發現『自己到底是什麼』這個問題。」[13]民間故事對於「自己到底是什麼」這個問題並不提供直接的答案，而是或多或少提供了一個**解釋**。民間故事可以說是基於民間智慧寶藏，對於「自己」這個問題所提出的一個解釋。正因為現代人與這些智慧漸行漸遠，所以才需要疊床架屋地對民間故事做一些解釋，這本來是不需要解釋的。

當了解到這些對於民間故事的解釋都是畫蛇添足之後，現在再一次虛心地看「黃鶯之居」和「忠實的約翰」。任憑誰都會感覺到這兩個故事在衝擊力的本質上有很大的差異。西方的故事本身擁有一個完整的結尾，而整個故事的完整性敲打著我們每一個人的心。相對於此，日本的故事本身看起來並沒有一個完整的結尾，要等到聽者因為結尾而產生感動之後，整個故事才形成完整性。如果日本人對於最後那個安靜隱身而去的女子沒有一種「悲歎」的感情，在此也就沒有辦法對這個故事做一個整體性的討論。對於西方的故事來說，只要分析故事本身，就可以完整地分析整個故事的結構；但對於日本的故事來說，如果只是考慮故事本身，會發現難以分析整個結構。這個事實讓分析日本民間故事甚為困難，也讓之前所提到的那些西方研究者不勝困惑。如果我們也依賴西方的方法論去分析日本的民間故事，豈不是會覺得日本的故事很難分析，因而下結論認為日本的故事比西方的故事無趣。

剛剛提到聽者所產生的「悲歎」情感，這種「悲歎」就是在故事完結前的最後一刻，因為整個過程突然停止而引起的一種美學情感。年輕的男子和美女邂逅，故事接著描寫這位女子住家的種種美景，就在聽者以為故事要到結尾時，突然因為男子失手打破蛋而導致悲劇發生。我們的美學意識藉著悲慼隱身而去的黃鶯之姿得到完成。

34

5 隱身而去的女性

為了要完成這種「悲歎」式的美學意識，女性最後必須隱身而去（這被認為是日本文化中的一個宿命）。當以這種角度去思考時，會在日本的神話・傳說・民間故事中，發現一個又一個隱身而去的女性。這種形象正是日本文學和戲劇的一個特徵。比如第六章所提到的「鶴妻」中，當男性偷窺了女性不准他看的櫃子之後，女性隱身而去。對於被破壞禁令的女性來說（實際上是仙鶴），雖然對此表達憤怒，但她最後還是隱身而去，讓整個故事成為一個悲劇。

這種類似因為偷看「禁忌的房間」而導致女性不得不離開的故事，在神話故事中有豐玉姬的故事，在能劇中則有著名的「黑塚」。在這些類似的故事中，一個很明顯的特徵在於與其說在描寫破壞禁令的**罪行**，不如說在強調被看到的**恥辱**。「黃鶯之居」中雖然沒有提到羞恥的部分，但是日本國文學者佐竹昭廣在《民間故事的思想》[14]中談到這一點。佐竹將「黃鶯之居」這個故事和「鶴之淨土」中那個被招去的男子做對比，他認為後者不是被要求「不要看」，而是「不要走」。當那位被招去的男子要回家的時候，女主人要求他「不要走」，之後給予遵守要求的男子禮物以做回報。佐竹在這兩個故事的對比之外，還提出一個很有意思的結論，他認為「不要看」和「不要走」這兩個主題的差異和女主人翁的年齡有一定的關係。因為「不要看」表達了年輕女子的嬌羞，而「不要走」則反應了年老女子的殷切盼望。這種推論並不會超出想像範圍。也許故事中沒有直接描寫女性的羞慚，但的確被隱含在內。

將被看到的羞恥感極致地表達出來的，要屬能劇中「黑塚」這個故事。有一個遊方僧旅行到安達原，他向一位女主人乞求落腳一晚。女子要僧侶在她去山中撿柴火的時候留下來看家，但要求他不准偷看她的閨房。但是僧侶打破禁令，偷看了「禁忌的房間」，閨房裡面「人的屍骸不計其數，高疊至房頂，其中膿血充斥，臭穢滿盈，屍肉盡皆爛壞」，僧人看了「心亂肝失」因而逃跑。女子化為厲鬼，對僧人充滿怨恨而進行追殺。結局是女性因為僧人念經而離去，但是女子在離去之際說到：「隱居在黑塚，卻還是因為不夠深居而驚嚇到人，我的樣子真令人羞恥啊。」雖然故事中的女子因為怨恨而想要追殺僧人，但在這裡強調的還是羞恥的情感。

雖然黑塚的故事中描寫的是令人肝腸俱裂的血腥場面，但是故事的主題幾乎和「黃鶯之居」一樣。「禁忌的房間」中，有時候描寫的是美麗的事物，但有時候卻是膿血等穢物，這兩者其實是一體的兩面。不論看到的是哪一面，都是屬於不願意被看到的「羞慚」世界。表面看起來是無盡的美景，但裡面則是無窮的恐怖。這兩者對於女性來說都是羞慚的，一旦被看到，非得隱身而去不可。雖然世間多半將羞慚和醜陋的一面連結在一起，但是民間智慧則似乎喜歡用一些美麗的事物來描寫羞慚。

既然已經注意到這種兩面性，那就不能不提「悲歎」美學的另一面「恨」。對於「日本鬼」有獨到研究的日本文藝評論家馬場秋子，對於「黑塚」裡面的鬼有非常有趣的解釋[15]，她認為能劇「黑塚」中的主角帶著般若的面具起舞，是因為那個女性本來並不是鬼，而是「閨房中膿血四溢的場面被看到之後，因為女性的羞恥心而變成『鬼』」。她認為，當僧人破壞約定，偷看閨房時，「女性因為這個殘酷的最終背信行為，使得密藏著情感供品的閨房被偷看，結果羞愧地變為鬼，這件事情其實正描寫著過於淒美的人性。」這是一種「恨」，也是一種人性。正如同前面所說，悲歎是因為過程的突然停止，相應於隱身而去所產生的情感；而恨則是希望過程可以永遠持續下去，因而對消失的一種抵抗。就像「黃鶯之居」裡的女性在轉身要離去時說：「真的不可以相信人類，你破壞了和我的約定，你把我的三個女兒給殺死了，我可憐的女兒啊，吱啾啾啾。」她留下這些忿恨的話語後離開。

也許很難想像這些遺留下來的「恨」其實表達了日本人民的活力。「無」和「悲歎」都存在日本的主流文化之中，但為了要保有這些部分，就必須犧牲女性的存在。為此而不得不離去的女性，為了抵抗這種結果而留下恨。以「黑塚」為例，雖然最後所有的怨恨都必須在佛經前面消失，但是在表現民眾無意識層次的民間故事中，恨不可能這麼輕易地消失。我們其實在故事中暗暗地期待這位消失的女性，有一天會再度得到力量回到日常的世界。這種女性形象自古以來就在日本文化中象徵著將會擁有某種新事物並且發生作用。真正的故事將從此展開，描寫這些最初因為悲歎而離去的女性重新回來的過程。

諾伊曼認為打敗怪物的男性英雄象徵了近代西方的自我意識；而日本人則是從日本民間故事中那留下「怨恨」而離去的女性軌跡中尋找自我。兩者之間的差異代表了很深沉的意義，在此先略做討論以男性、女性做為象徵的差異。諾伊曼認為男性形象可以適當表達西方人的自我——不論是男或者女。這裡首先必須理解在西方的象徵主義中，男性和女性代表了什麼樣的意義。西方象徵主義中的性之二元論雖然擁有長遠的歷史，但在煉金術的體系中卻發生非常極端的變化。正如同榮格所述，煉金術將人類的個性化、內在成熟過程、物質的變化過程以投影的方式記述其中，而在此之中，男性和女性以及兩者的結合具有非常大的象徵意義。在此不可能解釋煉金術的整個龐大象徵體系，但是為了稍微一窺男性和女性的象徵意義，特摘錄法國作家由坦（Serge Hutin）《煉金術》[16]中的表（表五）。由表中可以看出，世界上有各種對立情況，而用男性和女性做一個根本的對立軸去解開

39

表五　煉金術的性的二元論（節錄自由坦的《煉金術》）

酵母	太陽	黃金	熱—乾	火	魂	形象	主動	精液	男
沒有種子的揑粉	月	銀	冷—濕	水	肉體	質料	被動	月經	女

其中隱含的秩序。在煉金術中很重要的一個過程，就是將「硫磺」和「汞」化合，而男性和女性的結合也是如此，會因此而產生新的發展。

但一看到這個表就會先注意到，在日本神話當中，太陽是女性，而月亮是男性，這和表中所列的不同。因此在西方的空間象徵中所強調的右－意識（太陽），左－無意識（月）的結合，和日本的神話或傳說並不吻合。這如同榮格所論述有關象徵的原型概念，象徵是一種人類極為普遍的存在，但會受到文化相當程度的影響。男性像、女性像所象徵的意義，在每一個文化中都有相當大的意義，但是意義本身會因為時代和文化的不同而有相當大的變化。在探討日本的民間故事時，如果不注意這一點，則可能會犯下非常大的錯誤。只是單純用諾伊曼的自我確立過程之圖表去思考的話，可能會把多半的日本民間故事都列在自我低成熟階段。

綜合以上的論點，如果要提出一個結論的話，可以說要分析日本的民間故事，不是用「男性的眼光」，而是要以「女性的眼光」才能窺得全貌。但是要說明何謂「女性的眼光」是一件很困難的事情。如果像煉金術的表所列出的，將男性和女性做明確的二分化，而用其中被二分化之後的女性意義去解釋就更為困難。也可以說這個二分法是以男性的眼光去分類的，因此如果以女性的眼光去分類，很可能會出現不同的分類方法。

所謂用「女性的眼光」，換句話來說的話，可以說沒有比日本人的自我是以女性形象來表達更好的解釋方法。日本的**社會制度**是非常強權的父權制度，這讓人們在許多時候不得不閉上這所謂的女性的眼光。但是對於民間故事來說，因為其具有心理補償的作用，所以正是**英雌**們自由活躍的舞台。本書之後所列舉的故事中，有許多關於女性的場面，以到目前為止的論述來說，這代表的不是女性的心理，而是日本人男女全體的心理。因此希望讀者能了解，這些故事中登場的女性和西方二分法中的女性不同，有時候非常積極，有時候像是太陽一般。以日本人的自我是以女性做為表徵來思考的話，則有必要去觀察這個女性將有何種性格，做出什麼樣的行為，這些都會在之後的論述中加以辨明。

註釋

1 原註：關敬吾等人編著《日本民間故事大成》（『日本昔話大成』）全十二卷，角川書店，一九七八至八〇年（本書之後將以《大成》做為略稱，後面所顯示的號碼和原書的分類一致）。

2 原註：同註1。

3 原註：一般以格林童話的德文原名 Kinder-und Hausmärchen 的縮寫KHM做為代號，本書也採用這個方式。

42

4 原註：S. Thompson, "Motif-Index of Folk-Literature", Indiana University Press, 1975.

5 原註：小澤俊夫編《世界的民間故事》（『世界の民話』）全二十五卷，Gyosei，一九七六到七八年。

6 原註：關敬吾等人編著，如前列。

7 原註：奇利魯・偉・契斯妥夫〈為什麼俄國讀者可以理解日本的民間故事？〉（「日本の民話をロシアの読者が理解できるのはなぜだろうか」），收錄於小澤俊夫的《日本人和民間故事》（『日本人と民話』），Gyosei，一九七六年。

8 原註：魯茲・雷利〈德國人眼中的日本民間故事〉（「ドイツ人の目から見た日本の昔話」），收錄於小澤俊夫的《日本人和民間故事》（『日本人と民話』）。

9 原註：E. Neumann, "Ursprungsgeschichte des Bewusstseins", Rascher Verlag, 1949.

10 原註：這裡所說的象徵是採用榮格所指的意義，和一般用語有些許的不同。對榮格來說，用來代表一個已知的事物或者做為一種略稱的情況，是記號（sign）而不是象徵。象徵不是做為某項已知事物的代用品，而是因為要表現某未知事物時所產生最良好的東西。

11 原註：河合隼雄《童話心理學：從榮格心理學看格林童話裡的真實人性》（『昔話の深層』）福音館書店，一九七七年（中譯本為遠流出版）。

12 原註：馬克斯・路德〈日本的民間故事具有的各式特徵〉（「日本の昔話にはさまざまの特徴がある」），收錄於小澤俊夫的《日本人和民間故事》（『日本人と民話』）。

13 原註：上田閑照《禪佛教》（『禅仏教』）筑摩書房，一九七三年。

14 原註：佐竹昭廣《民間故事的思想》（『民話の思想』）平凡社，一九七三年。

15 原註：馬場秋子《鬼之研究》（『鬼の研究』）三一書房，一九七一年。

16 原註：瑟魯哲・由坦《煉金術》（『錬金術』），有田忠郎譯，Kuseju 文庫，白水社，一九七二年。

第二章

不吃飯的女人

在日本的民間故事中，有類似前面所舉的「黃鶯之居」那種隱身而去的女性形象，也有在故事中非常活躍，形象與其正好相反的女性存在，這就是現在要介紹的山姥。經過後面的論述之後，我們會發現這個角色並不簡單。但是一般來說，山姥在故事中的形象就是大口吃人的恐怖女性角色。這種山姥故事分布在日本全國，有時候會稱為山母、山女、山姬等，但所指的都一樣。柳田國男在著名的《遠野物語》中提到：「民間故事是在說很久以前的故事，這其中以有關山媽媽的故事最多，山媽媽也就是山姥，在此記述其中的一、兩個故事。」[1] 書中介紹的是吃掉女兒的山媽媽故事。關於山姥的故事很多，首先舉出「不吃飯的女人」這個故事（請參照附篇）。

45

1 山姥

現在舉出的這類型故事在《日本民間故事大成》中，被分類到二四四的「不吃飯的妻子」中，這類故事的一個特徵是其分布日本全國，數量極多。在這麼多山姥的故事中，以會吃人的山姥為多，現在先介紹山姥化身為「不吃飯的女人」登場的故事，是因為這類故事緊緊抓住日本人的心理。「什麼都不吃－什麼都吃」，這種對比性代表了故事中隱含許多言外之意。

故事的主人翁是位男性，一直孤獨一人，以致於朋友們都替他擔心。雖然不知道他到底單身多久，但是在熊本縣天草郡所收集到的類似故事中，明確地描述其年齡在四十五到四十六歲之間。總而言之，他已經單身相當長的一段時間。這和第五章所舉的浦島太郎故事有類似之處，浦島太郎到四十歲還是和母親住在一起。當朋友們勸這位一直都沒有結婚的男性結婚的時候，他回答：「如果找到一位不需要吃飯的妻子的話，就介紹給我吧。」在國外的類似故事中，有的時候會解釋這位男子會這麼說是因為貧窮或者小氣；但是在日本的故事中，並沒有對此做出解釋。所以這一位男子有可能是因為根本不想結婚，但因為怕朋友們囉唆，所以故意提出一個看似不可能的條件。但這麼小心謹慎，故意提了一個不太可能的條件之後，沒想到世界

46 47

上居然真的有這種人存在。有一位不吃飯的女性出現在他面前——而且還是一位美麗的女性，當她希望能借宿一晚時，他用「我們家沒有吃的東西喔」這個理由拒絕她，沒想到她居然說：「我什麼也不吃。」而得以進入他家。因為這位女性不吃飯而且做很多工作，因此男子告訴她「可以一直留下來」。在故事的下一節中，我們因為他說「沒想到世界上有這麼好的妻子」而知道他們結婚了，但是故事中這種對於結婚的曖昧態度是一個特點。在類似的故事中，也有女性主動提出求婚的，「我不吃飯，你娶我當妻子吧」（熊本縣球磨郡的民間故事等）。值得我們注意的是，不論在哪一個版本的故事中，男性的態度都是被動的。希望讀者能在心裡面記著，我們之前已經提過這種女性求婚的主題（請參照原文書第九頁）[2]，這在今後都是一個重要的課題。

得到一位好妻子而滿心喜悅的男子，卻因為朋友的忠告而偷看了她不為人知的另一面。許多類似故事都描寫男子偷看的情節。當談到偷看與現實之多層面的關聯時，偷看被認為是一個接觸異次元真實的方法，也是民間故事中擅長使用的一個手法。美國印第安的民間故事「雙面」（《世界的民間故事》二四）是一個和「不吃飯的妻子」有許多類似點的故事，在這個故事中，男子正好偷看到她在吃人類耳朵的場面。不論是什麼樣的民間故事，甚至放諸現今也是，類似的例子比比皆是，當某個人因為偷看而了解異次元的真實後，整個人生因此產生極為劇烈的變化。

48

男子看到了非常可怕的真實場面，那個不吃飯的美女，頭頂上居然有一個大嘴巴，而且一口氣就吃掉三十三個飯糰和三條鯖魚。什麼都不吃的女子，其實，什麼都吃。一般來說，當人們去追求一些不可能的極端時，一定會為其反面的部分所苦。當場驚嚇不已的男子馬上逃到朋友那裡去求救，朋友為此充當起巫師來到他家，希望能治好他因病臥床的妻子，朋友在口中振振有辭：「是什麼在作祟啊？是三升飯在作祟吧。是三條鯖魚在作祟吧。」唱著這樣祈禱文的朋友，也許在心裡面已經笑翻了吧。實際上也有與其類似的故事是以笑話的方式呈現，而把這裡做為結尾。在《日本民間故事大成》中的AT一四五八就收錄類似的笑話。在《日本民間故事大成》舉出的土耳其故事中，妻子因為丈夫擔心花錢而和丈夫約好不吃飯，但是卻被丈夫發現她偷吃大量的食物，因而離婚。另外，韓國的故事中也有描寫守財奴想要娶一位不需要吃飯的妻子。他受騙娶了一位有智慧的妻子後，因為妻子的智慧而悔悟，之後開始善待妻子。這類故事可以說是一種教訓，也可以算是一種笑話。

當朋友揶揄妻子「是三升飯在作祟吧」的時候，就在他快要笑出來時，沒想到整個事態為之一變。女子突然變回原來的山姥面目，飛身而起，將朋友們塞進頭裡面一口一口吃掉了。原本想要發笑的男子，臉一定先當場僵掉，接著轉為極為恐懼的表情。笑和恐懼其實在某方面來說非常類似；當我們想要和對方拉近距離時會試著笑，但是當距離要被破壞時，就會變成一種恐懼的感覺。這樣急劇的變化，讓這個本以為是笑話的故事急轉直下，進入一個更深沉的層次。原來對方是一個會吃人的女子，不是一個可以隨便訕笑的對象。

男子本來想要轉身逃出去，但馬上就被抓到。他在危急之際因為被樹勾到而逃過一劫，這時故事中形容他「居然沒有注意到不吃飯的老婆是個女鬼……」故事到此已經用鬼來形容山姥。事實上隨著故事的推移，的確是美麗女子↓女鬼的變化。類似的故事中，有的稱其為山姥，有的則是用山姥＝鬼的表現形式。雖然故事最後，男子用**艾草**和**菖蒲**趕走女鬼，但是這個結局卻未免令人覺得有些唐突。也有一說認為這個故事和五月節（端午節）的由來有關。

在故事中出現的鬼，或者說山姥，到底是什麼東西呢？在此參考一下其他關於山姥的故事。要說到山姥的特色，第一個不能不提的就是吞噬一切的能力。在「牛童和山姥」（大成二四三）中，山姥把牛童放在牛車上的鹹鮭魚、鱈魚，甚至牛都吃掉了，最後差點連牛童也被吃掉。在許多「不吃飯的妻子」的類似故事中，山姥最後都變身為蜘蛛。有的是描寫當女子被看到吃東西的樣子之後變身為蜘蛛，或者在之後變成蜘蛛要吃掉那個男子等。這些故事的結局多半都是蜘蛛最後被殺掉，這個結局可能和「就算在晚上，蜘蛛背上的花紋看起來會像父母的臉，也得把蜘蛛殺掉」這個日本俗語有關，這種「就算和父母相像，也得殺」的表現方式，應該是和「和父母長得不像的小孩是鬼的小孩」這句日本俗話對應。就算和父母相像，但如果是蜘蛛的時候，那就是鬼，非殺不可。

有關對於蜘蛛的恐懼，在「水蜘蛛」（大成，補遺三四）這個故事中表達得很詳盡。有一個人去山淵裡釣魚，有一隻蜘蛛從山淵裡面爬出來，吐絲勾住釣人的草鞋帶子。釣人本以為蜘蛛已經回到水裡，沒想到蜘蛛又浮出水面吐絲，就在幾次來回之後，蜘蛛絲赫然變成一條很粗的繩子。釣人因為感覺不對勁，所以把這根絲纏在旁邊一棵樹幹上，沒想到這時蜘蛛絲開始漸漸被抽回水裡，到最後居然將整棵樹連根拔起，釣人嚇得臉色發青，趕緊逃回家。在這個故事中所描寫的是蜘蛛在深淵裡面那種恐怖的巨大拉力。而蜘蛛絲用來纏繞生物，以及蜘蛛在空中結網的形象都這麼強烈，因此人可能會在心中對蜘蛛產生一些聯想。在聯想中有正面也會有負面的想像，負面的想像有時候會導致一些妄想。在「不吃飯的女人」這個故事中，男子當初想要一個不吃飯的女子的想法正是一種妄想，我們可以認為男子在最初想像的時候就已經受到蜘蛛的影響了。

蜘蛛吐絲可以跟編織這種行為連結在一起。在德語中，蜘蛛叫做「die spinne」，而編織的動詞是「spinnen」，由此可見兩者的關係，蜘蛛也因此和編織命運的女神有所關聯。因此日本的山姥和紡織出現關係也是理所當然的事情。被認為和山姥是同一種東西的天邪鬼和瓜子姬的故事中就有紡織的出現。另外在「山姥的紡織機」（大成二五三C）中，有描寫山姥坐在樹上紡織的場面。柳田國男提到[3]有人撿了山姥的麻球據為己有，沒想到後來居然生了鬼子。在方言中，麻球是麻線球的意思，可見山姥和紡織的關係極為深遠。這個故事中撿了球之後「據為己有」的部分很有意思，但現在先來談蜘蛛和紡織的關係。

51

52

希臘女神雅典娜（Athena）非常精於紡織，同時哥倫堡的少女阿拉庫諾的紡織技巧也非常出色，少女為此非常驕傲，甚至說自己比雅典娜女神還要高明。雅典娜因此變身為老婆婆（變成老婆婆所代表的意思很有趣），來到阿拉庫諾的身邊給她一些忠告，沒想到阿拉庫諾根本聽不進去，這時女神回復自己本來的面貌，跟阿拉庫諾比賽紡織並且打敗她，少女因羞愧而上吊，雅典娜因為憐惜而救她一命，沒想到阿拉庫諾吊在半空中變為一隻蜘蛛。從此蜘蛛就和負面的女性形象連結在一起。但是如果考慮到雅典娜和阿拉庫諾兩個人都會編織的這個描述，可以理解到這兩位同時代表著正面和負面的女性形象。如果再深思一些，也許阿拉庫諾代表的是光輝燦爛的雅典娜女神的某一個陰暗面。

現在把話題帶回到山姥。如同剛剛柳田所介紹的一樣，山姥的麻球同時傳遞了肯定、否定的雙層意思，因此山姥並不一定就是恐怖的。比如說在日本的民間故事「姥皮」（大成二〇九）中，就描寫山姥親切的一面。當迷路的女孩來到山姥家的時候，本以為這個吃人的山姥一定不會讓她過夜，沒想到山姥讓她過夜，還送她一個可以隨意變身為老人和小孩的蓑，女孩最後因此得到幸福。而在金太郎的傳說中，金太郎是足柄山的山姥所撫養長大，故事中描寫山姥對金太郎的感情以及撫育孩子等正面的部分。接下來就來探討山姥所具有的雙面性。

2 母親的形象

前面的第一章第三節中介紹過諾伊曼對於西方之自我意識發展的理論。在自我剛萌芽的階段時，世界是以太母的姿態呈現，也許很多人在看到前一節對於山姥的形容時，已經察覺到山姥代表著太母的另一面形象。現在再加上山姥和蜘蛛的關係，事實上蜘蛛是太母負面形象的一個典型代表。結網捕殺蟲子的姿態，代表了太母捕抓住渺小的自我，阻礙其發展。山姥吞噬一切的屬性也在表現這個部分。

太母的正面形象，多半以慈祥地抱著小孩的形象表達。在山姥的麻球這個故事中（請參照原文書第五一頁）提到，無論怎麼樣也用不完的麻線球，這正代表了無限的存在。為了小孩子付出自己的全部，這種勇往直前的感情跟前面所描述的否定形象，其實差異不過在一念之間。在「山姥媒人」（大成，補遺三〇）中，老婆婆因為孫子可愛而親吻他的時候，一口把孫子吃掉，從此變成鬼婆婆。這種因為小孩子太可愛，對其感情太強烈，導致奪去其生命的故事，可以說是表達出非常真實的一面。

山姥所代表的善、惡兩面，已經超越了一般母與子的日常經驗。雖然小孩子可能覺得母親

54

的愛是**毫無限制**的，但人類本來就是有限的生命。不過我們會超越個人的經驗，在心中擁有一個普遍的「母親形象」，並將其意識化為太母。所有的一切都由此而生，死後也都歸回於此。孕育生與死過程的太母，對於農耕民族更形重要，很自然地成為宗教上的崇拜對象。日本民俗學家折口信夫認為山姥「最初是擔任守衛神明的角色，之後漸漸成為神明妻子的形象」[4]，正是在說明這一點。

太母形象具有肯定、否定這兩面，山姥也是如此。雖然折口信夫很明確地提到山姥的肯定面，但為什麼一般來說——特別是在民間故事中——卻多半是在描述否定的形象呢？這也許是因為日本一般把母性看得非常崇高，反而在無意識中產生一種補償機能吧。平常都在教育小孩要尊敬生育、養育自己的母親，可以說任何輕視、批評母親的話都是禁忌；相反地，在民間故事的世界中，活生生地描寫母性的吞噬力量以及恐怖的部分。在「兩座觀音」[5]的民間故事中，當山姥被追趕到走投無路時，變成一座觀世音像，但最後被識破，還是被趕走。這個故事顯示在代表太母肯定形象的觀世音裡，都還是有否定的陰影存在，這是非常有趣的一個部分。

因為「不吃飯的女人」這個故事，現在要探討一下太母和食物的關聯。食物對於人類來說，具有非常不可思議的意義。對於人類而言，食物在被吃之前，可以說是完全相異的存在。但是在吃下去之後，卻變成自己的一部分。攝取食物的原型，可以說是一種一體化，或是一種同化過程。前面所描寫因為孫子太可愛而將其吃掉的老婆婆，就是代表了這種想要一體化

55

的願望。因此，太母和食物有非常密切的關係，在格林童話「漢賽爾和格萊特（Hansel and 56
Gretel）」（KHM一五）中魔女的餅乾屋，以及「霍勒大媽（Frau Holle）」（KHM二四）中要去霍勒大媽家的路上，發現堆滿的麵包，以及蘋果變成鈴鐺的情節，都是在表達這種意思。太母在把人類當成「食物」吃下去的另外一面，就是會給予人類食物的豐收女神。

不把攝取食物視為「一體化」行為，而是認為食物會變成自己的血和肉時，這種想法包含了一種「變形」的概念在其中。當人類成長時，並不只是維持生命，而是會隨著時間有所成長變化。在小孩子變成大人、女兒變成母親這些變形的時刻，人類會發生質的變化，這種變化對人類非常重要。極端地說，如果今天沒有比昨天進步，明天沒有比今天進步，那就等同於一種死亡。母性「變形」的一個特性，就是想和身體脫離關係卻沒有辦法，例如攝取食物、懷孕、生產等；男性的「變形」則以精神性為主，因此多半得以和身體切斷關係，但卻可能因為飛得
愈高而摔得愈重。在山姥的故事中，當山姥把牛「放進頭頂開始**嘎吱嘎吱地**吃起來」時，故事 57
描寫到山姥頭上的毛凌亂不堪，其中露出一個血盆大口，相信那些聽故事的小孩子都不免一陣冷顫。這類故事的特徵在於不僅影響聽者的心，而且還影響到身體。如果要理解太母，就不能不透過身體去理解太母，女性的心理變形通常會和身體產生關係。

那「不吃飯」到底代表著什麼樣的意義呢？這代表著拒絕變形，拒絕母性的變形，如果做到徹底的時候，人類甚至會因為喪失生命力而導致死亡。為了更深入討論這個部分，我利用自

已是臨床心理師這個特點，略舉青春期厭食症為例。青春期厭食症是思春期女性特有的一種神經症，患者會頑強地拒絕進食，以致於瘦弱不堪，如果不加以治療，她們很可能會就此餓死。這種疾病的特徵之一，是在富裕國家的發生率較高，而日本最近也有增多的趨勢。這些本來應該是最健康的年輕女孩——同時多半被認為是美麗的時刻——卻成了皮包骨的樣子，當她們站在我們眼前時，真讓人感到非常悲慘。雖然青春期厭食症的心理機制並不是三言兩語可以解釋的，但任誰都會覺得其中含有「不想長大」、「不想成為女人」的想法，所以身體表現出心理的這種願望。許多學者認為這可能是因為母女關係和父母的夫妻關係有問題所致。當女兒知道父母的關係惡劣時，很自然地會不想和父母一樣，或者因此不想成為大人。但需要注意的是，在此所說的母女或者父母關係的問題，並不是常識中的那種問題。有時甚至讓人感覺不出有問題的關係，都可能因為本人內在強烈的負面太母作用而導致發病。因為強烈的太母否定力量，所以有的母親沒有辦法接受自己是母親和女人的事實。女兒會拒絕自己成為母親和進食。前面已經談過太母和進食的密切關係，而上述的心理則會影響並導致這種症狀。

厭食症的人也有可能一轉眼成為過食症，這個時候會沒有辦法停止吃東西，有時候眼睜睜看著患者愈來愈胖，已經不能消化還繼續吃東西，甚至至死方休。不論是厭食或者過食，都讓人感覺到背後有死亡女神在威脅著。從這種角度來看「不吃飯的女人」時，會了解這個故事並不像外國類似的故事那樣單純是個笑話。從這一點看來，日本的故事較為接近人類的心底深處。一個什麼也不吃的女性，突然一口氣吃掉三十三個飯糰的情節，既不脫離現實也不是個笑話，而是一個普遍存在的現實悲劇。

太母之內可以容納任何東西，而且在其中產生變形，因為太母有這種意義，所以人們用容器去象徵太母。有的是在壺子上畫上眼睛、鼻子，視此為太母而加以崇拜。在「不吃飯的妻子」類似故事中，有描寫山姥將男子抓起來，裝在桶子裡面運下山，這也反應了一種象徵性。男子被裝入太母的容器當中，當男子逃出來的時候被樹枝勾到的情節也具有一種象徵涵義，這代表男子藉由往上提升而脫離太母的控制。可惜的是，不過一轉眼的工夫，他就被追過來的山姥發現。在日本的故事中，男子用**艾草**和**菖蒲**趕走鬼（山姥）。有關這一點將在後面繼續討論，在此之前，先討論一下外國的類似故事。

59

3 葫蘆大食客

剛剛已經提到「不吃飯的妻子」故事中吃飯＝不吃飯的對比性主題，在外國的類似主題中多以笑話的型態表現。如果把故事的主題著重在具有太母特性而吞噬一切的山姥時，可以說全世界各地都有類似主題的故事。抓走小孩並吃掉的鬼子母故事也屬於這種典型。鬼子母後來接受佛的教誨，成為小孩子的守護神「訶梨帝母」，這個故事表現了對太母肯定、否定的兩面評價。世界中有各種民間故事和神話描述吞噬一切的太母形象，在此舉出其中一個非常特別的故事。

收錄於《世界的民間故事7　非洲》中的非洲「葫蘆大食客」，是一個描寫葫蘆和少女的故事。有一位有錢人的姨太太，她的女兒佛拉雅看中了母親背著的大葫蘆上面拴著的小葫蘆，因為那是唯一的小葫蘆，母親本來不想給她，但是因為父親作主，所以佛拉雅如願得到了這個小葫蘆。從那個時候開始，小葫蘆每天都跟在少女身邊，沒多久葫蘆開口說：「我要吃肉，佛拉雅，我要吃肉。」葫蘆從此什麼都吃，包括把一百五十頭山羊、七百頭綿羊都大口大口地吃光，連牛、駱駝、奴隸都吃掉了。但是葫蘆還是說「我要吃肉」，轉眼把人、珠雞、雞全部都吃光了，最後只剩下主人。眼看著葫蘆就要把少女給吃掉時，少女逃到父親那裡。因為父親身邊什麼東西都沒有，所以跟葫蘆說：「如果吃我也可以的話，那就吃我吧。」結果葫蘆把父親也吃掉了。少女逃到父親養祭祀用牡羊的地方。當葫蘆追過來時，牡羊用角戳葫蘆，結果葫蘆 61
破掉，綿羊、山羊、牛和所有的人都從葫蘆裡面跑出來，故事到此結束。

任誰都會被這支葫蘆的驚人食量嚇到。日本的山姥跟這個根本不能比。這個故事的格局讓人感覺超過民間故事的範圍，神話學者吉田敦彥將「葫蘆大食客」的類似故事列在非洲的創世紀神話中[6]，吞噬一切之後再生的情節已經屬於神話的範疇。但是和前面的故事做比較時，會發現在這個故事最初母親和女兒的關係非常有意思。故事中描寫母親是姨太太，因此這是一個母親和女兒的家族，父親則和這個家族稍微保持一些距離。對於古代人來說，就算意識到母親在生育上的重要性，但可能沒有意識到父親在這方面的重要性。女性因為繁衍後代而得到重視，所以世界是以母＝女為中心，男性則被放在周圍的位置。人類文化在開端的時候，會崇拜太母並且重視母女關係。這些也可以說發生在文化開始之前，甚至是一種「自然」的狀態。

從女兒得到葫蘆開始，母親的角色就從故事中消失。葫蘆最後連父親都吃掉，但故事中卻絲毫沒有提到母親的部分。這裡等於在暗示母親跟葫蘆的結合關係。葫蘆因為想吃肉而把任何 62
東西都吃掉。相對於這種力量，父親就顯得很羸弱，他唯一能做的就是說：「如果吃我也可以的話，那就吃我吧。」而葫蘆也毫不客氣地一口吃掉他。介紹非洲其他類似葫蘆故事的吉田敦彥指出，葫蘆在非洲很明顯代表著女性的意義。他指出：「在許多原住民的語言中，用『破掉的葫蘆』這種俗語表現失去處女之身的女性，另外例如奧特伯魯達的格魯滿契族用葫蘆代表子宮的意思。」

在以為葫蘆就要吞掉所有的東西時，祭祀用的牡羊登場，用羊角戳破葫蘆。在這裡，牡羊很明顯地代表著父性對於太母的對抗，不過這裡的父性是原型父性的延伸物。少女佛拉雅的父親被葫蘆吃掉，而母親在故事一半的時候就消失蹤跡。這時已經超越個人的父母層次，產生母性和父性的衝突，最後展開一個全新的世界。葫蘆被割破的情節，以諾伊曼的說法，這代表人格化的英雄進入「殺死母親」的階段，但與其說是弒母的意義，不如認為是天地分割的階段。在吉田所介紹的摩西族神話中，當葫蘆被割破之後，一邊形成海，而另外一邊則形成陸地。

如果把葫蘆和前面所提到的吃＝不吃的主題連在一起時，可以參考吉田所介紹貝特族的另一類神話故事。在這個故事中，葫蘆吃掉許多東西之後，有一個母親帶著兒子經過，葫蘆立刻吃掉這個兒子，母親因為悲痛萬分而尋求幫助，她來到一個「老婦人」的地方。老婦人因為可憐這個母親，教她做一種湯，用這道湯澆在西方的一個岩石上，岩石就會打開一個門，進去之後就可以求裡面的牡羊神幫忙。老婦人特別告誡這個母親，在做湯的過程中，絕對不可以嚐味道。這個母親聽完，趕快做這道湯，但是因為做菜的習慣而嚐了一口，結果因為湯太好喝而把湯喝個精光，沒有辦法把岩石打開。母親再回去老婦人的地方，謊稱照她的指示做湯卻沒有效果。但是老婦人並沒有生氣，只是叫這個母親在她面前再做一次，這次母親終於成功進入地下世界。那是一個有流水但沒有植物、滿是礦物的世界，當中住了一隻長有巨大羊角、威猛萬分的白色牡羊。牡羊和母親一起去找葫蘆，用角戳葫蘆，結果一時雷光電閃，葫蘆被戳破，血流滿地，這時許多人紛紛從葫蘆裡面走出來。

這個故事有兩個令人印象深刻的地方，一個是慈祥的老婦人，另外一個是喝湯＝不喝的主題。這個老婦人代表著正面的太母形象，和葫蘆的恐怖負面形象做一對比。在此，母親雖然犯了老婦人的禁令，但是她得到的處罰只不過是再做一次——這次由老婦人親自在旁監視而已，這充分顯示出老婦人的慈祥（這種不處罰的傾向和前面所提到的日本民間故事很類似，這是非常有意思的一點。不過當然，這兩個故事的整體情況有很大的差異）。這樣一個大格局的太母雖然可以讓大家免於葫蘆的迫害，但是老婦人自己卻不動手，而真正和葫蘆交鋒的卻是牡羊，這也是非常有趣的一個部分，顯然在這裡必須要粗暴的父性出面對抗。

為了尋求牡羊出來幫助和葫蘆對戰，這個母親非得經過一個試煉不可。她必須忍住自己的食欲，進入地下的世界之後還得斷食，直到找到牡羊所在為止。地下的世界可以被認為是太母的子宮，但那卻是一個沒有草木的礦物世界。這裡如同吉田所指出的，是一個和葫蘆的貪欲明顯對立的世界。經過這樣嚴格的禁欲體驗之後，母親才終於能夠見到可以打贏葫蘆、代表父性的牡羊。

這種故事可以說描寫出一個身為母親的偉大深層心理，也可以說表達出為了要和否定形象的太母戰鬥，必須承受禁欲、體驗冷酷的礦物世界才行。這麼一想，我們可以感覺到這個故事似乎也是在描寫青春期厭食症少女所經歷的恐怖世界。

葫蘆大食客最後是被羊角所戳破，那日本的山姥最後怎麼樣了呢？接下來我們來探討看看。

4 打退山姥

日本人是用什麼樣的方法去對付恐怖的山姥呢？讓我們看一看各式各樣有關山姥的民間故事。例如前面所舉出的「不吃飯的女人」中，男子是因為躲到**艾草**和**菖蒲**的草叢中，使得山姥不能靠近而放棄追殺。這時男子把草丟向山姥，結果「原來連鬼都會因為中毒而死啊」。這個殺掉山姥的橋段，讓人不免有一種唐突的感覺，實際查閱類似的故事時，多半的故事都描述山姥因為艾草和菖蒲而掩嘴離開。在打退山姥的這個部分中，趕走山姥是一個很重要的情節。在日本的祭典和儀式中，驅鬼和辟邪的儀式正和這一段互相對應。要根絕邪惡是一件很困難的事情，所以人們考慮的是如何能夠避開邪惡的加害，而靠著努力和不懈怠可以逃出這個難關，但是邪惡不會消失，也不可能被消滅。這種想法和後面會提到的和山姥和解、共存的部分有關。但是和歐洲的民間故事比較之下，會發現這是日本民間故事的一個特色。

當然也有很多故事描述殺死山姥的情節。在「不吃飯的妻子」的類似故事中，有很多故事描寫山姥變身為蜘蛛之後被殺死；還有許多故事描述殺死山姥之後，發現山姥原來是貍、貛、蛇等動物所變。這時用動物去形容太母的負面形象，表示太母退回到一個非常本能的狀態；而

66

用動物去形容山姥，代表日本人很難寬容這種過於低層次的母性。

在山姥的故事中，也有描述山姥看錯自己的水中倒影，跳入水中而淹死的結果。這跟「漢賽爾和格萊特」中跳入烤箱的魔女，因為被格萊特推了一下而燒死在裡面的情節如出一轍。這種故事表達的是雖然太母非常恐怖，但有的時候卻會自己走向毀滅的道路。在負面的太母力量強大的時候，我們與其衝動地送命，不如伺機而動的好。「時機」到了的時候，太母就會走向自我毀滅。

「踵太郎」（大成一四一）是一個打退山姥具有代表性的故事。有一對叫做權之助和阿覺的年輕夫婦，當丈夫權之助出門採辦年貨時，因為怕山姥來，所以把阿覺藏在衣箱裡上鎖，掛在很高的地方。結果山姥真的來了，阿覺這時懷有七個月的身孕，但還是被山姥吃掉了，但山姥因為腳踵太硬而留下來沒吃。當權之助回來之後，把腳踵放在紙袋裡面，每天念佛。某一天踵破掉，裡面生出一個男孩子。權之助非常高興地為這個孩子取名為踵太郎，疼愛地把他撫養長大。當踵太郎長到二十歲時，決定去山裡面打退山姥，他騙山姥吃其實是石頭的燒餅，拿熱油淋山姥，即使如此，山姥都沒死，他最後用粗麻繩纏住山姥的脖子，把山姥推入有流冰的急流之中。

這是一個描寫英雄打退怪物的故事，這在民間故事中是極為罕見的。在《日本民間故事大成》中，除了這個在青森縣八戶所收集的故事之外，另外就只有在岩手縣收集到類似的故事，

68

但是原文充滿了文飾之詞，可見這個故事可能要比早期靠口語傳播的故事產生得晚。有關英雄打退山姥的情節，可能跟日本人的心性有些違背之處。而踵太郎從腳踵中出生的部分也算是比較特異的主題，因此很難透過這個部分做出一些有意義的聯想。這裡想要探討的是有關打退山姥時，給山姥吃石頭的部分。

有關給山姥吃石頭的部分，記載於「山姥和石餅」（大成二六七）的故事中。這一類的故事為數不少，多半都描寫給山姥吃石頭、拿燒熱的石頭丟山姥，最後殺了山姥。當談到太母吞噬一切，主人翁最後用餵食石頭來打退山姥的情節時，大家都會想起格林童話中「狼和七隻小山羊」（KHM五）和「小紅帽」（KHM二六）的故事，這些故事很明顯都是以打退負面太母做為主題。這兩個故事都描寫狼最後因為肚子裡被放進石頭而被打敗，這種使用石頭的方法，應該是跟石女有所關聯。在日本，石女的石代表了不能生育的意思，而在西方也是如此，石頭代表了不孕[7]的意思。當過於強調母性的負面形象時，就會描述到死亡和沒有再生的可能性。這是因為太母什麼也生產不出來。對於一個不具備生產性的太母，只好在其肚子裡放進石頭殺掉。

69

但以日本來說，必須要注意的是，一方面殺掉山姥，另一方面卻對其產生一些迷信。比如說，有一些故事描述當山姥以為石頭是過年用的糯米餅，結果吃了而死掉之後，這一家的糯米餅也都變成石頭，以後為了怕死後的山姥作祟，正月就再也不吃糯米餅。也有一種說法是因為怕山姥死後作祟，所以建立產土地神廟祭祀山姥。這麼做等於表示山姥在死之後轉化為肯定的形象，這讓人聯想到鬼子母變成訶梨帝母的過程。就像柳田國男所強調的，如果下結論認為山姥是妖怪，那將是一種謬誤。當日本人的祖先同時見到山姥正面和負面的形象時，有時會產生一些矛盾的情緒。

一方面殺掉山姥，但另外一方面卻又怕山姥作祟而立其為產土地神的做法，可以說是日本的一個特徵，類似「山姥媒人」（大成，補遺三〇）這種故事中，就出現關於日本人的這種心態。現在簡單地介紹《日本民間故事大成》中「鬼婆婆媒人」這個故事，這是在新潟縣古志郡所收集到的故事。

在某個地方住著一個老婆婆還有一個單身漢，這個單身漢很想娶老婆，但是因為太窮而**沒有人要嫁給他**。在過年前一個暴風雨的夜晚，這個老婆婆來了，一面挨著火取暖，一面和他聊了很多，最後她說會幫單身漢找一個好老婆之後就走了。之後某個夜晚，單身漢突然聽到門前發出巨大的聲響，出去一看，發現一個很漂亮的籠子裡裝了一位看似死去的美麗大小姐。他照料這位大小姐，問了她才知道她是大阪鴻池家的女兒，在出嫁的路上遇劫。當天晚上那個婆婆又出現，告訴那個大小姐，自己要做媒人把她嫁給單身漢，如果她想要逃跑就把她吃掉。大小姐無計可施，只好嫁給單身漢當他的妻子。大阪的鴻池家則因為女兒被劫而引起騷動，派人來找她。但是大小姐告訴來找的人，要他轉告父母她覺得這個單身漢很好。她的父母因此為女兒蓋了房子和倉庫，讓他們住在越後地區，兩個人從此過著安樂的生活。

這個故事的結局雖然很好，但是令人不得不注意到故事中山姥的那種具有強迫性的好意，這種好意如果一個不小心很可能演變成一齣悲劇。對於突然被劫的女兒還有她的家人來說，這都是一件非常嚴重的事情，如果從這個角度來看，可以說他們都經歷到悲劇的「突然失蹤」事件。當女兒說「這個單身漢很好，我不要嫁別人」的時候，她的父母也乾脆就聽從女兒的話。如果是在歐洲的故事中，就算最後有幸福的結局，但是在途中必須經過一、兩個難關才行。這種在故事中沒有糾紛，一切都以調和的方式解決的情節，非常符合日本民間故事的特色。糾紛的存在代表了意識化的過程，我們通常是為了要解決糾紛，才去面對無意識的部分，以致於進入意識化的過程。沒有經過紛爭的解決方式，意味著意識和無意識之間的區別還處在曖昧的階段，所以全體才會處在一個調和狀態。這也就是前面所談到「無」那種算是安定的狀態。雖然故事中提到兩個年輕人幸福地結婚，但這和諾伊曼所談到的代表自我發展最終階段的結婚，屬於不同層次的概念。

對於當事人來說，山姥做媒人讓他們結婚，等於是忽視他們自由意志的一種命運性安排。在日本的故事中，並沒有說明山姥為什麼會想要讓他們結婚，這是非常唐突的一件事情。人類通常會很強烈地想要找出一件事情為什麼發生的緣由。在與「山姥媒人」類似的故事中，可以找到某些故事解釋了為什麼山姥會想要當媒人的理由。比如說描述男子為了不被山姥吃掉，刻意背山姥到她家（靜岡縣濱名郡）、男子是個孝子（新潟縣小千古市）、男子親切地招待山姥（新潟縣上越市）等一些因果報應的情節。在民間故事中，經常描述很多因為孝行或者善行而得到好報的故事，因此這種說明算是一種可以讓人信服的理由。但是這些說明應該是後世所穿鑿附會的，最初的故事版本中應該沒有說明任何理由。當人類的無意識在作用的時候，還不至於有這種深層的意識化說明；民間故事在最初發生的時候，應該是由無意識在主導，沒有添加任何意識化的雕琢。

雖然山姥的作媒使得這對新人擁有美滿幸福的婚姻——但這個故事中的山姥很明顯是會吃人的——故事中令人印象深刻的是山姥和人類共生共存的部分。這可以算是日本民間故事中的一大特色。我們知道無意識的恐怖性，但卻沒有試圖去拒絕它。雖然有時候會想要打退它，但有時候卻又考慮與其共存的可能性。有關透過山姥的安排而幸福地結婚這個主題，其中還有很多值得深思的部分，但是容後再談，現在先回到「不吃飯的女人」這個題目上。

雖然我們已經對山姥的兩面性有很多認知，但是在「不吃飯的女人」一開始的時候，山姥以美麗女子的形象出現的這個部分，卻讓人產生一些不同的想法。當我們單純地看這個故事時，很難不去懷疑山姥是為了要吃掉男子，所以變幻成那個樣子出現。實際上，馬場秋子針對山姥提出非常特別的說法：「山姥是否為了和人類有所交流，所以才忍受不能吃飯這麼嚴苛的條件來當人類的妻子？這種在頭頂上有個血盆大口的荒唐無稽想像，在民間故事中是否暗示山

72

姥沒有辦法適應常人的交流方式？無論如何，一心想和人類有所交流的山姥，在最後卻被描述成這樣，是一件很可憐的事情。」[8]

在此把聯想的範圍更擴大一些。在我的聯想中，這個可憐的山姥，因為常人違背約定而不得不悲哀地離開這個世界的形象，屬於「黃鶯之居」中女性形象的一個擴大。在聯想延展開之後，故事會成為這樣：「黃鶯之居」中這位想要和這個世界發生一些關係的女性，因為被樵夫看到「禁忌的房間」而不得不離去，但是沒有放棄要和「常人有所交流」的她，這次忍受著不能吃飯的條件再度回到這個世界，但是因為男子的「偷看」，讓她不是人類的祕密被識破，她從「黃鶯之居」時積壓的怨恨終於到達頂點。她再度受到傷害——對她來說，**被看到**就是最大的傷害——她只好吃掉對方，但是被常人的智慧所打敗的她，不得不再度離開。

73

這個聯想的故事，最後還是和原本的情節一樣，以悲歎的情感作終。這種悲歎的情感（原文書第四十八到四十九頁）所闡述的恐怖及笑的情感之間到底又有什麼樣的關係呢？如同之前針對「不吃飯的女人」中山姥化身為年輕女子的看法，我們會因為接觸的方式不同，有時把同一個人看做是漂亮年輕女孩，有時卻看成吃人的鬼婆婆。那個因為山姥而擁有幸福婚姻的男子，也可能因為犯下一個「不准看」的禁忌，而不得不把自己的妻子看成另外一個完全不同的東西。對於這種兩面性的**存在**，當接近的是年輕女子的形象時，我們會產生悲歎的情感，但當接近的是山姥的形象時，則產生恐怖的情感。如果在適度的距離之下接觸則會產生歡笑，這種

74

對笑的說明，雖然和法國哲學家貝魯克森（Henri Bergson）的看法非常類似，但我們現在要透過第三章去實際顛覆這個感情的三角關係，聽一聽捧腹大笑的聲音。

註釋

1 原註：柳田國男〈遠野物語〉（「遠野物語」）《定本 柳田國男集 第四卷》（『定本 柳田國男集 第四巻』）筑摩書房，一九六三年（本書之後將略稱《定本 柳田國男集》為《定本》）。

2 編註：本書的原文書頁碼為貼近內文下方之數字。

3 原註：柳田國男〈山之人生〉（「山の人生」）《定本 第四卷》（『定本 第四巻』）。

4 原註：折口信夫〈翁之發生〉（「翁の発生」）《折口信夫全集 第二卷》（『折口信夫全集 第二巻』）中央公論社，一九五五年。

5 原註：關敬吾編《一寸法師・猿蟹大戰・浦島太郎——日本民間故事（III）——》（『一寸法師・さるかに合戦・浦島太郎——日本の昔ばなし（III）——』）岩波書店，一九五七年（大成二八二類話）。

6 原註：吉田敦彥〈非洲神話中的魔術師形象和吞噬一切的太母形象〉（「アフリカ神話にみるトリックスター像と呑みこむ太母像」）《現代思想 總特集＝榮格》（『現代思想 総特集＝ユング』）青土社，一九七九年。

7 原註：比如說佛洛姆在解釋「小紅帽」的時候，就採用類似的觀點。佛洛姆《夢的精神分析》（『夢の精神分析——忘れられた言語』），外林大作譯，創元新社，一九六四年。

8 原註：馬場秋子《鬼之研究》（『鬼の研究』）三一書房，一九七一年。

75

| 第三章 |

鬼笑

第二章所介紹的是在日本民間故事中時常出現的山姥。當山姥的恐怖面被刻意強調時，多半會被定義等同為鬼。如同前面一章所示，鬼是一種會吃人的存在，但是卻和西方的惡魔不同，有著更多面向的意義。本章主要以附篇的「鬼笑」為主進行討論。在這個故事當中的鬼笑，是一種很特別的日本式的笑——既令人感受到某種普遍性，在世界民間故事中卻又很難找到與其類似的故事。 77

現在趕快順著「鬼笑」的故事脈絡來進行討論吧。 78

1 奪回美女

這個故事被分類在《日本民間故事大成》二四七A類的「鬼子小綱」項目中。這類故事中出現各式各樣奪回女性的方法，因此柳田國男稱這一類故事為「奪回美女」類的故事。故事主要在說美麗的女子突然之間不知道被什麼東西所劫走。去找她的，有些故事中是這女子的未婚夫，有些故事中則是這女子的母親。而劫走女子的，有時候是山賊，有時候是鬼。故事描述去救她的人經歷千辛萬苦，終於成功把女子救回來。這故事很自然會被認為和前一章因為山姥導致「突然失蹤」的故事有相關性。在山姥做媒人的故事中，女子因為被山姥搶走而獲得幸福，但現在這個故事則把焦點放在奪回女子的部分。

現在先來看看「鬼笑」這個故事。有一個「好人」的獨生女兒，在出嫁的路上被不知名的東西搶走，引起了這個家庭的軒然大波。在這個故事中，未來女婿和整個故事幾乎一點關係也沒有，故事主要是以母＝女為主軸進行。母親去尋找這個「突然失蹤」的女兒；她怎麼樣也找不到女兒，最後在一個小佛堂裡面借宿。這個佛堂裡有一個慈祥的女尼，她親切地告訴這個母親她的女兒現在被關在鬼的家裡，還教她要怎麼樣才可以找到那裡。在母＝女的主軸中，現在出現另外一位女性，這位女性慈祥又充滿智慧，是一個超越母親的母性角色。

母親依照女尼的指示，順利找到鬼的家並見到女兒，但令人印象深刻的是，這時女兒正在用機器紡織。女性和紡織以及和山姥的關係已經在前面有所論述（原文書第五十一、五十二頁）。不過在這個故事中登場的鬼是男性，這個鬼最後把河川中的水全部吸光，展現驚人的吞噬能力，這種力量很容易讓人聯想起之前所提到（原文書第五十三頁之後）的母性力量。以《日本民間故事大成》AT三二七類的「鬼子小綱」類型為例，比如說當AT三二七A的故事和西方「漢賽爾和格萊特」（KHM一五）的故事相比時，會發現日本故事中出現的是鬼，而西方則是魔女。總而言之，在西方故事出現的女性角色，在這裡則是男性。如果把「漢賽爾和格萊特」中小孩子們在森林裡迷路，「被鬼（魔女）所捉，但逃脫而回家」的重點橋段，和我在「鬼子小綱」中提出的故事重點（之後會解釋）相較，會發現這兩個故事很難算是同一類型的故事，這是因為這一類型的故事中含有日本式的特色。雖然日本和西方的故事都在描述人被什麼東西（非日常的存在）從日常的世界中帶走，最後從對方的世界回來的主題，但如果仔細檢視細部的特性之後，會發現其中有文化上的差異。

女兒很高興母親來找她，做晚飯給母親吃，這一段讓人感受到母女之間的情感牽絆，但是如同文字敘述一般，母親必須在鬼回來之前藏進「鬼不會去的洗衣間」的石箱子裡。鬼有非常敏銳的嗅覺，可以聞出是否有人類存在，而那裡有一種不可思議的花也會透露出有幾個人在現場。有意思的是，鬼也被花算在人類的數目當中，雖然人鬼殊途，但在這裡卻又沒有出現區別。幸虧女兒非常機智地說：「我因為懷孕了，所以才會開了三朵花。」這時鬼表現開心的方式也很有意思，鬼高興地大肆慶祝，「拿酒、拿太鼓。把大狗、小狗都殺來吃吧」，把原本用來守衛的狗給殺了。人類在開心飲酒的時候，會慰勞保衛自己的狗，但是鬼卻把負責守衛的狗給殺了，這表示鬼的心腸不好。在這段中，「鬼」被描述的和人有所不同，但是另一方面，卻又表現出頗為人性的部分。

當鬼喝醉睡著的時候，母女趁隙逃出來，這時女尼出現，告訴她們要乘舟逃走。女尼總是在重要的時刻出現，救助這對母女。但是鬼卻在此時醒過來，打破母女關鬼的石箱子，率領著隨從追過來。鬼為了讓小舟回頭，開始喝河川裡面的水。鬼有非常強大的「吞噬力」，眼看著小舟慢慢地後退，鬼的手就要碰到小舟了。在外國的故事中也有類似喝水的情節，格林童話的「正面鳥」（KHM五一）中，有魔女試圖喝乾水的情節，故事敘述當魔女追小男孩和小女孩時（在這裡追人的是魔女，被追的是小孩子，這與「漢賽爾和格萊特」的類型一樣），男孩子變成水池，而女孩子變成鴨子，當魔女試圖喝光池中的水時，鴨子用嘴去咬住魔女的腦袋，把魔女拖入水中殺掉。

當對方試圖把水吸光時，該用什麼方法對付呢？格林童話和日本的民間故事在這裡大相逕庭，各有一個異想天開的結果。在千鈞一髮的時候，「女尼再度出現，跟母女說：『你們兩個不要拖拖拉拉，趕快把重要的地方露給鬼看。』於是女尼和母女一起，三個人一起把和服的裙子拉起來」。鬼看到之後笑翻了，所以把所有的水都吐回去，母女因此解除危機，得以回到原來的世界。這是一段非常有特色的情節，可以說很難在世界上的民間故事中找到與其相提並論的故事。露出性器和鬼的笑這些主題都會如後所示，具有非常深刻的意義。原本應該很恐怖的鬼，卻因為笑翻了而失敗的故事，傳遞了非常日本式的意味。

在這個故事中，為了引起鬼笑，露出性器給鬼看的情節，在《日本民間故事大成》有許多類似的描述，其中多半是一些滑稽的故事。描寫最多的是露出光屁股而拍打的情節，這也算是一種廣義的露出性器。也有些故事描寫「露出屁股」而讓鬼發笑（在岡山市所收集）。如果細考民間故事中露出屁股的原因，多半是為了引起發笑。這種情節在西方故事中幾乎沒有，可能是因為這在西方並不是一件令人發笑的事情，也有可能是因為其過於下流而被敬而遠之。

被鬼抓去的女兒是透過女尼的救助而得以脫險。在描寫救出女兒的部分時，也有故事描寫把鬼（或者賊）殺掉。但多半的故事都沒有殺掉鬼，只是描寫把女兒救出來。這可能是因為鬼屬於另外一個世界，而人屬於這個世界，只要「人鬼殊途」，讓一切回到原來的狀態，故事也就可以結束了。在「人鬼殊途」被破壞的部分，值得注意的是，有一些故事描寫這個女兒生了一個鬼的小孩。人和鬼生的小孩被稱為「片子」或「片」，有的時候也叫做「小綱」，這就是為什麼這類故事被叫做「鬼子小綱」。這些人和鬼生的小孩，心裡全都向著人類，幫忙把人類救出來，扮演著「鬼笑」中女尼的角色。但這類故事之後的發展令人印象深刻，這個小孩因為是半人半鬼，所以沒有辦法留在人的世界，最後不是消失，就是回去他**父親那裡**，要不然就是因為想要吃人而拜託人類把他殺了。在小綱的故事中，他因為漸漸想要吃人類，所以做了一個小屋，把自己燒死在裡面。如果用因果報應的角度去思考這些結果，會讓人覺得非常不可理解。這個小孩子救了人，最後卻遭到不幸的結果。這是一個很難解釋的問題，容稍後再繼續討論。 83

現在先稍微談一談「奪回美女」這類故事中「突然失蹤」的部分。柳田國男也對「突然失蹤」一類的民間故事很有興趣，在〈山的人生〉[1]中從各種角度探討。這當中，他談到是否有一種容易導致失蹤的人格特質，接著他寫了非常有趣的話：「我認為自己也曾經是那種具有容易失蹤特質的小孩。」柳田舉出自己差點「突然失蹤」的經驗，發生「外人不諒解，自己之後也不記得當時居然有那種衝動」的意外事件。當歸咎原因時，他一方面追求自然科學的說明，認為「可能有暫時性的腦部疾病，或體質、遺傳造成的潛伏性誘發因子存在」，但另一方面又沒忘記說這些小孩「多多少少都有一些宗教性的傾向」。 84

這些被鬼抓走或突然失蹤的人，的確要比一般人具有較高的宗教性特質，這種人對於非日常的世界有一種親近感。柳田說自己是「容易突然失蹤」的小孩，當對照他長大後的一些事蹟之後，讓人覺得果然如此。雖然在外國的民間故事中找不到類似日本「鬼笑」的故事，但卻和神話故事有非常密切的關聯，下一節就要討論這個部分。

2 日本的神‧希臘的神

想必很多讀者在讀到女性露出性器、引起發笑這些部分時，都會想到日本的神話故事。的確，在日本神話故事的中心故事——天岩戶神話中，就有類似的情節。這個故事是日本神話中地位最高的女神天照大神因為弟弟素盞嗚尊神的殘暴而震怒，隱身於天上的石屋戶裡。眾神想了很多辦法，希望能夠平息天照大神的怒氣，讓女神可以從石屋戶裡面出來。眾神想了一個又一個方法，當女神天鈿女命「露出胸乳、解開鈕扣垂至下體」[2]舞蹈時，八百萬眾神為之大笑，天照大神因此覺得不可思議而走出石屋戶。天鈿女命將性器露出、眾神因而發笑的部分，跟我們在民間故事中所發現的故事重點完全一樣。但是當我們仔細分析前面的民間故事跟這個神話的結構時，會發現除此之外，兩者之間還有很多相似點。有關這一點將在之後討論，現在要說的是「鬼笑」這個民間故事和神話如此相似，這顯示了民間故事中包含著神話的深層意味。為了要明瞭這一個部分，現在先來看看和天岩戶神話以及日本民間故事極為類似的希臘荻蜜特（Demeter）的故事[3]。

國內、外的學者針對日本的天岩戶神話和希臘的荻蜜特神話之類似性，曾提出各種論點，在此參考神話學者吉田敦彥的說法[4]，做一個簡略的說明。

大地女神荻蜜特的女兒波瑟芬妮（Persephone）在春花盛開的草原中摘花，她摘了一朵水仙花，但這其實是天神宙斯為了讓她嫁給冥王黑帝斯（Hades）而刻意安排的花，當她摘了花之後，大地突然裂開，黑帝斯乘著黃金馬車出現，把波瑟芬妮強行帶到地下的世界。荻蜜特聽到最心愛的女兒發出哀鳴之後趕到，但是她怎麼也找不到愛女的蹤跡。當她知道這是宙斯的計謀之後，憤怒不已，遠離眾神的住處奧林帕斯，到人間去流浪。

化身為老婆婆的女神荻蜜特，接受艾盧西斯的國王克雷歐斯招待，女神（但誰也不知道她是女神）因為思念女兒而沉默不思食物。這時侍女伊爾姆貝（Iambe）刻意做出滑稽的動作，惹得女神露出笑容。有關她之後養育克雷歐斯兒子的部分就在此省略。後來荻蜜特展露出女神的原來面貌，她雖然接受人民在厄琉西斯神殿的祭祀，但是因為失去愛女而悲傷不願工作，以致於大地枯槁，人民苦於飢餓之中。宙斯無計可施，只好拜託黑帝斯讓波瑟芬妮回到母親身邊。但是黑帝斯騙波瑟芬妮吃下石榴，因為只要吃了冥府的食物之後，誰都沒有辦法永遠和死國斷絕關係。宙斯只好和他做出約定，從此之後，一年三分之二的時間，波瑟芬妮要回到母親身邊，而三分之一的時間則在地府和丈夫一起生活。因此一年之中有三分之一的時間，荻蜜特會讓冬臨大地而無法生長出任何作物。

在這個神話故事中，侍女伊爾姆貝做「滑稽的動作」引女神發笑的部分，應該是指露出性

86

器。依照基督教神學家亞歷山大的克雷門斯（Clement of Alexandria）之說法，荻蜜特在艾盧西斯是接受名叫包爾伯（Baubo）的婦人招待，女神因為沒有碰任何食物，讓包爾伯認為自己被輕視，所以憤而露出性器，女神因而失笑並開始進食。也許包爾伯原本露出性器並不是為了惹人發笑，但是露出性器和發笑的相關性是確定的。

希臘神話和日本神話的類似點，並不在於一個主題相似而已，而是在基本的結構上有一致點。兩者基本的結構都是男神施暴，女神一怒而躲起來，導致大地荒蕪，於是眾神想盡辦法平息女神怒氣，讓大地回復正常。現在稍微仔細探討一下有關男神施暴的部分，在希臘神話之中，黑帝斯強行把大地女神的女兒波瑟芬妮搶走，所以是直接對女兒施暴。在日本的神話中，素盞嗚尊則是對女神天照大神直接施以暴行，由此可見兩者的差別。不過在阿卡迪亞流傳的神

話中，有描述荻蜜特因為尋找愛女而被波塞冬（Poseidon）凌辱的故事。當女神發現波塞冬因為慾火攻心而尾隨她之後，她化身為一匹母馬，沒想到波塞冬識破女神的變身，將自己變為一匹牡馬，對荻蜜特化做的母馬逞其所欲。這個故事描寫的情節和日本神話一樣，都是女神本身受到暴行。

在日本神話故事中，女神到底受到什麼樣的暴行呢？在《古事記》中，素盞嗚尊的暴行愈演愈烈，「當天照大神坐在忌服屋中編織神御衣織時，他穿破服屋之頂，剝掉天斑馬的皮，從上面丟下來，天之服織女見狀大駭，陰部撞及梭子而死」，在這裡令人印象深刻的是馬

的出現。前面也談到波塞冬化身為馬襲擊荻蜜特的情節。而有關紡織的部分，如果和前面第五十一、五十二頁和第七十九頁（原文書頁碼）的討論聯想在一起時，會非常有意思。素盞嗚尊丟馬下來，本來是想砸天照大神，但「陰部撞及梭子」而死的卻是天之服織女。這裡很明白地是在描寫性暴力行為，從字面上看來應該是針對天照大神施以暴行。但可能因為難以直接描寫對大女神施加暴行的情節，所以這麼描寫，故事實際上應該是描寫天照大神受到性暴力以致於死亡的經驗。有關死後再生的部分，故事中可能是以天照大神隱身至岩屋中做為象徵，也可能在暗示天之服織女為天照大神的分身。

89

以上的推論之所以不是牽強附會，理由可見《日本書紀》。在《日本書紀》中描寫：「他見天照大神在齋服殿中織著神衣，因此把天斑駒剝皮，穿破殿瓦丟下來。天神見狀受驚，身撞梭子而受傷。」[5]這裡有關紡織和馬的描述都和前面一樣，不同的是很明確指出是天照大神本身受傷，不過此時用「身撞梭子而受傷」，而不是「陰部撞及梭子」。但《日本書紀》又有如下的描述：「稚日女尊坐在齋服殿中，編織神之御服織，素盞嗚尊剝去斑駒之皮，丟入殿內。稚日女尊見狀大驚，從紡織機上摔落，被自己所持之梭子所傷而死。」在這裡描寫的是稚日女尊因為梭子而受傷致死，這位稚日女尊因為又稱大日女尊，而有可能是天照大神的女兒；如果這樣，那受到暴行的就是大女神的女兒，這一點就和希臘神話有極高的類似性。

假設如此，那與其考慮是母女其中之一受到暴行，不如認為這是母＝女為一體，總共只有

90

一個女性存在，當著重其母親的部分時，描寫其為母親；當強調其女兒的部分時，描寫其為女兒，這樣的思考會讓人比較容易理解。在日本的神話中，因為母＝女角色分離的不明顯，所以兩者都是在描寫天照大神。相對於神話故事，民間故事中被鬼搶走的女兒和去尋找的母親，因為明顯分離母＝女角色，所以和希臘故事較為相近。當然因為民間故事本身的格局問題，所以在有關女神的悲歎和大地因而為之荒蕪的部分，則以日本神話和希臘神話較為相近。但是在希臘神話中，一切的算計和妥協條件都是最高神宙斯所決定，而在日本神話中，受到迫害因而悲歎、以致於受到眾神安慰的都是最高神本身，這一點就是日本神話和希臘神話中決定性的差異點。

事端是因為異性侵入破壞了母＝女的結合體，而解決的方法則是露出女性性器藉以發笑。這兩點

表六　日本的民間故事、日本神話、希臘神話之比較

	日本傳說故事	日本神話	希臘神話
侵害者	鬼	素盞嗚尊（馬）	黑帝斯 波賽冬（馬）
被侵害者	女兒	天照大神 稚日女尊	波瑟芬妮（女兒） 荻蜜特（母親）
尋人者	母	神祇們	荻蜜特（母親）
令人發笑的人（露出性器）	母、女兒、女尼	天宇姬命	包爾伯 （伊爾姆貝）
笑的人	鬼和其隨從	神祇們	荻蜜特

是日本的民間故事、日本神話和希臘神話的共通點。但如果仔細看其中的細節，會發現裡面有些差異，如同表六所示。看了本表之後，會發現其中的差異點與引人深思的部分。三者的共通點是侵害者都是男性。日本民間故事和希臘神話（故事情節稍微混亂一點）都描寫被侵害者是 91
女兒，而去尋找的是母親。在這一點上，日本神話中的天照大神（也可以說是稚日女尊）等於是荻蜜特和波瑟芬妮的合體。但是在發笑的情節則三者各有不同。總而言之，「笑的人」在日本民間故事中是鬼，在日本神話中是眾神，而在希臘神話中則是大女神。有關天照大神是否笑了的問題，文藝評論家高橋英夫對此提出意義深長的疑問[6]，但在此暫且不提。總之，笑的人不同，而「令人發笑的人」也不同。包爾伯（伊爾姆貝）和天鈿女命稍有相似之處，但是在民間故事中，使人發笑者（露出性器）是母＝女，值得注意的是女尼也參與其中。

在了解民間故事、日本神話以及希臘神話的差異之後，接下來要逐一探討「鬼笑」中的 92
鬼、露出性器、笑等問題。

3 打破母＝女結合的力量

在「鬼笑」中登場的鬼到底是什麼？馬場秋子在名著《鬼之研究》（三一書房，一九七一年）的開頭寫道：「有關『鬼到底是什麼？』這個題目，是一個非常困難，且在民俗學上還沒有辦法完全掌握的部分。」當現代人想起鬼的形象時，除了頭上生角、披著虎皮的怪異形象，要不然就是在節慶的時候，被小孩子用豆子趕走的「落魄鬼」，但如果仔細深究下去，就會發現這是「非常困難」的題目，就算只限定於探討民間故事中的鬼，也不是本書在此可能研究的。我在此姑且只針對「鬼笑」中鬼的形象，以及其在日本人內心世界中的意義做探討。當然其中也參考柳田、折口等前輩的意見。

討論日本民間故事中的鬼時，會發現剛剛討論過的日本神話和希臘神話中，有與其非常類似的角色。同樣是侵害女性的角色，黑帝斯＝波塞冬或者是素盞鳴尊這些神，都會讓人想起折口信夫有關「鬼」和「神」具有同樣意義的著名論點。希臘神話中荻蜜特＝波瑟芬妮的關係和民間故事中的母＝女關係極為類似，這種緊密的母女關係在心理上代表什麼意義呢？諾伊曼稱這種母女關係為「原始關係」，但與其說是「關係」，不如說是「一體性」。在原始時代中，母親生下子女是絕對不容置疑的存在；在那個時候，男性在其中的「角色」還沒有完全被認知。正如其字面的意義，大地之母像是個母胎，而植物在其中生長、死亡、復甦，重複這個永遠的循環。母親是一種永遠的存在，生命在此重複著死亡和再生。

在厄琉西斯神殿的祭祀儀式（Eleusinian Mysteries）中，生和死是最重要的主題，日本哲學家久野昭說道：「當狩獵是一種求生存的手段時，人們會捕捉野獸、殺而食之，當沒有可抓的野獸時，人們會為了追求新的獸群而遷移，大地是求生存的鬥爭舞台。然而當農耕是求生存的手段時，人們必須要保存種子，把保存好的種子播種，澆水讓種子從死亡的狀態重新展開生命。一粒麥子的死去，可以換來更多的結實纍纍。」[7]這種**植物**死亡、再生的循環是厄琉西斯儀式中的重點，所謂的植物死亡和再生，表示著死去的麥子和再生的麥子是同一個東西。相對於此，在殺掉野獸而食與再生的過程中，必須注意的是，人因為吃掉野獸而重新獲得生命力的時候，並不是同一個東西的死而再生過程。植物的循環過程中，卻是同一個東西死而再生。母親和女兒是一樣的，女兒會成為老母，而母親會死亡重新再成為女兒。因此形容這兩者是一體的兩面，並不為過。

在以母女結合的型態所支配的世界中，事物的變化永遠是綿延重複的，可以說其中並沒有本質上的變化。為了要破壞這種永遠重複的循環，必須要有男性的侵入來破壞母女結合的力量；但如果侵入者的力量不夠強大的時候，反而會被母女的結合力量所阻止。冥王黑帝斯駕馭著將地面分裂為二的四輪馬車出現，就給人這種強烈的感覺，而日本神話中也描寫素盞嗚尊的狂暴形象。這些神的形象之所以和馬連在一起，應該是和馬的強勁衝力有關。在日本神話中雖然沒有描寫母女結合的部分，但是由最高神是女神的這個事實，可以看出這是一個母親占優勢的世界。在此扮演侵害者的神雖然是男神，但是和母親具有極為緊密的關係。黑帝斯是地府的國王，而母親象徵大地，所以當黑帝斯把人帶進裂開的大地之中，可以說是被大地所吞噬，這和第二章所討論母親屬性中吞噬一切的力量具有關聯性。素盞嗚尊和母親的關係也很明白，他在父親伊奘諾尊命令他去「視察海原」時，因為想去母親的國家而大哭大嚷（他和海的關係，讓人聯想起海神波塞冬）。事實上，他最後和黑帝斯一樣，住在名叫堅洲國的地底冥府。

在日本民間故事中的鬼或者男性，都在飲水的時候展現了強大的吸力。而打破母女結合力量的黑帝斯、素盞嗚尊和鬼都有一個共通點，那就是同時具有父性和母性原始型態，只是父性的部分被特別強調。如果回想第一章第三節有關圓形蛇的描述——父性和母性在未分化的渾沌狀態，可以了解到民間故事中的鬼表現出圓形蛇的父性部分。其中雖然有父性，但沒有高坐在天上的宙斯那種光輝，而是一種黑暗的力量，強大但沒有威嚴，有時甚至流為滑稽。雖然可以想像其擁有馬的衝力，但卻沒有控制自己方向的能力，這就是父性背後隱藏的那種母性常給人的感覺。圓形蛇代表的那種父性力量，就像是以前的日本軍隊，日本人都很清楚其中出現許多在死亡邊緣來回多次的各路**鬼神**。圓形蛇中的父性和其本身都沒有善、惡之分，其強大的破壞力，因為沒有方向性而容易被貼上邪惡的標籤，但如果沒有它，母女結合的力量就永遠沒有破解的時候。

因為圓形蛇的父性侵入而導致分離的母女，最終還是回復原本的狀態。母親找到女兒的部分，代表著再生的儀式，也可以看成「解決男性侵入的問題，回歸原來」。實際上在日本的故事中，鬼回到鬼的世界，女子回到女子的世界，最後一切好像什麼也沒有發生過一樣。女尼則提出石塔的要求，希望每年能為她樹立一座石塔。故事的最後是母女（故事中沒有交代這個女兒後來有沒有結婚）不忘女尼的恩情，每年為她樹立一座石塔。每年增加一座石塔，象徵**太平**永遠綿延重複著。石塔代表著和平，也代表著母女的感謝。故事到最後可以說什麼都沒有發生。我們再度強烈感受到第一章所提到日本民間故事中那種回歸空無的傾向。

在此先不從文化的角度，而從個人的觀點來思考。以女性來說，理所當然地從出生就住在一個母女結合的世界裡。女性安住在這樣一個世界中，**自然地進行**結婚、生產、育子、老、死的循環，等於是活在母親的偉大懷抱之中。在這當中，幾乎沒有男性的存在意識，也可以說男性位於一種伴隨著母親的附屬地位。在現代的日本中，想必也有女性存在著這種想法。但是這種母女結合會因為前面所說的圓形蛇之父性作用而被破壞，使女性接受父性的存在，由母女結合的階段變化為父女結合的階段。

已經進入父女結合階段的女性，在繼續進入到下一階段時，必須再經驗到不同於前面的男性形象。隨著新的男性形象侵入，原有的父女關係必須被消滅。沒有進入下一個階段的女性，可能會拒絕婚姻，或者進入父＝女的近親相姦階段。如果這種觀點成立的話（人生可以從許多種觀點去看），日本說不定以處於這個階段的女性為數最多。破除父女結合關係的男性，最初總被認為是怪物——有的時候則被認為是鬼。類似的故事，就是在世界各地都可以看到的「美女與野獸」型故事。第一章曾經提過，附篇的「三眼男」就是一個典型。破壞父女結合的男性最初以三眼怪物的姿態出現，當三眼男被殺之後，女性就跟王子結婚。在「美女與野獸」中則是野獸變身為王子，但故事的基本結構不變。當身為怪物的男性被接受之後，怪物就會變化成王子。

日本民間故事「鬼女婿」的故事中提到母女關係進入到父女關係的過程，與其類似的故事有「猿女婿」，那個故事描寫了快要進行到父女結合的階段。「鬼女婿」出自《日本民間故事大成》一〇二，它的下一個故事一〇三是「猿女婿」，如果和擁有許多類似故事的「鬼子小綱」比較起來，會發現這兩個故事的特色是與其類似的故事極為稀少，這也許是因為故事的內容屬於過渡階段。下面要大略說明「鬼女婿」的故事，這是鹿兒島縣大島郡奄美大島的故事。

有一個寡婦有三個女兒，大女兒叫做阿娃面卡西拉，小女兒叫做歐圖瑪打魯卡瑪。當母親為了因洪水而沒有辦法渡河所苦的時候，有一個鬼出現並幫她過河，但要求她要把其中一個女兒嫁給它。長女和次女聽到這件事情後，都生氣地表示不可能嫁給鬼，小女兒則說既然是母親答應人家的，她願意嫁給鬼。鬼一聽到之後，非常高興地抱著小女兒要回去，但鬼在渡河的時候不小心失足，小女兒趁機跳到河岸上去，但鬼卻掉入急流中淹死了。

99

這時獲救的小女兒眼前出現了一位王子阿吉卡拿西，她因而成為王妃。她雖然跟王子過著快樂的生活，但因為想把好消息告訴母親而回家去。這時忌妒妹妹的大姊把妹妹推到泉水裡淹死，再假扮成妹妹回到皇城。第二天當大姊要去水泉打水時，妹妹化成一條鰻魚把水弄濁，讓姊姊不能打水。王子聽到姊姊說有這麼一件事情，跑去水泉把鰻魚打撈起來。王子要人煮這條魚給他吃，但因為魚沒有完全煮熟而有所不滿。這時鰻魚開口說：「你能知道鰻魚有沒有完全煮熟，怎麼就不知道這是你的妻子所變的呢？」阿吉卡拿西知道事實的真相之後，悲痛萬分，而無容身之地的姊姊則變成了一隻蟲子。這就是日本稱半生不熟的食物為阿吉卡拿西的由來。

這個故事的前半段描寫鬼出現破壞母女結合的關係。一般來說，當母女關係被破壞時，都會像黑帝斯的出現一樣，既突然且不合理，出現一個不屬於母女結合世界中的特殊結構。在這個故事中，鬼因為自己所做的事情而要求得到女兒做為回報，可以說是相對應於父女結合的階段。事實上，「美女與野獸」類的故事多半是這種情節。這個故事描寫的是兩個關係之間的過渡階段，但也包含父女結合這個部分。鬼死了之後，王子出現，這就代表破除父女關係的男性出現。這個故事中，從得到幸福的女英雄回歸故里卻被姊姊忌妒為止，都和西方的「美女與野獸」一樣，但在結尾的地方卻非常日本化。當姊姊的惡性敗露之後，她變成蟲子，而以「從此

100

半生不熟的食物就被稱為阿吉卡拿西（Ajiganashi）」做為結尾，讓人有一種很詭異的感覺。

這個故事讓我們再度感受到日本的母女結合關係以及母親力量的強大，而為了完成日本的美學意識，故事中不得不犧牲生命的女性形象，則讓人感覺非常無奈。這些女性並不會就此消失，我們將在後面繼續去追尋這些女性的軌跡，現在先改變一下題目，思考有關性器露出的部分。

4 露出性器

有關露出性器這個主題，前面已經提到在希臘荻蜜特神話中，包爾伯的行為具有重要的意義。但是在我的調查範圍中，並未在其他的世界民間故事中找到類似的故事，在湯普遜的主題索引中也沒有發現。因為這類故事在世界神話故事中有一定存在性，所以也許日後當民間故事的研究更為興盛的時候，可以找到類似的民間故事也說不定。但現在先從神話故事著手，討論這個題目所代表的意義。

在日本的天岩戶神話中天鈿女命曾露出性器，而在《日本書紀》和《古語拾遺》中則記述她再度露出性器的故事，但《古事記》並不承認有這個事實。《日本書紀》記載，當天孫要出發的時候，先遣之人回報說：「在天八達之衢有一個神，鼻長七咫，背長七尺有餘，寬有七尋，嘴巴出現耀眼光明，眼睛好像八咫鏡放出光芒。」這麼怪異的容貌讓人想起後代對鬼的描述。當八百萬眾神中，誰都沒有辦法去問出他到底是誰時，天鈿女命被認為「你可以，你一定可以贏過他的」而被派去。天鈿女命到了那裡之後，「露出胸乳，把衣裳捲起至肚臍下方，微笑著看著對方」，因而問到對方是猨田彥大神，是為了迎接天孫而來到此處。天鈿女命在這裡露出性器，雖然沒有惹得對方大笑，但卻讓一個看似會危害天孫的恐怖神祇開口，把事情緣由弄清楚而達到效果。

天鈿女命在天岩戶前所做的事情，可以理解為和包爾伯做的事情極為類似，那麼她對猨田彥大神做的行為到底又有什麼意義呢？吉田敦彥針對這一點，從比較神話學的立場出發，提出「日本神話中天鈿女命的行為，幾乎全部都是為了打開閉鎖的嘴巴、入口、通路等」[8]的論點不可不稱之為卓見。所謂因為露出性器而「開啟」，比如說在天岩戶的時候，眾神因為天鈿女命而張開嘴巴笑，本來因盛怒而沉默不語的天照大神也因此開口。這一點可以說和希臘神話的包爾伯一樣，至於打開猨田彥的嘴巴也如前所述的，是一種開啟。這裡再加上吉田敦彥指出《古事記》裡面所記載的這個故事，當天鈿女命問眾魚：「你們是否願意侍奉天之御子？」所有的魚都回答：「願意侍奉。」只有海參沉默不語。這時天鈿女命說：「這個嘴巴是不會回答的嘴巴。」因此用刀劃出一個嘴巴。這裡又再度顯示天鈿女命打開閉鎖入口的情節。

吉田接著提出非常有意思的說法，他認為具有打開閉鎖關口的機能、帶給世界光明的天鈿女命，「是一種類似印度巫霞斯那種曙光女神的觀念」。在《梨俱吠陀》經裡描寫的巫霞斯，一面歡笑一面跳舞，乳房和身體都因而裸露出來。在談到天岩戶神話中因為露出性器而帶給世界光明的部分時，神話學家松本信廣提到艾努人的傳承故事[9]，這是引用自語言學家金田一京助的《艾努拉庫魯傳說》。這一段在一開始有這麼一段印象式話語：「春天是女人的季節。春天來了，青草會從國土上萌芽，樹梢也冒出枝來。冬天是男人的季節。冬天來的時候，青草會在國土上長眠，樹梢散去，白雪會覆蓋在國土之上。」這讓人想起厄琉西斯的春之祭典中有關麥之死亡和再生的事情。現在先回到故事中，艾努的村子中來了飢饉魔，導致人類陷入飢餓，有一個路過的年輕人見狀，問他們要不要一起努力想辦法對付魔神。這位年輕人叫做歐吉古魯米，是艾努文化中的英雄，他準備想辦法阻止魔神為惡。他本來想給魔神喝酒，但是魔神因為「善神才喜歡喝酒，惡神是不喜歡喝的」不理他，結果他的妹妹去找惡神，「當婦人衣服的前鈕扣鬆開的時候，整個乳房露出來，這時東方突然展現光明，而西方則瞬間陰暗下去」。惡神見狀改變心意，來到他的家喝下他勸誘的毒酒，最後終於被趕走。

在艾努的故事中，女性露出胸部使得東方放光明而西方陰暗，而惡神因此改變心意。有關東方放光明的說法，讓人想起這是否和吉田有關曙光女神的論點有關。而松本信廣在介紹上述的故事之後，認為歐吉古魯米妹妹的行為「讓飢饉魔展露笑容，笑會讓人鬆弛，惡魔的忿恨、猙獰，都在笑中消失」。本文中並沒有明說艾努的惡神到底有沒有笑，但的確因為女性露出性器而「鬆弛」，這是一種從緊張中釋放，一種開懷的感覺。與希臘和日本神話中藉由露出性器而打破女神沉默的目的相比，艾努神話中鬆弛惡神＝鬼的緊張之目的，倒是和「鬼笑」中的目的較為接近。

現在依照吉田敦彥的考據，多談一些有關露出性器的神話故事[10]。吉田提到有關奧賽多的敘事詩傳說中有以下的故事。有一位具有那魯多血統、稱做普西＝巴多諾可的勇士，他因為被那魯多出身的母親丟進箱子，扔到海裡，因而在別的地方長大。當他知道那魯多有一位名叫索斯藍的勇士時，特地想要和他一決勝負而來到那魯多。索斯藍的母親（這裡雖然說是母親，但其實關係很複雜，在此暫且不提）沙塔那（Satana）聽下女報告，得知有名的騎士普西＝巴多諾可正朝自己的村子而來。她認為如果就這麼讓他來，兒子一定會有生命危險，因此吩咐下女準備許多酒菜和美女，試圖把普西＝巴多諾可引到自己家來。但是普西＝巴多諾可對這些東西並沒有興趣，他拒絕下女的邀請，說：「身為一個只想奮手一搏的自由騎士，我是為了找可以與我為友的對手而來到那魯多。」聽到這話的沙塔那只好化好妝，從自己家出來親自誘惑他。她知道言語對他並沒有用處，所以把頭巾打開，露出白皙的脖子，但還是沒有用，沙塔那這時

「把兩個乳房呈現在他的眼前，最後慢慢地解開絹布的裙子，把陰部暴露出來。」

但沙塔那的行為並沒有奏效，普西＝巴多諾可還是縱馬而去和索斯藍見面，兩位勇士最後結下盟友契約而結束這個故事。在此露出女性性器並沒有達到效果。沙塔那的行為和天鈿女命為了對付擋住天孫行經之路的恐怖對手而露出性器的行為非常類似，不過天鈿女命是以威嚇，也可以說是咒語的方式達到效果，而沙塔那則明顯地以女性的性誘惑。艾努的歐吉古魯米的妹妹則是介於這兩者之間。沙塔那可能是因為完全沒有咒術，所以才被無雙的勇者所忽視。

接下來要介紹的是凱魯特的傳說故事，阿魯斯塔國王孔賀巴魯的外甥克芙萊恩是一位半人

105　106

半神的勇士。他在打敗一個又一個阿魯斯塔的強敵之後，終於回到首都。但是他因為戰火而導致全身灼熱，孔賀巴魯王擔心如果就讓他這麼進城，會使首都陷入危險，所以他命令王妃慕凱因率領一百五十位女性全身赤裸地到城外，在克芙萊恩前裸露身體和陰部，當他一看到這副光景，馬上把頭扭過去，這時人們趁隙把三大桶的冷水倒在他灼熱的身上，終於讓熱度減退。孔賀巴魯這才讓克芙萊恩來到自己的面前，當面稱讚他的功績。

在凱魯特的傳說故事中，露出性器而讓灼熱的武士轉過頭去，與其說勇士是因為不好意思，還不如說這讓人感到咒術的存在。在這裡很難確定到底露出性器是威嚇住勇士，還是因此和緩了勇士的心。神話學家松村武雄在針對天岩戶神話考察的時候，舉出一個琉球自古傳承下來的故事，其中直接描述性器的力量。在這個故事中是對著鬼露出性器，因此和前述的民間故事可以合在一起思考[11]。古時候首里的金城住著一個食人鬼，人們為此困擾不堪。有一個人的妹妹露出自己的性器給鬼看，鬼問她這個嘴巴是做什麼用的，女子回答說上面的嘴巴是吃飯用的，下面的嘴巴是吃鬼用的，鬼聽了之後因為害怕而墜崖而死。在這個故事中，性器是用來恐嚇鬼的工具。從這些類似的故事中可以知道，露出女性的性器具有咒術的威嚇力量，可以恐嚇對方，或者具有某種「打開」或終結夜晚、帶來朝陽的效果，也可以說具有結束冬天，讓春滿花開降臨的意味。這種「打開」也可以代表笑的意思。不過和其他國家神話故事不同的是，在日本的民間故事中是鬼笑。下一節當中就要探討鬼笑的意義。

5 鬼的笑

鬼是一種很恐怖的存在。如果談到鬼的笑，與其說感覺奇怪，不如說帶有一種恐怖的感覺。比如說《地獄草紙》中描繪鬼在笑的姿態，那些訕笑著人類的鬼，表示了一種鬼相對於人的絕對性優勢。自古以來有無數關於「笑」的研究論述，在此以我的能力無法逐一探討，但是針對笑的本質來說，許多論者都會提出伯斯的「優越感」概念。《地獄草紙》中的鬼笑應該也算是這種典型吧；柳田國男在〈笑之文學起源〉[12]中提到的「天狗狂笑」也是同一種概念，他認為：「所謂的天狗狂笑，指的是在人煙罕至的深山中，不經意聽到一種震撼天地的笑聲，這種笑讓人比聽到『我要吃掉你』有更恐怖的感覺。」他還認為：「笑是一種攻擊的方法，是一種與人正面交鋒而且具有積極性的行為（但是不需要動手）。稱之為一種追擊方法也不為過，是一種針對弱者或處於不利地位者的方法，可以說是一種勝利者的特權。」柳田認為憤怒雖然被認為是相反於笑的感情表達方式，但是兩者都帶有恐嚇的意味在內，但令人意外的是，笑反而更具有效果。

「鬼笑」的民間故事中，鬼的笑到底是一種什麼意思呢？在故事中，絕對可以說鬼比人具有相對性的優越性，因為鬼可以隨手把人擄來，也可以把人「抓來吃了」。當人類拚命要坐船逃出來的時候，鬼可以飲盡河川中的水，差點把人給抓回去。但在這個時候，鬼發出的卻不是「針對處於不利地位者的威嚇性」的笑，這就是這個故事的精彩之處，鬼**不但笑**，還笑翻了，導致鬼的優越性在此一蹶不振。優、劣者的地位因為這一笑而整個反轉。照這樣來看，這裡的「鬼的笑」就不是靠前面的單一解釋可以理解的。這裡鬼的笑和《地獄草紙》的笑以及西方惡魔的笑，很明顯大異其趣。

109

經過前面針對其他民間故事、日本和希臘神話的比較，可以發現這裡所提出的鬼笑和神的笑有相通之處。這些故事當中都是因為露出性器而笑，只是發出笑的主角不同，有的是鬼，有的是眾神，有的則是大女神。以笑的方式來說，荻蜜特是一種失笑，而日本的眾神是一種哄堂大笑，而在這個民間故事中的鬼則是一種捧腹大笑。

荻蜜特的笑背後帶著憤怒和悲傷，女神因為失去女兒，再加上自己受到凌辱的憤怒和悲傷，因此選擇沉默不語。但是女神卻因為包爾伯（伊爾姆貝）出乎意料的行為而笑出來，這可以說是一種「打開」，但也可說是悲傷得到化解。這就像朝陽解開黑夜，春天解開寒冬。在民間故事中經常有類似「不笑的公主」的故事，那是一種代表「春天」遲來的女性形象，而男性最後成為公主的夫婿，扮演著讓春天「開花」的角色。比如說在格林童話「金鵝」（KHM六四）的故事中，主人翁的笨拙讓原本不笑的公主失笑，因而娶到公主而成為國王。

110

天之岩屋戶前那些日本眾神的笑，其背後也有這種意味。在這裡發笑的不是女神，而是眾神，這種意味和荻蜜特的笑相通。高橋英夫針對「神的笑」所做出的考察論點和我有諸多相似之處[13]，針對高橋所提出的「這位女神（天照大神）到底會不會笑」的疑問，我有以下的看法。天照大神的笑和荻蜜特的狀況一樣，她是真的笑了。但是希臘與日本神話的相異之處在於前者中另外有一個最高地位的宙斯存在，而後者中天照大神本身就是最高地位的神（後面會解釋這裡所謂最高的神的意義，和猶太教＝基督教中唯一神的意義有所差異）。在荻蜜特的故事裡，是荻蜜特本身去承受波塞冬的凌辱和被包爾伯引發出笑容，但是在日本神話中因為要保持最高神的神格，所以創造出稚日女尊這種分身去承受這些行為。在天岩戶前面的那些神也笑，但天照大神問祂們為何而笑時，從祂們的答案中可以看出，「因為可以成為更高貴的神，所以高興地笑出來」。這句話象徵著眾神認為當「不笑的神」變化為「會笑的神」時，會成為「更為高貴的神」。對於不笑的最高神來說，可以藉著笑而更接近眾神，極端地說，是更接近人類而成為一位更為高貴的神。

高橋英夫在探討天鈿女命和猨田彥的故事時，所提出的看法不可不稱之為真知灼見，「笑可以讓神更接近人類，也可以讓怪物和妖怪從另一方面來接近人類……，笑是一種人性化的存在」，笑在此產生了一種相對化現象。雖然別的地方很難找出和「鬼笑」類似的故事，但是柳田在「南太平洋不知名小島」的傳統故事中，找到一個有些類似的故事[14]。古時候有一隻青蛙把世界上的水喝得一滴不剩，許多智者紛紛想各種辦法讓青蛙笑，緊閉著嘴巴、一臉痛苦的青蛙，最後終於忍俊不住，把所有的水都吐回去，讓人類免於旱災的痛苦。如同柳田所述：「這個故事和我們的天岩戶在一些重點上有相通之處。」具有絕對性地位的青蛙因為笑而成為相對性的地位，因此把一人獨占的水還給全體人類。

112

「鬼笑」的笑和青蛙的笑一樣，因為笑而使得聚集在同一處的水回歸原來的地方。這裡有意思的是，青蛙的故事中，要讓青蛙發笑的意圖非常明顯，而青蛙也很清楚對方的意思；而在「鬼笑」裡，性器是突然之間被露出來，鬼也因此突然笑出來，可以說發笑的這一方剛開始的時候根本沒想到會有這樣的結局。更進一步地說，露出性器的女尼和母女可能也沒料想到會是這樣的結局。以奧賽多和凱魯特的故事來說，露出性器具有緩和對方怒氣、鎮靜、誘惑的力量。那些對鬼露出性器的女子們也許抱有類似的企圖也說不定，但鬼因此而突然發笑，一舉之間產生了地位的相對性變化，這種突發的感覺可以說是一個特徵。馬場秋子在《鬼之研究》的第一章開頭就提出這個精彩的警語：「鬼和女人都具有人所不能見的部分。」（〈蟲姬君〉）在這個故事中，女人和鬼的確都顯露出原本隱藏的部分，產生了顛倒性的價值改變。

113

天鈿女命具有「打開」的機能，而現在所討論的笑也可以說和「打開」有廣義性的關聯。「打開」這句話和宗教上的開示有關。人類原本只認識某個限定的空間而以為這就是世界，當體驗到超越這個世界的存在時，可以說我們被「打開」。不光是笑，憤怒也可以幫助我們「打開」。高橋英夫在〈有關神之笑〉中談到猶太教中神的憤怒時提出了洞見，認為其和日本以及希臘神話中神的相對性位置不同，「猶太教的神和人只有一種垂直性的關係」。他認為之所以有這種差異，是因為猶太教的神是唯一神，而日本和希臘中的最高神並不是「唯一絕對」的神，而是和其他的神處於水平關係。對於猶太教來說，神和人之間有**絕對**的差異。在「鬼在笑」的民間故事中，鬼的捧腹大笑讓一切變成相對性，可以說讓原本**絕對性的相對**成為水平方向的關係。猶太教神的憤怒是一種垂直性的「開示」，而日本的鬼（神）的笑則是一種水平式的「開啟」。這種想法正好和〈日本文化和日本語巡禮〉中學者們的對話相呼應[15]。哲學家宮川透說：「所謂沒有超越**者**，如果套用坂部先生的說法，並不表示沒有超越**性**的存在……」坂部惠說：「的確如此，我認為有許多超越性存在，但不是垂直，而是水平的超越……」哲學家中村雄二郎從這兩位的對話中得到結論，認為有人之所以認為日本沒有超越性的科學，是因為受到唯一觀念的束縛，其實「有許多種的超越，也有許多的科學發想」，他認為必須要對此有所認知。

高橋提出希臘和日本的最高神並非唯一神的觀點，這是非常重要的想法。我在此希望大家能注意希臘的最高神是男性，而在日本則是女性。因此最高神的宙斯，對於荻蜜特＝波瑟芬妮母女結合的世界，所提出的不是「開示」而是侵襲，而荻蜜特的笑代表著接受這種「開放」，但在日本則是最高神的天照大神自己去接受這一切。因此在日本非常明顯地是一種相對性的變化，而這種變化在「鬼笑」之中，更是發揮到極致。故事的結尾敘述著每年增加一座石塔，這就是第一章所說 Nothing has happened 的模式，讓人感受到相對化的絕對**空無**之力量。哲學大師梅原猛所說：「東洋最極致的笑，就像是德國作家約翰．保羅（Jean Paul）所說，不是因為所有的有限現象和無限理念相對照而笑，而是當相對性的有和絕對性的無對照時所發出的笑。」[16]也是屬於同一個意思。

在「鬼子小綱」的類似故事中，為了要使鬼發笑，有許多脫了褲子拍打屁股的情節，這些雖然讓人感到「下品」，但是在覺得下流的同時，可以認為這是一種精神上品、但肉體下品的價值觀。當開示世界時，必須要貫通心靈與肉體兩個次元。從上而下的開示是傳達至心靈，而水平方向（或者從下而上）的開示也許就得從肉體著手。一些引人發笑的民間故事，例如日本所謂「屁股新娘」（大成三七七）類型的故事，也許得不到歐洲文化的認同，但或許正代表著開示肉體的意思。事實上，「屁股新娘」這類故事也存在於韓國的民間故事中。

註釋

1 原註：柳田國男〈山之人生〉（「山の人生」）《定本 第四卷》（『定本 第四巻』）。

2 原註：《古事記》（『古事記』）日本古典文學大系一，岩波書店，一九五八年。本書之後出現的《古事記》皆屬本書。

3 原註：有關希臘神祇名稱的表記法，依學者而有所分歧，本論是採用高律春繁《希臘・羅馬神話辭典》（『ギリシア・ローマ神話辞典』）岩波書店，一九六〇年。

4 原註：吉田敦彥《希臘神話和日本神話》（『ギリシア神話と日本神話——比較神話学の試み』），Misuzu書房，一九七四年。

5 原註：《日本書紀》（『日本書紀』）上，屬於日本古典文學大系六七，岩波書店，一九六七年。本書之後引用的《日本書紀》皆屬本書。

6 原註：高橋英夫〈有關神之笑〉（『神の笑いについて』）《新潮》（『新潮』）一九七七年七月號，新潮社。

7 原註：久野昭《死與再生》（『死と再生』）南窗社，一九七一年。

8 原註：吉田敦彥《小孩子和海努威勒》（『小さ子とハイヌウェレ——比較神話学の試み』），Misuzu 書房，一九七六年。

9 原註：松本信廣《日本神話之研究》（『日本神話の研究』）平凡社，一九七一年（本書初版為一九三一年）。

10 原註：吉田敦彥，如前所示。

11 原註：松村武雄《日本神話之研究》（『日本神話の研究』）第三卷，培風館，一九六八年，書中引用伊波普猷《琉球古今記》（『琉球古今記』）。

12 原註：柳田國男〈笑之文學起源〉（『笑の文学の起原』）《定本 第七卷》（『定本 第七巻』），一九六二年。

13 原註：高橋英夫，如前所揭載論文。

14 原註：柳田國男，如前所示。

15 原註：坂部惠＋山崎賞選考委員會《面具的時代》（『仮面の時代』）河出書房新社，一九七八年。

16 原註：梅原猛《笑之結構》（『笑いの構造』）角川書店，一九七二年。

116

|第四章|

姊姊之死

在鬼破壞母女結合的故事中，可以說鬼最後發笑帶來正面的影響，使一切回歸到原點，這個結局讓人痛切地感受到「空無」的力量。而在「鬼女婿」的例子中（請參考原文書第九十八頁以後），侵入到女性世界的怪物並沒有像西方故事一樣變身為男性，進而和女主角結婚，反而是被女性的力量所消滅。德國的民間故事專家雷利經由研究小澤俊夫的翻譯作品，認為日本民間故事中描寫結婚的情節非常少，此看法和本書第一章的說法雷同。他認為西方的故事中常見求婚成功，或者為了求婚而經歷一連串冒險而最後成功的情節，但是在日本的民間故事中則甚少提到結婚，他說：「其中也許會有一些變身的故事，但是出現的比例和德語故事簡直不可相提並論。在小澤的日本民間故事集當中，完全找不到「救贖」的字眼和概念。」1

我也贊成他的看法，因此想要探討這個部分，而民間故事有意思的地方，就在於一定有一些故事會打破這些原則。現在透過詳細討論這些例外，以釐清這些原則的意義。現在為了這個目的，在此特別舉出這個有關「結婚」和「救贖」的故事。

117

118

1 天鵝姊姊

讀者在看了附篇的「天鵝姊姊」之後，會留下什麼樣的印象？想必有一些人會因為這個故事中談到日本故事中少見的「結婚」和「救贖」情節，所以多少有一種和一般日本故事疏離的感覺。的確，這個故事因為是在沖永良部島所收集到，而且缺乏類似故事的原因，使人懷疑這本來是否不是日本的故事，而是一個外來的故事。但另一方面，故事中姊姊那勤勞和悲苦的形象，又讓人無法否定其中的日本式情感。在這裡會選擇這個故事，是因為故事中姊姊的形象讓人深深感受到日本文化的緣故。尤其到了後面探討細節的部分，應該有很多人都會將這個姊姊和日本無人不知的故事「安壽和廚子王」中姊姊的形象重疊。

現在先簡單描述「天鵝姊姊」這個故事。「沙須」國的王后在生下一女一男之後過世。外國學者[2]認為日本的民間故事和傳說一樣，極少以領主或者公主做為主角，但這個故事卻在一開始的地方給人一種西方故事的感覺。不過這個故事和仙履奇緣等故事不同，因為姊弟這種組合是很罕見的。國王雖然最後不可免俗地續了弦，但是在此之前卻含辛茹苦地獨自養育這對姊弟十年。世界上雖然有很多故事描述繼母和小孩的故事，但是卻少有描寫父親忍受十年孤獨而沒有續弦的情節。這裡表現出父子之間深厚的感情牽絆。

父親在十年後娶了後母，後母還帶了一個孩子過來，這個部分就屬於常見的民間故事模式。繼母排擠繼子、只疼愛自己親生的小孩，這就和仙履奇緣中的情節一樣。在這裡想要討論的是繼母所代表的意義。其實我在別的論述中提到過[3]，格林童話中的「漢賽爾和格萊特」與「白雪公主」裡的繼母其實原本都是親生母親；第二章也提到母親具有兩面性的部分。就算是親生母親，也可能在陰暗的一面中擁有迫害殺死自己孩子的力量。一般面對母親的兩面性時，傾向認為肯定的那一面是母性的本質，而將否定的那一面歸於無意識。因此當我們討論母親的時候，如果把注意力放在無意識的部分，就會覺得親生母親殺死或者丟棄子女並不是不可思議的事情，但是在社會的一般看法中，因為只願意認定母親的絕對肯定形象，所以把否定的這一面歸於所謂繼母的形象中。因此民間故事中出現的繼母要比實際上背負更多的惡劣形象。

如果觀察日本的繼子故事，馬上就會注意到其中幾乎全部都是描寫母女關係。《日本民間故事大成》裡面有關繼子的故事中，除了「灰坊」之外，其餘全部都是描寫繼母、繼女關係。關敬吾認為「灰坊」其實應該歸類於婚姻類的故事，而我也同意這種看法。所以「灰坊」在這裡要被剔除在討論之外——雖然這個故事本身非常有意思——讓我們思考一下為何母女之間的繼母女關係會發生問題。就像前面所說，繼母在這裡所代表的不一定是真正的繼母，而是用來表達母性的否定面。從女兒的角度來看，可以說女兒在這種母女關係之中意識到母親的否定面。

前一章描述為了破壞母女結合的關係，必須要有一個強力的男性侵入。而繼母女關係所代 121
表的是母女已經不像以前那樣結合為一體，女兒開始意識到母親的否定面。當人類要破除和他人的一體性、建立自我時，首先必須要意識到對方的否定面。這就是為什麼許多思春期的女性會突然批判母親，給予母親低於實質的評價，有時候甚至表現出厭煩。她們有時甚至會懷疑自己的母親是否是自己**真正的**母親。女性在經過這個時期之後，才能從母親身邊獨立。這就是為什麼繼母、繼女類型的故事，多半以女兒結婚做為故事的結束。如同後面所解釋，日本的民間故事多少有些脫離這個模式，其中一個典型就是第七章所介紹的「沒有手的女兒」。日本雖然很少描述男性英雄打敗怪龍或者完成一些豐功偉業之後結婚的故事，但當主角是女性的時候，反而會有一些故事描寫女兒經歷繼母迫害，最後結婚的情節。有關這些差異的部分將在第七章再一次討論，現在先總結繼母、繼女關係的重要性及意義。

以繼母、繼女關係來說，雖然這個故事看起來類似仙履奇緣（Cinderella）的模式，但是 122
日本故事的特徵在於女兒結婚之前，完全沒有提到任何繼母對女兒的迫害情節，女兒的結婚對象也很簡單地被決定。在仙履奇緣或者其他的日本民間故事中（例如附篇的「沒有手的女兒」），一定都會描寫繼母對女兒的各種虐待、找到男性之前的波折和繼母在女兒結婚後的各種破壞。但是在「天鵝姊姊」中，結婚的對象很輕易地就被決定，這可能是因為這個故事的主題在於描寫後面的姊弟關係。也可以說，故事中結婚場面不在於描述男性及女性的結合，而在於姊姊和弟弟的結合。這個推論的證據是故事在結尾時並不描述主角們的幸福婚姻生活，而是說姊姊和弟弟都各自結婚，「姊弟互相幫助，一直到現在都過著幸福快樂的生活」。這樣的結局也可以在本章第三節的「姊與弟」中看到。故事的首要目的是在描寫姊弟因為互相幫助而過著快樂的生活，是為了這個目的才描述姊弟各自結婚的情節。

話題有些離題，現在回來看看有關繼母殺死女兒的情節。故事中描寫繼母把女兒丟進煮沸的大鍋裡面殺死。只要看這一類型的故事，就會發現這時不是出現大鍋就是澡盆，反正主角一定是被丟進一個大的容器中殺死，這代表著女性在成年儀式[4]中所經歷重要的胎內回歸階段。不用其他的方法殺死女兒，而是將其放進大容器之內的情節就是這個論點的證據。當女性從少女變成妻子的時候，必須經歷死亡的體驗。

繼母殺死姊姊阿玉之後，以自己的女兒加奈頂替嫁過去。如果照故事的走向，會認為這是繼母的奸計，但如果從象徵意義來看，則會有如下的意義。當女兒意識到母親的否定側面之後，女兒可以因此得到獨立而結婚，但在結婚時或結婚後，很快就會再度接受母女共有的母性肯定面，也可以說非接受這種肯定信念不可。只有當**這個階段**到來，女兒才有可能真正確信對方男性的愛，脫離母女結合的世界而與那個男性結合。故事中從訂下婚約到最後的喜劇收場之間所產生阿玉－加奈－阿玉的變化，以及中間阿玉死而復生的部分，都是用來表示這些階段的變化。女性在結婚的時候，必須放棄原來的血親，改為守護夫婦的緣份。她必須維持著身體在夫家，但是心卻向著娘家的關係。加奈代表著女兒的身體嫁過去，而弟弟蟹春跟著一起過去夫家，則代表著她和娘家的血親關係。

在此雖然可以了解弟弟跟著嫁到夫家在心理上所代表的意義，但在現實中，這畢竟是個特例。如同後面將解釋的，姊姊阿玉對弟弟蟹春的犧牲奉獻，讓人覺得這個故事的重點在於描寫姊弟結合。以人類深層心理的發展變化來說，一般認為人類的心理是從最初的母子相姦階段發展到手足相姦階段。阿玉和蟹春的緊密結合，正是反應了這種深層心理狀態。手足相姦是一個很重要的議題，所以將在下一節仔細探討，現在先注意蟹春在行為上表現的被動性。不論是「姊和弟」或者「兄和妹」的故事中，男性都是扮演被動的角色。下一節會談到當比較日本民間故事和歐洲文化圈的類似故事時，會發現日本描寫姊弟關係的故事比較多。在這個故事中，蟹春的行為完全屬於被動，他聽從繼母的吩咐跟著繼姊嫁過去，對姊姊被殺的事情沒有任何抗辯，也沒能把這件事情告訴任何人。他後來也是聽別人的指示，因為王子好心詢問他之後，才終於第一次把事情的真相說出來。但仔細一想之後就會發現，就是這種被動的男性性格、凡是聽別人吩咐的形象，才能讓姊姊阿玉和王子丈夫建立深厚的關係。

在王子知道真相之後，出現了日本民間故事中少有的「救贖」主題。但是在王子摸了不可以摸的妻子之後，「手打開一看，手心裡面只留下三隻蒼蠅」，這讓人不禁以為故事是否就要

124

進入**日本式結束**。在第三節中與這個故事極為類似的「姊與弟」類型故事中，就甚少談到後面有關姊姊結婚的部分，但是我們很難判斷後面的部分是否為後人所追加，或者把「姊與弟」故事中弟弟的死和再生的情節改寫到姊姊身上。

總而言之，這個故事和日本式的空無結果相反，最後是以喜劇結束。在擂缽中注入水以救回姊姊的部分，很明顯有用水浸禮的意味，這當然也和先前的大鍋有相呼應的意思。浸禮通常被用在成年禮（Initiation）之中，透過將身體浸入盛湯的大鍋和裝滿水的擂缽中，用來代表死和再生過程中的痛苦與喜悅。而熱和冷的對比，使人想起成年禮中經常用火和水代表試煉與洗滌的意思。在「天鵝姊姊」的類似故事中，變成鶉的姊姊（不是天鵝而是鶉），要求王子積水和生火，「當一切照約定準備好之後，鶉飛來跳入火中又浸入水中，最後變回原來妻子的樣子」（鹿兒島縣上甑島）。

再生的美女終於和王子結婚，而壞妻子被殺，母親也死了。故事主角阿玉終於在這裡和母女結合的心理階段訣別，和透過弟弟所得到的男性圓滿結婚。這是一個令人祝福的結果，如同最後描述姊弟的結語所示，這個故事把重點放在姊弟關係上，而下一節就要討論這個部分。我們在討論完母女結合之後，必須要思考手足結合的議題。

125

126

2 異性手足

手足關係是血緣的關係。但是人類在原初的時代時，就連面對親子關係，都沒有意識到父與子之間有血緣關係。如同前面所說，人類最初意識到的血緣關係是母女關係，之後則是手足關係，但是異性手足在這裡則會出現問題。相對於血緣關係的就是以性關係為主的結婚。就像第一章第三節中所說，歐洲式的自我確立過程，簡單地說就是從母子一體的結合狀態中脫離，建立和異性的結合關係。與其說是從血緣關係發展到性關係，以西方的說法來說就是從血緣關係轉移為契約關係。手足關係正好位於這兩種關係之間，而手足婚姻既可以代表這兩種關係的中間位置，也可以說是將血緣關係和婚姻關係合而為一的高度性結合。古代埃及的王和王妃必須是手足這種規定就屬於後者的觀點，但只有王和王妃才被允許手足結婚，所以這是成為王與王妃的條件，代表著神聖的結合。

用以上的觀點可以解釋世界上的神話故事中經常出現的手足結婚情節，這代表著世界的誕生、神聖的結合，也描述著當父性侵入母女一體的文化、形成父性文化之前的過渡階段。說全世界的創世紀故事中都有手足結婚的情節並不為過，以日本來說，創造日本國土的伊奘諾尊和伊奘冉尊天神既是兄妹也是夫婦。而前一章提到的天照大神和素盞嗚尊也是姊弟，雖然沒有明說他們是夫妻，但是他們所生的小孩天孫就是天皇家的祖先。伊奘諾尊和伊奘冉尊的手足結婚象徵著世界的開始，而天照大神和素盞嗚尊的手足結婚則強烈地代表著跨越母女關係的階段。荻蜜特和波塞冬也是手足，這也代表著前面所描述的意義。

日本在神話時代之後，還是有許多故事描述「兄和妹」、「姊和弟」關係的重要性。實際上，從伊奘諾尊和伊奘冉尊以降，如果光要談有關手足關係的故事，就足以寫一本書來討論，在此只先談一個大略，接著就回到民間故事的部分。雖然歷史學者對於《古事記》和《日本書紀》中有關兄妹和姊弟近親結婚或者相姦的真實性有所爭議，但是以心理現實角度來看，手足婚姻在那個時代可以說是一般性的現象。事實上，《古事記》和《日本書紀》中的記載經常是以交纏內在和外在現實的方法記錄，因此想要證明其是否為真實的外在現實是一件非常困難的事情。以我的立場來說，這裡只在意內在現實的部分，因此將重點放在心理次元，至於手足婚姻是否為外在現實，則不在討論範圍之內。

《古事記》和《日本書紀》中所顯示妹妹們的活躍情形，讓人不禁想起柳田國男的《妹之力量》[5]。他指出沖繩的歐那利神、艾努神話中兄妹神搭檔的重要性，認為女性在家族中代表著重要的意義。他敘述：「在祭祀祈禱等宗教行為中，最重要的部分都是婦人的管轄範圍。在這個民族中，巫師多半由女性擔任。」日本自古以來就明確地認為姊妹（也可以說是一般女

128

性）具有靈的力量。就像歐那利神一樣，女性同胞被認為是其兄弟的守護指導靈。柳田討論的 129 雖然是日本的情形，但女性的這種功能可以說是一個世界性的事實，這可以從世界民間故事中到處可見描寫姊妹的故事得見。

如果把姊妹救贖兄弟的故事當做一種故事類型，以阿奈爾＝湯普遜的分類來說就是AT四五一型，這一類故事被稱為「尋找兄弟的少女」，故事描述妹妹歷經千辛萬苦尋找失蹤的兄弟，而故事的重點在於解除魔法。格林童話的「十二兄弟」（KHM九）、「七隻烏鴉」（KHM二五）、「六隻天鵝」（KHM四九）都屬於這一類的故事。這些故事都描述變成烏鴉、天鵝的哥哥們，因為妹妹得以破解魔法而得到救贖，但在這裡值得注意的是，哥哥變身的直接、間接原因都是因為妹妹的誕生。比如說在「十二兄弟」中，當王妃懷了第十三個孩子的時候，國王認為如果這第十三個小孩是女孩子的話，為了日後能夠多留財產給女兒，就得殺掉十二個兒子，所以準備了十二個桶棺。妹妹之後雖然救了這些哥哥，但是她並不知道自己的誕生曾經威脅過哥哥們的生命。這些故事讓人覺得妹妹所擁有的靈力同時具有正面及負面力量。日本的民間故事也有類似的描述，在「鬼和賭」（大成二四八）裡，雖然出現的是姊姊，不過 130 一樣描寫弟弟因為姊姊的智慧而贏了跟鬼的賭局。在「七隻天鵝」（大成二一四）中，妹妹救了變成天鵝的哥哥，這和格林童話的故事幾乎如出一轍。但因為這個故事只在喜界島和沖永良部島之間流傳，所以來源還有待日後的研究。也有故事描述姊妹扮演的不是救贖者的角色，而是恐怖的形象。比如說「妹妹是鬼」（大成二四九）的內容正如字面所示，描寫妹妹是鬼而且把雙親都吃掉，鬼妹妹後來被哥哥趕退，這裡所表現的是格林童話中妹妹所擁有的靈力之負面部分，介紹這個故事的柳田為此做出結論：「妹妹地位之獨特重要性可以說縱貫古今。」

當妹妹擁有這種能力，而兄妹的牽絆過於強烈的時候，前面所說的人類心理發展階段就會從母女關係，進而停滯在兄妹關係階段。就像為了破除母女關係必須有一個強力的男性侵入一樣，要破除兄妹關係則要有超過這對兄妹魅力的人出現，對於哥哥來說，必須要有其他的女性；對於妹妹來說，則必須有其他的男性。兄妹關係象徵著從血緣關係進入到異性關係的過渡階段，要出現破除血緣關係的魅力異性——以民間故事的說法，就是帶有魔法的異性——才能使深層心理發展到一個更高的階段。

榮格在《移情的心理學》[6]中，介紹由兄妹關係發展至異性關係的典型民間故事。他以冰島和俄羅斯的兩個民間故事為例，因為兩個故事幾乎一模一樣，在此只簡單介紹俄羅斯的故事。

這是俄羅斯「達尼拉．果伯利拉王子」（Prince Danila Govorila）的故事。有一位王子從魔女那裡得到一個具有魔法的戒指，只有找到手指粗細與這個戒指吻合的女性並與其結婚之後，才可以擁有這個戒指的魔力。王子找了很多女性來試戴，但是大小都不對。當他知道這個戒指和他妹妹的手指完全吻合時，就向妹妹提出求婚。妹妹因為這麼做會罪孽深重而煩惱不已，這時有一位乞丐教她做四個布偶，放在臥房的四個角落。當兄妹完成結婚儀式回到臥房之後，布偶發揮魔力使地面裂開，妹妹因此掉入地下的巴巴・雅歌（Baba Yaga，俄羅斯的魔女）的小屋。妹妹得到巴巴・雅歌的女兒幫助，得以逃離小屋，兩人一起回到王子的身邊。當王子發現巴巴・雅歌女兒的手指和戒指完全吻合之後就和她結婚，妹妹則另外找到一位如意郎君。

榮格用圖四表示這個故事的結構。冰島的故事幾乎和這個一模一樣，兄妹的近親相姦關係因為具有魔力的女性出現而被破壞，哥哥和這位女性結婚，妹妹則和其他的男性結婚，故事隨著兩對佳偶結合而以喜劇收場。當日本「天鵝姊姊」也用這個圖來表示的時候，會發現很有意思的部分（圖五）。故事的一開始也是手足關係，最後是兩對佳偶，從這個角度來看，會覺得兩個故事很相似，但是相對於俄羅斯故事是以王子這位男性為故事中心，日本則是以天鵝姊姊這位女性做為主角。俄羅斯的故事中明顯地描寫手

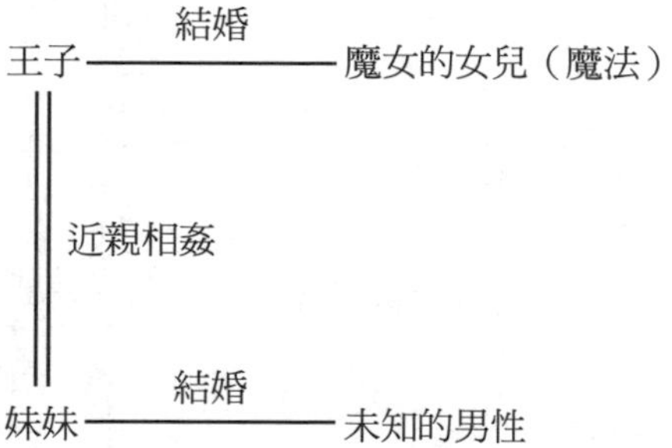

圖四　俄羅斯民間故事的人際關係

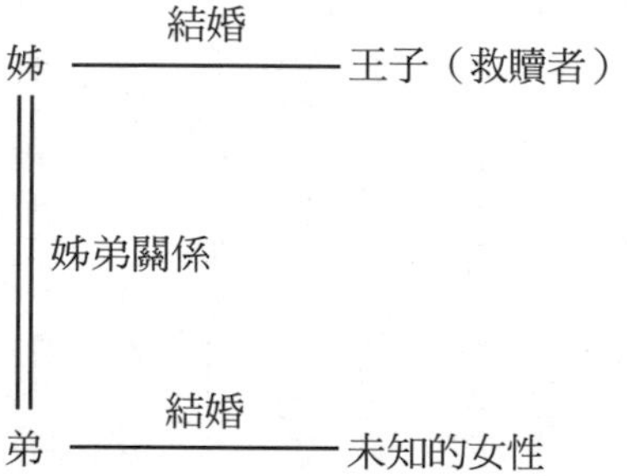

圖五　〈天鵝姊姊〉中的人際關係

足相姦的部分，但日本的故事中則是以潛在的方式描寫。有意思的是，俄羅斯故事中明白地描述手足相姦，但隨著故事的推演，也很明確地解決了這個部分；但是在日本故事中，這種關係一直處於曖昧的狀態，到故事結束時甚至還描述姊弟關係的存續。在俄羅斯的故事中，兄妹關係很明顯被擁有魔法的女性所破解；而日本的故事中，雖然有王子這個地位崇高的男性出現，但沒有描述他具有魔法，人們反而會懷疑姊姊是否具有魔力。在破除手足關係的過程中，西方的女性以妹妹的姿態擔任被動的角色，而日本則是以姊姊的身分出現，負責主導整個故事的重心。這讓人想起描寫破除母女關係的日本神話中，主角天照大神本身就是最高神的事實。

由此可見，「天鵝姊姊」的故事只有部分吻合西方的母女關係演變至兄妹關係或是夫妻關係的流程，但很難說與其完全吻合。其中一個理由是妹妹在西方的故事中經常扮演重要的角色，但極少有姊姊登場的時候，而在日本的故事中，姊姊卻占著非常重要的地位。接下來將針對日本故事中姊姊的意義以及功能，再進一步加以詳細討論。

3 姊與弟

當柳田國男寫《妹之力量》時，指的並不是姊妹中的妹妹，而是用妹妹泛指所有具有血緣關係的女性，他藉此顯示女性在家族中所扮演的重要性。如第一章第三節所說，在西方確立自我的過程中，如同殺死母親所象徵的意義一樣，必須要強烈否定血緣關係之後，才能進入與異性結合的階段。在此女性的力量非常重要，其代表著靈的世界之先導者的意義。雖然「女性的力量」非常偉大，但是母親所代表的女性和異性女性在本質上有所差異。這時姊妹扮演著前一節所說的中間性存在地位。雖然姊妹都是扮演中間性地位，但是以年齡來說，姊姊會比較接近母親，而妹妹則接近異性。日本的故事之所以比西方故事更常出現姊姊，可能就是帶有這個意味。以日本來說，雖然妹妹也活躍在故事之中，但因為母性的力量較為強大，所以多半是由姊姊扮演重要的角色。用西方式的圖表來分析日本的故事總有未盡之處，在此需要找出屬於日本民間故事的特色。為了這個原因，現在提出被認為和「天鵝姊姊」有極深關聯的「姊與弟」故事（大成一八〇）為例，這是一個在沖永良部島收集到的故事。

首先大略介紹「姊與弟」這個故事。姊姊和弟弟分別叫做阿女和阿角。弟弟三歲的時候母

134

親就過世，三年後父親也過世。姊姊沒有依靠親戚的幫助，獨自把弟弟撫養成人。姊姊讓弟弟去學手藝，弟弟因為成績最好而被朋友們忌妒，故意被推去參加扇子比賽，那是一個比誰的扇子最棒的比賽。姊姊為了買扇子而出門，碰到一個白髮老公公，買了這位老公公的扇子讓弟弟帶去參加比賽。弟弟贏了扇子比賽，結果又被推去參加舟比賽和弓比賽，也都因為老公公的幫助而得到勝利。朋友因為弟弟無論如何都不會輸，而要幫他辦一個宴會慶祝。姊姊在那個晚上夢到雙親來告訴她，朋友們將會在宴會上對弟弟下毒。姊姊告訴弟弟阿角去參加宴會時什麼都不要吃，要趕快騎馬逃回家。阿角雖然拒絕吃朋友們準備的食物，但卻被強灌入口中，在他騎馬逃回家的半路上就死了，馬背著弟弟的屍體回到家裡，姊姊把阿角的屍體放入酒桶裡面，自己穿上男裝，扮成阿角出門，嘴裡還唱著歌。朋友見狀以為毒根本沒有效，所以把剩下的食物都吃了，結果全員中毒而死。姊姊就這麼穿著男裝出遊路經「花城」，被要求當他們的**女婿**。她答應當他們的女婿因而得到「回生花」，拿回家裡讓弟弟死而復生。姊姊要弟弟代替自己去當花城的女婿，當一切都成功之後，阿角從此過著富裕的生活，故事描述「當姊姊有所不濟的時候，弟弟就從花城拿東西去接濟；當花城有所不足的時候，姊姊就從家裡拿東西過去，這兩家到現在都過著快樂的生活，故事到此結束」。

這個故事和「天鵝姊姊」一樣，都是以姊姊為中心活躍的故事。雖然活躍的是姊姊，但姊姊的行為都是為了弟弟的幸福，而不是為了自己。「天鵝姊姊」裡就已經給人這種感覺，在這個故事中則更為明顯。她在父母過世之後，取代雙親的地位照顧弟弟，讓弟弟去學手藝，當弟弟和朋友出現衝突時，藉由不知名老人的幫助讓弟弟得到勝利。在這裡出現的老人具有很重要的意義，但容後在第八章討論。姊姊在弟弟面臨死亡危機時，雖然因為夢境而得以事先警告弟弟，但卻沒有救到他，弟弟還是死了。對於姊姊來說，為了破壞姊弟結合的關係，必須要經歷一次和弟弟的別離才行。在「天鵝姊姊」中是透過姊姊的死亡讓姊弟分離，接著透過再生而繼續關係，但這個故事則描述弟弟的死亡和再生。兩個故事中相同的部分是弟弟都是扮演被動的角色，而姊姊去主導一切的事情。

姊姊因為弟弟死亡的契機而女扮男裝的部分非常有意思。姊姊的男裝可以說一石三鳥，向殺死弟弟的朋友們報仇，幫弟弟找到親家，又得到救回弟弟的方法。如果將姊姊扮男裝而受到招贅的部分認為是在描寫心理的同性戀傾向會如何？西方的心理發展是以男性為中心，描繪從母子一體的關係發展至獲得異性女子的階段，在母子一體之後就是手足婚姻的階段，以深層心理學來說[7]，在此之後是同性戀階段。也就是說，脫離血緣關係，但是還沒有到達和異性結合的階段時，會有欲望想要和同性結合。這個故事是以女性做為中心，描寫姊弟在雙親亡故後一直保持一體的關係，如果下一步進行到同性戀階段將會是很有意思的。

在這個故事中，因為雙親很早就死亡，所以可以認為已經通過母子一體這個階段，因為其中沒有出現類似「天鵝姊姊」裡有關繼母的情節。這個故事讓人印象深刻之處，在於破除姊弟結合關係的是弟弟的男性朋友團體。他們強行毒死弟弟，但是並沒有從地面下衝出、破壞母女關係的黑帝斯那種驚人的力量。他們不過是活在這個世界的普通男人，而且是集團而不是個人，可以說沒有個性化，只是因為阿角得到第一、擁有特殊性而不能容忍阿角的存在。打倒特殊性而使集團之內達到平均化的這種力量，可以說傳達出一種圓形蛇的感覺。姊弟結合也和母女結合一樣，會受到某種圓形蛇的攻擊力量而被破除。當受襲擊的一方比較弱的時候就會有死亡的危機，如果比較強的時候則可以再生，進入到更高的階段，或者回到母女結合的階段。

現在先把焦點放在姊姊身上，前面已經說過，當姊弟關係被破壞之後，姊姊換上男裝的行為可以看成是往下一個同性戀階段演化。當女性將要進行成年禮，但還沒有成為成人之前的階段，會被視為一種非男非女的存在，暫時具有兩性化（androgynization）和無性（asexuality）兩種特色[8]。經過這個階段之後，她才能成功幫助弟弟結婚。但是故事中並沒有描寫她自己是否結婚，只在結尾的時候針對姊弟關係做更深一步的解釋而結束。在「天鵝姊姊」中，因為有描述姊姊結婚的部分，所以會讓人懷疑重點是否真的在於姊弟關係；但在「姊與弟」的故事中就很明顯了。當要討論和異性結婚的階段時，會在下面的章節中舉出其他適當的故事。

現在從一些不同的觀點來看剛剛討論的部分。在這個故事中的姊姊，為了弟弟費盡千辛萬苦，變裝騙人；為了弟弟的婚姻努力，自己卻沒有結婚。這種角色和第一章「忠實的約翰」（附篇）中約翰的角色非常相像。在第一章中為了要和「黃鶯之居」做比較，因此把討論的焦

139

點放在王子身上，但其實約翰在故事中，正如在《童話心理學》所論，扮演了典型的魔術師角色。在此不詳細剖析魔術師的存在，但基本上出現在神話和傳說故事中的魔術師，會騙人、整人、神出鬼沒，是一種低層次的存在；但是當魔術師沒有整人的時候，反而會具有一種高層次、類似救贖者的地位。約翰是如此，而這裡的姊姊也很類似。當然，姊姊也可說是完全吻合歐那利的守護靈概念。魔術師多半以男性的姿態出現（同時具有兩性或者無性的特徵），因此姊姊以女性的魔術師型態出現是一件很有趣的事情，這可能是因為日本是以母性神為優勢的文化，所以會出現和女神類似的女性魔術師形象。

在「姊與弟」的故事中，姊姊的魔術師角色帶給整個故事活力，但是如果過度強調其母性的犧牲面，則會將故事引導為過於現實，使其中的人物無法簡單地死而復生，以致於變成日本人所喜歡的悲劇結束，這種典型就是「山椒大夫」的故事。這個以安壽和廚子王這對姊弟為主人翁的故事，是創作於中世紀末期的曲謠，而並非一個民間故事。這種故事，以《山椒大夫考》的作者岩崎武夫的話來說，讓人感受到「平民世界的豐富多樣性，以及迎向未來的
140
精力！」[9]，但是相對於民間故事裡無意識的傾向，這種故事被認為和當時民眾的**意識**較為接近。這雖然不是一個民間故事，但是因為和我們現在討論的主題「姊與弟」有很多類似之處，所以在此稍微探討一下。

「山椒大夫」在日本是一個耳熟能詳的故事，不需詳加介紹。如果以鷗外的文學作品的角

度來看，這是一個非常傑出的作品，但如果想要透過它了解中世紀人民意識的話，那就會像岩崎武夫所指出的，這個故事因為過於淺顯而不適合研究。「山椒大夫」描述安壽和廚子王這對姊弟因為父親被判流放罪而和父親分離，接著因為落入人口販子的手中而和母親分離。這一段和「姊與弟」接連失去父母的情節一樣。但是「山椒大夫」中的安壽和廚子王，卻因為被山椒大夫這個可怕的主人所買而飽受殘酷的虐待。姊姊安壽為了讓弟弟逃跑，犧牲了自己的生命。

在這個故事中，山椒大夫凸顯圓形蛇的父性部分，而且是毫無保留的負面形象。日本文化是以母性占優勢，因此幾乎見不到以男性神表達父親形象，但是這種圓形蛇的父親形象在現實世界或者故事中就隨處可見。這種形象除了讓人感到父性的強大威力之外，還夾雜了貪欲和陰溼等母性特色。這種形象和「義」或「理」都沒有關係，屬於一種沒有手段可言、純粹的恐怖性存在，將許多事物導引至死亡。如果將這個故事和描寫小孩子克服這種威脅生命之恐怖力量的「漢賽爾和格萊特」（KHM一五）比較，就會理解其中的差異所在。漢賽爾和格萊特是兄妹，而追殺他們的是魔女。相對於西方故事中描寫兄妹和想要吃掉他們的太母大戰的情形，在日本的故事中，與其說描寫他們和那迫害他們至死方休的圓形蛇父親戰鬥，不如說是在描繪他們是否能夠逃跑。漢賽爾和格萊特最後把魔女趕走，但是日本的故事則主要描寫弟弟逃走之後的復仇經過，所以姊姊在故事中是非死不可。

在此省略廚子王在逃走之後所經歷的種種苦頭，只注意他成功之後的舉動。廚子王去尋找母親，當他和瞎眼卻辛苦工作的母親見面那一幕是令人非常感動的，但相對於此的則是他對於山椒大夫的復仇。廚子王命令山椒大夫的兒子三郎（和他父親一樣慘忍的人）花三天三夜的時間，用竹鋸割斷山椒大夫的脖子。這個場面因為過於殘忍，所以鷗外的《山椒大夫》中刪去這一段，但是古代的曲謠版本中，則如岩崎武夫所說，這是一段「令人屏息的動人演出」，這裡可以說表現出作品的生命力。山椒大夫所承受的刑罰，並不是代表切斷與父性的關係，而是表示要脫離圓形蛇階段必須要經歷的時間特性。其中所蘊含的深沉「怨恨」，表現出當時民眾心裡所擁有的生命力。

由此可見廚子王在安壽死了之後，一直懷抱著對於姊姊過世的「怨歎」——等於代替姊姊活著——再加上「恨」，這兩種情感很明顯地一直支持這個故事進行。第一章已經就「怨歎」和「恨」有所說明。前面說過「恨」表達出日本民眾的生命活力，這在「山椒大夫」的故事中表現地非常明顯。但這個故事其實已經脫離一般民眾的意識範圍，超出必要的怨恨程度，屬於鷗外誇張的美學意識所表達出的放蕩表現。對此有所了解之後，現在回過頭來看「天鵝姊姊」和「姊與弟」這兩個故事，這種民間故事是否比「山椒大夫」中顯示的中世紀民眾意識，表達出更深一層的內心部分呢。

安壽在「山椒大夫」中因為水刑和火刑而慘死，那種淒慘加深了民眾的怨歎情感。但是在「天鵝姊姊」中，火和水代表了再生的儀式。在「姊與弟」中遭受圓形蛇父性攻擊而死的弟弟，因為姊姊的幫助而再生時說：「我是從早上睡到了晚上嗎？」姊姊告訴他：「你早上也沒有睡，晚上也沒有睡，你是吃了毒藥死了。」這裡的幽默對話讓人不禁微笑起來，這種微笑和前面的捧腹大笑也有相通之處。這是在恐怖迫害和死亡的威脅之後，因為對生命的肯定而露出的微笑。這種對生命的強烈肯定感，應該也存在於民眾那深藏「怨恨」活力的心中吧。為了弟弟犧牲、死前只願弟弟獲得幸福的姊姊形象，表達出適合日本女性優勢文化中的女性形象。但值得我們注意的是，日本人的心底深層同時也存在著民間故事裡這種姊弟關係中積極行動的女性形象。這種打破日本式心懷怨恨、悲劇性形象的爽朗活潑女性角色，應該和最後一章所提出的「意志力女性」有所關聯吧。

註釋

1 原註：魯茲・雷利〈德國人眼中的日本民間故事〉（「ドイツ人の目から見た日本の昔話」），收錄於小澤俊夫的《日本人和民間故事》（『日本人と民話』）。

2 原註：英吉・格拉傑＝阿吉德魯〈日本民間故事中的超自然世界〉（「日本の昔話における超自然的世界」），收錄於小澤俊夫的《日本人與民間故事》（『日本人と民話』）。

3 原註：河合隼雄《童話心理學》（『昔話の深層』）。

4 原註：有關成年禮中胎內回歸的議題，可參照宓魯查・艾利阿特（Mircea Eliade）的《生與再生》（『生と再生』），崛一郎譯，東京大學出版會，一九七一年。

5 原註：柳田國男〈妹之力量〉（「妹の力」），《定本 第九卷》（『定本 第九巻』），一九六二年。

6 原註：C.G.Jung, "Psychology of the Transference", in *The Practice of Psychotherapy, The Collected Work of C.G. Jung*, vol. 16, Pantheon Books, 1954.

7 原註：C.G.Jung, ibid.

8 原註：宓魯查・艾利阿特，如前列。

9 原註：岩崎武夫《山椒大夫考》（『さんせう太夫考』），平凡社，一九七三年。

| 第五章 |

兩種女性形象

「天鵝姊姊」中犧牲奉獻的姊姊提供了一個日本式的形象。故事中雖然提到結婚的部分，145
但如果把焦點放在心理結構時，會發現這是一個主要在講姊弟結合階段的故事。故事中之所以
沒有進入下一個女性結婚階段的原因，正如同前面已經闡述過許多次的，因為日本民間故事中
鮮少以描寫幸福快樂的生活做為結束。日本人耳熟能詳的故事「浦島太郎」也是如此，當主人
翁好不容易見到乙姬這位美女，卻沒有結婚就回來了。這就像前面所說過的（請參照原文書第
十八頁），俄羅斯的小男孩因此而對這個故事興趣全無。現在有必要討論日本民間故事中女性
與結婚的關係，也就是說要談日本人心中認為可以與其結婚的女性形象。現在提出的「浦島太
郎」正是一個非常適合這個題目的故事。如後所示，「浦島太郎」具有各式各樣的版本，其中
不乏一些版本談到浦島和乙姬（龜姬）結婚的情節。在此透過各種版本的浦島故事，探討其中 146
結婚與不結婚的女性形象之差異，也許能夠藉此解答前面所提出的問題。

1 浦島太郎

大概沒有日本人沒有聽過「浦島太郎」的故事。故事主人翁被其搭救的烏龜帶去遊龍宮，在那裡接受美麗的乙姬公主招待，之後因為想家而回到故鄉。龍宮中的三年原來是人間的三百年，孤獨的浦島打開乙姬吩咐他不可以打開的玉箱子，因而變成一個老人，這就是一般人所知道的浦島太郎故事。這個故事原本以傳說的形式記載於《丹後國風土記》、《日本書紀》第十四卷、《萬葉集》第九卷裡高橋虫麻呂所詠的一首關於「水之江之浦島之子」的歌等等當中。經過時代變遷之後，成為現在眾所周知的故事。想必有一些人在讀過附篇的「浦島太郎」之後，會覺得和自己熟悉的版本不太一樣。浦島的故事因為經過時代的洗鍊而有各種版本，再加上這是一個日本人喜歡的故事，所以有許多學者對這個故事加以研究。近代、現代作家喜歡以浦島為素材寫作，也是一個特別之處。在此以我的能力不可能涵蓋所有的作品，僅針對眼下所及的部分做一個簡單的介紹。

首先來看看浦島故事的變遷。以時代來說，在文獻上，奈良時代所出現的前述三個記載為最早。接著是平安時代的《浦嶋子傳》、《續浦嶋子傳記》、《水鏡》，鎌倉時代的《無名抄》、《古事談》、《宇治拾遺物語》都提到這個故事。在室町時代則有御伽草子《浦島太郎》及謠曲《浦島》的出現。一般認為現在我們所知道的浦島原型出自御伽草子的版本。在江戶時代出現的數量則增多，有《浦島一代記》、《浦島出世龜》等等。後面將會稍微提到的近松門左衛門的《浦島年代記》，也是以浦島為素材的作品。

「浦島太郎」這個故事應該打動了日本人的心。在近代、現代的文學作品中，有許多作品都以浦島為題。像是露伴《新浦島》、藤村《浦島》（詩）、鷗外《玉篋兩浦嶼》等等。以上是參考藤本德明的〈浦島傳說及現代文學〉[1]，其中有詳細的記載，後面將會舉出其中一些令人印象深刻的版本。

民俗學、文化人類學、日本文學這些領域都曾針對浦島故事進行詳細的研究。首先，關於故事的變遷部分，阪口保《浦島說話的研究》[2]、水野祐《古代社會與浦島傳說》[3]都做過詳細的解釋。阪口的考據還包括現代作家的作品，例如武者小路實篤《新埔島之夢》、太宰治《浦島先生》等作品。水野對於浦島傳說的歷史演變之論點，和我之後要談的看法很類似。簡單來說，水野的論點是認為奈良時代的浦島版本中可以看出描寫神婚的古代傳說故事原型，而平安時代的版本則強調神仙思想和長壽不老的想法，到室町時代則開始出現庶民性，加重報恩主題的比例。

在神話、傳說的研究領域中，則首推年代較遠的日本民俗學家高木敏雄[4]的研究，高木針對浦島故事中的重點和西方類似的故事做比較探討。出石誠彥在《支那神話傳說之研究》中，比較考察浦島和中國類似的故事[5]。他特別針對浦島故事中有關另度空間中超自然時間經驗的部分，和中國類似的故事做比較，考察其中的意義。在傳說的研究領域中，現在還有研究者們接續著這些先驅繼續研究；而在民間故事的領域中，也有各種非常仔細的研究。關敬吾的《日本民間故事大成》中，收錄許多由日本各地收集而來有關浦島的民間故事。但柳田國男可能因為浦島「故事過於簡單以致於單調，如果沒有時間快速飛逝那一段，根本就不具備民間故事的特性」[6]，也或者因為已經有前面那些研究，所以他並沒有針對浦島做出論文。但是他從著名的「海神宮考」開始，在許多論文中提到浦島。

日本歷史學家下出積與在《神仙思想》[7]中，探討日本神仙思想的發展時，針對「浦島子的世界」提出討論。下出在同一本書裡面研究日本的「仙女」形象，想必任誰都可以感覺到浦島中的乙姬、羽衣傳說中的天女、《竹取物語》中的輝夜姬都屬於同一種類型。針對這一點，中田千畝在《浦島與羽衣》[8]中提出研究。另外有些稍微不同的研究，比如說日本古典學家土居光知在嘗試做比較文學時，發表有關「武塔人托馬斯與浦島之子傳說」[9]的文章，文中把蘇格蘭民謠〈武塔人托馬斯〉和與其非常類似的愛爾蘭阿西爾傳說以及浦島傳說做比較。除此之外，日本民俗學家君島久子以最近中國民間傳說收集紀錄為基礎，認為洞庭湖龍女故事和浦島故事極為類似[10]。這個研究在日本和中國文化的比較探討上，具有非常深遠的意義。

以上雖然是依照我自己的拙見所提出的例子，但是已經為數眾多。現在將試著用前面所使用的方法，以深層心理學的立場探討這個故事。我之前已經針對浦島做過討論11，現在要提 150
的大部分和其有所重疊，不過這次主要從第一章提到的「女性眼光」出發，所以論述的方法會和之前稍微有些不同。這裡主要是以附篇的版本做為討論內容，但就像前面所說，浦島最初是以傳說形式存在，之後隨著時代變遷而產生許多版本，因此本文也會針對這個部分提出討論。

這裡所舉出的「浦島太郎」是在香川縣仲多度郡所收集到的，類似的故事非常多，這些都收集於《日本民間故事大成》中。雖然有各種的故事版本，但主要都是在敘述年輕的故事主人翁去龍宮接受乙姬的招待，但是龍宮的時間和人間的時間不一樣，所以當他回到人間時大為吃驚，他最後打開玉箱子而變成老人（死亡）。其中沖繩縣具志川市收集到的故事中描寫，「從**龍宮的妻子**那裡帶回兩個箱子」（粗體是我所加），但其他的故事中都沒有明白提到結婚的部分。在佐賀縣東松浦郡收集到的故事中描寫「乙姬希望他能當她的丈夫，但是他要回來」。許多故事都描寫浦島去龍宮是因為烏龜報恩。在這些故事裡面，描寫烏龜就是乙姬的部分特別令人注目。在福井縣坂井郡收集到的故事中說乙姬每一百年就要化成烏龜去住吉參拜，但沒想到被小孩子抓到，之後被浦島所救。這個故事和之後所提到的龜姬故事有所關聯性。浦島的故事 151
雖然有許多版本，但這裡主要以特別有意思的版本見附篇為中心做討論。

2 母與子

在附篇的「浦島太郎」故事中，一開始描述這是一個「一個母親和一個兒子」的家族，母親八十歲、兒子四十歲，而兒子表示「在母親還活著的時候」不要娶妻的意圖，這是非常有意思的部分。在類似的故事中，幾乎沒有別的故事描寫出這種母子關係，但是如果仔細思考浦島這位男性的存在意義時，會讓人覺得這種設定提供非常符合的形象。現在先討論這對母子的關係。

日本文化人類學家石田英一郎已經討論過民間故事中母子關係的重要性。他在著作《桃太郎的母親》[12]中，認為日本的民間傳說故事中經常出現的「小孩子」，背後有一個「總是彷彿可見……一個被認為是母親的女性角色」，這種母與子的關係在世界史當中舉目可見。譬如「埃及的伊西斯和賀魯斯、腓尼基的阿修多雷多和湯姆斯、小亞細亞的基貝雷和阿帝斯、葛雷塔的瑞亞和子神宙斯」等，有許多例子都是描寫這種大地母神和小男神的故事。這種到處可見的母和子神話故事，如果以佛洛伊德（Sigmund Freud）的觀點來說，很明顯地就是在反應伊底帕斯情結。事實上在這類神話當中，有許多故事都明白描寫母子近親相姦的情節，敘述大地之母和自己所生的小男神成為配偶，由此產生新的生命。

152

佛洛伊德的伊底帕斯情節理論，主要是以父子關係主軸上的父性原理為基礎發展出來的。佛洛伊德主要是從個人的父子矛盾、母子近親相姦的次元去做理解。相對於此，榮格雖然沒有反對佛洛伊德的說法，但認為這是一種超越個人次元、普遍屬於人類的心理現象。他認為這種描寫母子關係的神話，與其還原到家族間的關係，不如認為這表達出人類自我和無意識之間的關係。第一章第三節提出諾伊曼有關自我確立的理論，就是以榮格的這種理論為出發點。本書之前的討論雖然認為以父性原理為基礎的諾伊曼理論不適合日本人的意識結構，但在這一節中要先以諾伊曼的理論去檢視浦島的形象，這是為了透過不同於日本人心理的觀點，以便更為釐清浦島的形象。

浦島的故事中一開始所提到一母一子的關係，是一種兒子尚未從母親身邊分離的狀態，代表著自我還沒有從無意識中獲得獨立性。父親在此並沒有登場，這表示主人翁並沒有一個可以建立男性性格的模範。而原始的故事版本並沒有描寫浦島到四十歲都還是單身。奈良朝時代的《丹後國風土記》中描述主人翁被稱為「筒川之嶼子」，「為人姿容秀美，風流無比」，這可以說是一個非常英俊的男性形象，但是卻讓人覺得有些柔弱，無法感受到男性的強壯感。在鎌倉時代的紀錄中，《水鏡》描述浦島回家的文章中，描述他打開玉箱子的時候，「那稚弱的外表突然之間變成老翁」，在《古事談》中也描寫他「如幼童」，這些例子中都敘述浦島外表如幼童。這有可能是因為故事中認為浦島去蓬萊山因此逐漸返老還童，但無論如何，童子形象的出現是一件很有意思的事情。

浦島與母親的關係，再加上童子的形象，令人想起「永恆少年」（puer aeternus）的原型。「永恆少年」在第三章第二節厄琉西斯的神話中——但在那一節中並沒有談到這個部分 154 ——代表著擔任非常重要角色的伊雅克斯（Iacchus），他也被稱為歐伯多。伊雅克斯在厄琉西斯的儀式中，擔任儀式隊伍之先導領隊的少年之神，他也是波瑟芬妮（也有人說是荻蜜特）的小孩。如字面上所顯示的，他會一直重新回到少年的狀態，是一位永遠無法成年的神。厄琉西斯的儀式主要是為了祭祀穀物和再生的神。他在大地之母的力量之下，由死亡重新再生，永遠保持年輕。

如同神話所顯示的一樣，這種「永恆少年」的原型存在每個人的心底深處，但是當這個人和原型合而為一的時候，就會成為「永恆少年」。榮格派的分析家們對現代社會中的「永恆少年」們有所描寫——所指的當然不是年齡——這如果放在日本的文化模式之上思考，會變得非常有趣。我在此之前曾對此有過討論，現在再一次引用這段討論[13]。

他們（永恆少年們）雖然顯示出適應社會的困難，但因為不願委屈自己那特別的才能，所 155 以自我解釋認為沒有必要去適應社會，將這一切歸咎於沒有辦法容納他們的社會的錯。他們還沒有到需要認真思考的時候，還沒有找到真正要什麼，總之就是經常處於「還沒有」的狀態。但某一天，這少年會突然積極起來，可能會突然發表偉大的藝術作品，或者為了解救全人類而站起來。這時表現出的敏銳性和強大的力量會讓許多人為之讚嘆，但很可惜的是其中一個特徵就是沒有持久性。他們這時會不畏危險，所以讓人以為他們很勇敢，但在真實的背後，他們其實想回歸到太母的子宮裡，會一直抱持著這種願望直到死亡。

稍微頑強一點的少年不會就這麼死去，他們會在突然沉淪之後，暫時過著沒有作為的生活，但是一轉眼又會以新型態往上升。他們會今天談馬克斯，明天談佛洛伊德，穿梭於各種華麗的活動中，但是其中一個特徵就是沒有連貫性。（請參照圖六）

這些永恆少年，很明顯都和母親在心理上有強烈的連結，這裡所說的「母」可以不是真正的母親，而是一種「代表母親」的存在，這種關係的強度在於戀母情節的強度。他們因為這個原因，多

156

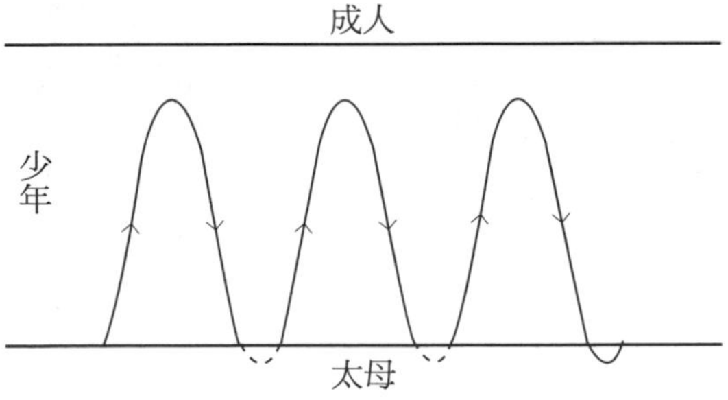

圖六　永恆少年的行為模式

少都有唐璜情節，也就是同性戀的傾向。他們在女性身上尋找具有母親力量的女神，雖然找了一個又一個對象，但是當他們知道對方只是普通的女性時，會為了繼續尋找女神而不得不再去找其他的女性。換言之，當他們沒有建立一定程度的男性性格時，會在同性團體中尋找安定，透過得到同性伴侶而獲得滿足。這裡針對永恆少年似乎談得太多，但是如果要思考日本人的心理，就必須了解到這是一個重要的原型。現在讓我們回到浦島的故事。

我們是否也可以認為浦島和母親的關係非常密切，屬於永恆少年呢？這是一位四十歲的少年。如果依照民間故事的描述，這位四十歲的小孩一個人出海捕魚，卻沒有捕到一條魚。在《風土記》中，「揚帆出海，釣三天三夜而沒有釣到一條魚」。海是如此廣大無邊，以其中蘊藏萬物的意義來說，可以說代表著人類的無意識。一個人孤獨地在海上且釣不到魚的狀況，正和心理學上的「退行」（Regression）狀態吻合。

以榮格來說[14]，退行代表著本來存在於自我之中的力量漸漸流逝到無意識去。這時人會因為力量減少而失去自我控制力，出現各種退行現象。白日夢、非現實的空想、耽溺於情感之中，有時甚至會有妄想等極端的病理狀態出現。如果以這種觀點來看，一般來說退行可以算是一種病態現象，但是榮格認為這種退行不一定代表生病，而有可能是因為心靈在發展創造性時速度太快所致。當自我因為退行而和無意識接觸時，當然會遇到病態或者邪惡的部分，但也有向未來發展或者萌生新生命的可能。

157

這麼一想，反應人類心理發展過程的民間故事當中，有許多故事都是在一開始的時候記述著退行的行為。民間故事中的主人翁們經常是被雙親遺棄，在森林中迷路，因為要找吃的而掉到洞穴裡面。第一章「黃鶯之居」裡的年輕樵夫也是這種典型。這些故事中的主人翁，就像是樵夫遇到美女一樣，進入無意識的深層境界，在那裡發生許多際遇。有的人見到美麗的天鵝，有的小孩則是看到餅乾屋。

當退行是一種「創造性的退行」時，其中會出現一些新的要素，而自我非得努力去整合這些要素不可。這個故事中的主角則是釣到了一隻烏龜，或者像有些故事所描寫的，救了一隻被小孩子們欺負的烏龜。雖然也有像新潟縣南蒲原郡的版本，故事一開始就描寫美女出現，根本就沒有烏龜的存在，但是多半的故事都是描述有一隻烏龜，而這隻烏龜間接、直接和乙姬有關係。現在一面思考這一點，一面看看烏龜和龜姬的部分吧。

3 龜與龜姬

神話學家克雷尼（Károly Kerényi）[15]敘述烏龜是「神話學中存在最古老的動物之一」。烏龜的確在世界上的神話傳說都有登場，現在先看看日本的例子。

在《日本民間故事大成》中和浦島太郎淵源很深的「龍宮童子」（二二三）類型中，有許多故事都描寫烏龜是乙姬的使者。另外在《日本書紀》的「海幸和山幸」故事中敘述豐玉姬乘著烏龜出現。在這些故事中，烏龜都很明顯和海裡或住在海底的女性有深厚的關係。

除此之外，《古事記》描寫神武天皇東征的時候，「有人乘坐龜背振翅而來」，問他是誰，他回答「我是守護國土之神」，接著為天皇在水中帶路。在日本神話中，一個很重要的對比就是「天神」和「國土之神」。「國土之神」相對於「天神」的特性，就是透過乘著烏龜做表現。另外一個相對於天神天照大神的是出雲之神，出雲神社中的龜甲紋，雖然讓人覺得其中很有意思，不過兩者之間的關係尚未釐清[16]。阪口保在論述之餘談到浦島乘著烏龜去龍宮的情節，在古代的版本中並沒有出現，這個橋段的產生時代是一件很有意思的事情，他推論其可能出於十八世紀末期[17]，以紀錄來說也應該如此。不過有意思的是，龜在古代的時候，是以國土之神「坐騎」的身分登場。

只要看一看中國、印度，就會明白烏龜所代表的象徵意義。在《列子》湯問篇中，渤海東方幾億萬里的地方有五座山，分別稱為岱輿、員嶠、方壺、瀛洲、蓬萊，這幾個都是不老不死的仙境，但是這五座山是浮在海面上而非靜止不動的。為此所苦的仙人向天帝抱怨，天帝特派十五隻巨，每三隻一組輪流支撐這五座島，並且決定一次輪流是六萬年。

這是一個很中國式的大格局故事，以日本來說，雖然沒有這種大烏龜的故事，但是卻出現蓬萊這個名字。記述浦島傳說的古代紀錄《日本書紀》中，寫到浦島去「那裡」，而出現的名字就是「蓬萊山」。在《丹後國風土記》中，龜化身為女子問浦島：「要不要跟我一起共赴蓬萊？」這裡面也提到蓬萊山這個名字。蓬萊山在這裡到底是泛指一個人間仙境，還是反應出日本的神仙思想呢？這是一個很有意思的問題，但是現在我們只要確定浦島去的「那個地方」有著靠烏龜做為支撐的這個印象就已經足夠。

「烏龜支撐著世界」的形象，在美國．印第安的神話中也有所描述[18]。在印度神話中，毘瑟神說當世界「怒海翻騰」，眼看就要被破壞殆盡時，毘瑟神自己化身為烏龜，抓住翻騰的攪棒，安定住世界。烏龜在這裡也扮演了安定世界的角色。

從這些論點可以看出，當天和地、父和母、精神和肉體（物質）要開始採取基本的對立狀態時，烏龜象徵著土、肉體、母親等的意義。極端地說，這裡指的是一個天地、父母分離

160

161

之前的混沌狀態。由此可見榮格將烏龜和煉金術中還沒有精煉的最初的素材、大渾沌（massa confusa）[19]做對比是非常合適的。

當烏龜帶著這樣的意義登場之後，接著就發生戲劇化的變身，《丹後國風土記》中描寫得非常精彩。故事中的主人翁——筒川的嶼子釣了三天三夜都毫無斬獲，最後釣上了一隻五彩斑斕的烏龜。他「心中泛起一種奇異的感覺」，因此把船停下來，就在他稍微小睡的片刻之間，烏龜變成了一個女子，這位女子「容貌美麗，舉世無雙」，居然跟他說：「賤妾的心意，天地日月可鑑，你的意思呢？快做個決定吧。」突然之間她向他求婚，而且一副自己心意已決，逼問對方的態勢。

這裡描寫烏龜變身的情節非常有意思。但是不免令人感到疑惑的是，我們所熟知的「浦島太郎」中沒有這個烏龜變身的部分，反而加上烏龜報恩這種原來所沒有的情節。

有關這個部分被換掉的問題將在後面繼續討論，現在先簡單地看一下「烏龜報恩」這個主題。前述的浦島研究者們指出，烏龜報恩的主題和浦島屬於不同類型的故事，這一類故事出現在《日本靈異記》、《今昔物語》、《宇治拾遺物語》、《打聞集》之中。這類故事互相之間也許稍有出入，但多半都是描寫烏龜在要被殺之際獲救或被主人翁拿錢買下，而烏龜日後回來報答的動物報恩故事。中田千畝認為這些故事應該出自中國的《冥報記》，其中陳嚴恭因為救了烏龜，後來被烏龜救的故事，故事的源頭可能出自印度的佛教故事，這種故事是用來解釋佛教的因果報應。但在心理學上來說，這代表著退行之後所產生的力量在進行的狀態。流向無意識的心之力量現在倒流回來，而自我開始運用這些力量。但這不只是平常的力量在退行和返回，這其中因為含有創造性，所以會產生新的要素。

在原本的浦島故事中，這位烏龜化身的美女就是新誕生的要素，但是後來因為受到佛教的影響加上動物報恩的情節，以致於把這重要的題目給遺落了。

稱之為「重要的題目」，是因為烏龜化身的女性主動求婚這一段非常重要。故事一開始從與母親關係密切的退行男子說起，當這個男性想要和母親切斷關係時，必須要出現一個和母親具有不同魅力的女性。換句話說，這個故事描述的是當自我從無意識之中想要獨立出來時，自我在某種程度上必須先從無意識中找出和母親不一樣的女性形象，並且和那個女性建立關係不可。

在西方的確立自我過程中，代表自我的男性形象和母親分離（象徵性地殺掉母親）、並且獲得新的女性是一件非常重要的事情。但是在《風土記》中的浦島，並沒有象徵殺掉母親的行為，反而是龜姬突然現身，而且由龜姬提出求婚。浦島在完全不了解對方的情況下就答應對方，可以說身為故事主人翁的男性並沒有透過英雄式的戰鬥「獲得」女性，反而應該說是被女性所擄獲。

這種男性的被動態度讓人想起第二章「不吃飯的女人」中的男性。浦島在海上的孤獨狀態，可以說代表著退行的狀態；而「不吃飯的女人」中的男性，妄想著娶一位會做事但不需要吃飯的女人，這也可算是一種退行性的思考，但是這個時候一定會出現一個吞噬男性的女性角色。在「不吃飯的女人」中，女方的求婚讓人無法忘懷，這麼一想之後，龜姬雖然很美，但是在本質上也擁有非常極端的太母特質，可是浦島並沒有注意到這一點，所以被拉到對方的世界中。

土居光知在〈武塔人托馬斯與浦島之子傳說〉中，以這種觀點來解釋浦島的傳說故事。土居所介紹的民謠托馬斯萊瑪的故事和愛爾蘭的阿西爾傳說，都是和浦島一樣描述女性採取主動。在前者的故事中，出現在托瑪斯面前的這位「絕世美女」對他說：「跟我在一起／正直的托瑪斯啊，跟著我／從此之後，你在這七年之中不論是快樂還是辛苦，你都要侍奉我。」[20]如同土居所指出的，侍奉女神並不屬於戀愛生活，這和前面所談大地母神和隨從的小男神的關係一樣，其背後的心理和浦島是一樣的。

在《風土記》的故事中，嶼子接受龜姬的誘惑而結婚，長時間過著和現實脫離的生活，沒想到迎接永恆少年的，卻是變成老人的悲劇結尾。在《萬葉集》裡敘述的是更為強烈的悲劇結束，當浦島打開玉箱子之後，「振袖疾走，跌倒頓足，突然之間，心神消失，年輕的皮膚起皺紋，黑髮轉白髮，最後氣絕身亡」，以一個迷上和母親類似女性的少年來說，這是一件理所當然的事情。而少年在那段時間到底過著什麼樣的生活？這裡雖然沒有直接的答案，但是可以看

164 165

看另外一位和烏龜相遇的少年的故事。

這位和烏龜相遇的少年就是赫密斯（Hermes）。在希臘神話的眾神中，赫密斯因為充滿各種矛盾性而擁有特殊的地位。在此且傾聽克雷尼在《赫密斯讚歌》中描述赫密斯和烏龜相遇的故事[21]。

赫密斯在家門口發現到一隻正在吃草的烏龜，「相遇和發現使赫密斯的本性顯露出來」，當他看到烏龜時這麼笑著說：

「這真是無上的幸福印記啊。見到你真高興。
太棒了，這個可愛的傢伙，將是我的舞友、宴會上的好友。
來得太好了，我心愛的玩具。
住在山上的人啊、你怎麼會披著這麼光輝燦爛的殼。
讓我帶著你回家。幫我一個大忙。
我不會虧待你的。你來幫我的忙吧。
原來在家裡多好。跑到外面來，遇上這天大的災難。
你在活著的時候，也許擁有一個可以抵擋災害魔力的盾甲。
但你死了之後，就可以彈奏出美麗的歌曲。」

赫密斯一面說著一面把烏龜抱回家去，之後「切開烏龜的身體」，用龜甲做成豎琴。

這裡所敘述的赫密斯對烏龜的態度，和我們故事中的浦島正好完全相反。當烏龜出現在浦島面前時，也許和赫密斯一樣屬於一種「相遇和發現」。但是浦島卻輕易受到烏龜化身的女性誘惑，完全沒有看透烏龜的本質而跟著走了；赫密斯卻完全相反，一看到烏龜就已經「把烏龜看透」。如果借用克雷尼的形容，「赫密斯在這隻可憐的烏龜還活著時，就已經把烏龜看成一個絕妙的樂器。對於烏龜來說，這個絕妙的想法代表著痛苦的死亡。……赫密斯這麼做，絕對不是一種純潔的行為，而是一種陰險殘忍的做法」。就像克雷尼所說，他看到烏龜，一面想著要殺掉牠做樂器，一面說著「原來在家裡多好。跑到外面來，遇上這天大的災難」所表現出來那種諷刺的殘忍，表示「那諷刺的話語出自於他的神性，而這兩者都是毫無人性的」。他不愧是負責引領靈魂去冥界的神。

但是我們的浦島不論經過多久的時間，都沒有辦法像赫密斯一樣看透烏龜的本性。不過隨著時代的變化，故事的版本跟著出現改變，龜姬的形象也有所改變。接下來就要探討這一點。

4 乙姬——永恆少女

《風土記》中清楚描述嶼子和龜姬結婚。但是在一般人熟知的浦島太郎故事中，根本就沒有讓人想像浦島和乙姬結婚的餘地。有關浦島的民間故事中，僅形容「乙姬小姐的身邊有許多漂亮的女孩子伺候小姐穿和服」，而沒有提到結婚的部分。為什麼乙姬沒有被視為結婚的對象，這種演變又是從什麼時候開始的呢？

有關浦島結婚的情節，在平安時代的《浦嶋子傳》和《續浦嶋子傳記》這些故事中都有出現，但有趣的是故事中並沒有使用《風土記》中「龜姬」的形象。像《浦嶋子傳》是形容「靈龜變成仙女」，用仙女或者神女來代替龜姬這個角色。故事中在描寫仙女的時候用「與楊貴妃、西施無異」形容，非常明顯是受到中國的影響，高木敏雄針對受到中國影響的部分提出疑問[22]。有關仙女變成烏龜去接近浦島，更被認為不是清淨高潔的仙女會做的事情。他對這一段非常火大，因為「仙女就算被浦島的眉清目秀所吸引，又怎麼會放棄這些仰望仙女的道士們，變化成烏龜潛進汪洋大海，出現在波浪江洋之中，求取一個漁夫的歡心，這真是讓人不能理解」。高木的說法和原始版本《萬葉集》中敘述的長歌很接近，但是對於我來說，與其說想要尋找原來的版本，不如說對於龜姬之形象隨著時代改變的這個部分更有興趣。

日本人對於仙女或天女的印象，就像高木所說的一樣，認為其必須和色欲絕緣、純潔無瑕，久米的仙人故事也描寫到這一點。但是另外一方面，卻又認為戀愛的理想境界就是道教中描寫的理想世界。浦島的故事很可能傾向後者，受到類似《遊仙窟》的影響，所以加上仙女登場的情節。但就像前面所說，畢竟描寫和仙女結婚這種情節對於日本人來說過於強烈，因此雖然將龜姬改為仙女，但是省略掉結婚的部分。為了切斷原本故事中烏龜變成女性的那種肉體性形象，讓仙女更趨近仙女，所以創造了一個無法與結婚聯想在一起的乙姬形象，也就是說把龜姬中的龜和姬徹底分開。

在日本人的心目中，當想到一位沒有肉體性、無法想像與其結婚的美人時，腦海中就會浮起輝夜姬的形象。這位美麗的女性和那個主動求婚的龜姬完全相反，她拒絕五位貴人的求婚，飛升到月亮。相對於龜姬潛沉在大海，輝夜姬則是住在天上。日本人所熟知的乙姬，就是將龜姬和烏龜脫離關係之後，加上輝夜姬的印象所塑造出來的。

和輝夜姬類似的小說有「羽衣傳說」，在民間故事中則有「天人妻子」（大成一一八）這一類的故事遍布全日本。這種描寫住在「天界」的女性出現在人間的故事，在全世界都可以見到。在西方故事中，這些女性並不是來自「天界」，她們多半是公主，因為魔法而變成天鵝等，這種「天鵝湖」（swan maiden）類的傳說故事，如同榮格夫人（Emma Jung）[23]指出的，歷史非常悠久，以文獻來說，要以《吠陀經》的故事為最古老。這種美麗的女性形象存在於全世界的民間故事和傳說故事中，不勝枚舉。現在介紹一個反應出日本人心目中女性形象的特殊傳說故事。

這是《風土記》中一個叫做「奈具神社」的故事，有八位天女在真奈井那裡沐浴。看到這個景象的老夫婦把其中一位天女的衣服藏起來，天女因此不能飛回天上，只好成為這對老夫婦的養女。這對老夫婦因為天女的辛勤工作而致富，之後就把天女給趕走。天女邊哭邊走，當然也回不了天上，一直到在一個叫做奈具的村子裡面才定下神來，她之後就在那裡落腳。故事最後以「天女成為竹野郡的奈具神社裡的豐宇賀能賣命神」做終。

這個故事的特別之處在於其中沒有出現天鵝湖的戀愛和結婚情節，這正是日本不同於西方故事的特點，並沒有王子出現在受到嚴苛打擊的女性面前，而她也不知為何就平靜下來，最後簡簡單單地成為神祇。如同浦島的故事一樣，其中完全沒有結婚的情節。總而言之，日本人心中所擁有的女性形象特徵，就是其中有兩個分離的形象，一個是住在天上的少女，永遠都不可能是結婚的對象，另外一個則是強調肉體面、住在海裡的龜姬。想要求得一位和男性在同一條平行線上、談對等戀愛的女性是一件頗為困難的事情。

拒絕求婚、飛升上天的輝夜姬，和之前提到那位日本的永恆少年堪稱是對等性的存在，她可以說是永恆少女，在此特別加上一段對於輝夜姬的聯想，這個聯想來自於許多故事都描寫輝夜姬是從黃鶯的蛋裡生出來的。比如說鎌倉時代的《海道記》中描寫竹林中的黃鶯蛋裡生出一個女孩，老公公將這個小孩視為己出地扶養長大，因此這個女孩既稱為輝夜姬，也有稱為鶯姬的。

鶯姬這個名字讓人想起第一章「黃鶯之居」的故事，我因此產生以下的聯想：鶯姬＝輝夜姬，是否是那位感嘆男性不可信賴、離世而去的女性所留下的孩子呢。她和母親一樣美麗，但是她從母親的經驗得知男性是不可信賴的，或者她是為了雪除母親的「恨」而來到這個世界。這麼一想就可以理解她為什麼出那些不可能的題目去刁難那些位居高官的男性。無視那些男性的迷戀、離開這個世界的女兒，可能是去和那個世界的母親相會，一起看著那些男性前仆後繼的失敗，正合掌而笑也說不定。這不是「鬼笑」的那種捧腹大笑，而是輕輕用袖子掩著嘴笑著說：「唷，真滑稽。」正因為之前有隱身而去的「悲歎」，現在才有這種「滑稽」的笑存在。那些為了達成輝夜姬使命甚至失去生命的男性們，與其說是悲哀，不如說是一種滑稽。日本女性並不是隱身離去那樣軟弱地活著。

日本人心中的女性形象有兩種典型，一個是早期浦島太郎中的龜姬，另一個是後期那個不可能與其結婚的乙姬。前者的形象之所以轉變成乙姬，其中一個原因可能是受到儒教「男女七歲不同席」的影響，再加上佛教故事的影響，添加烏龜報恩的情節，強調動物報恩的重點，同時將龜姬輝夜姬化，成為乙姬。

172

5 內在世界與外在世界

當討論重點回到浦島這個故事之後，會發現其中還有許多沒有解決的問題。之前主要討論乙姬形象的改變，現在則簡單討論其他部分，然後結束本章。

在《風土記》中，嶼子聽從龜姬的話和她結婚，之後留在那裡三年。那裡的三年等於這個世界的三百年，所以當浦島回來之後果然出現問題。浦島在無意識的世界中，從遇到女性那一刻開始，他的時間感就和這個世界脫離。深層心理學家們經常提醒我們無意識中沒有時間性，而我們也常常在夢中體驗到這一點。夢裡面混合著過去和現在，在轉瞬間擁有長時間的體驗也不是什麼稀奇的事情。有關這一點，「僧官的淨土」（大成，正宗新話類型一八）[24]中描寫時間逆轉的情節就益發耐人尋味。故事中敘述漁夫拜託村人幫他翻修屋頂時，去到「海底僧官之淨土」，在那裡結婚生子、孫、**曾孫**，連**玄孫**都有了，他最後因為想家而回來，這時屋頂都還只修到一半，另外一個世界的漫長時光，在這個世界來說只不過是翻修屋頂這麼一段短暫的時光。這讓我們想起有名的「邯鄲一夢」，或者像是御伽草子中對於龍宮的敘述，從東邊的窗戶可以看到春天的景色，南邊是夏天，西邊是秋天，而北邊則是冬天，這代表著龍宮不受時間法則的支配。或者像前面所說，鎌倉時代的《水鏡》、《古事談》中的浦島故事，描述從龍宮回來的浦島不是「異常健康」，就是「宛如幼童」，這正表示無意識世界中的無時間性。試想一下，永恆少年們待在無意識世界的時間要比現實世界為長，所以他們臉上比較看不出歲月的痕跡。

總而言之，如同文字敘述的一樣，忘卻時光的浦島終於想到要回家。在《風土記》中，龜姬對此十分感嘆和悲傷，「你如果最後沒有遺棄賤妾，還想要找我的話，就抓好這個箱子，切記千萬不要打開看。」她說這些話之後，允許浦島回家。但是之後的故事眾所周知，他回去故鄉之後才知道已是三百年後，「一問之下發現當時已經是七代之後」（《浦嶋子傳》）。除了《日本書紀》中非常簡短的版本以外，其他有關浦島的故事幾乎都談到浦島回家之後發現那裡的短暫時間在這個世界中已經是很久之後，還有玉箱子的部分。

174

曾經去過別的世界的人，當回到這個世界之後，想要過和那裡一樣的生活是一件非常困難的事情。對於我們這些心理治療師來說，「別的世界」等於無意識的境界，和患者一起進入無意識的世界，但同時不失去和這個世界的聯繫，這是一件非常重要的事情，如果沒有克服這一點，就會和浦島犯同樣的錯誤。以這一點來說，《風土記》山城國的記述中，描寫去別的世界但沒有忘記和現世聯繫的例子就非常有趣。這是「宇治的橋姬」的故事，其中描述被龍神看上當女婿的男子，一直不吃龍宮中的食物，總是爬回岸上吃東西，最後終於可以回到這個世界。

175

有關吃了別的世界的東西就回不到這個世界的觀念，可以在伊奘冉尊的故事黃泉戶喫以及希臘神話的波瑟芬妮中看到，這位男性注意到這一點，沒有失去和這個世界的關係，不可不說是用心良苦。為了要和現實世界保持關係，絕對不吃其他世界的食物這種意志力，是非常必要的一點——這對於永恆少年來說，正是最困難的部分。

浦島在這一點上可以說是完全不用心。他受到龜姬的誘惑就跟她結婚，想家了就什麼也沒多想地回家。在這一段裡，有關龜姬把「不可以打開」的箱子給他的部分非常有意思。她在這裡應該是希望浦島能夠培養出堅守禁令的意志力。在退行狀態中產生創造力的時候，為了讓新要素產生，自我必須付出努力不可，但是浦島在這一方面可以說是太不努力。

沒有明顯區別外在世界和內在世界、意識境界和無意識境界，可以說是日本人的一種特性，其中一個證據就是可以在歷史的記述中找到浦島回鄉的故事。在《日本後紀》淳和天皇天長二年（八二五年）的記載中，寫著「今年有浦島子回鄉，雄略天皇御宇年間入海，至今三百四十七年」。在這裡會說三百四十七年，應該是因為《日本書紀》中在雄略二十二年（四七八年）記載浦島這件事，所以從這裡開始算，但是並不明瞭為什麼要刻意在三百四十七年後加上這段記載[25]。這一點在此暫且不談，但是這種故事居然會出現在歷史書中，卻是一個很重要的特徵。這種容易把外在現實和內在現實混合的特點，正是日本人的一個特色。相對於浦島輕鬆地從現在世界到達另外那個世界的情節，土居光知介紹的「武塔人托馬斯」卻相反地異常辛苦，「他經歷四十個白天和四十個夜晚，走過淹過膝蓋的血海。他沒有見到太陽和月亮，只是聽到海浪的聲音」。在伊奘諾尊訪問黃泉的故事中，他也是費盡千辛萬苦才到達黃泉。在巴比羅尼亞神話中，當女神伊絮塔魯（Ishtar）為了去地底王國找她的丈夫時，神話中也詳盡地描寫女神下地底的情節，其中也有和前面故事類似的困難傾向。總而言之，對日本人來說，其他世界和現實世界中的障礙是出人意外地薄弱。

外在世界和內在世界、其他世界和現實世界中的障礙這麼薄弱，正也反應了日本人自我的存在方式。在第一章中介紹西方在建立自我時要殺掉母親，明顯區分意識和無意識的分別，擁有掌握事物的能力，也就是說必須明確分辨出自己和他人的分別。相對於此，日本的意識處在一個曖昧的分界點上，全體並沒有達到分化的狀態，這一點正反應在這個故事中。這也就是為什麼外國的民間故事研究者多半認為日本的民間故事和傳說故事很類似的一個原因。

玉箱子所代表的「禁止」意義，和第一章「禁忌的房間」代表著一樣的意思。如同前面所說的，破壞禁令的人會因為克服辛苦而擁有力量，使自己更上一層樓。但浦島在這一方面就做得很差，所以他會變成老人是想當然爾的。萬葉集中詩人所描述的死亡景象，也許正是適合他的結局也說不定。有關這一點，近松的《浦島年代記》提供另外一個解釋。這是一個加上許多潤色的版本，因此和原來的故事相差極大，故事中描述浦島最後是在自己的意志之下打開箱子。在此簡略說明這個版本，浦島原本就知道箱子裡面裝了寫著「八千歲壽命」的紙條，但是為了懲罰壞人，證明自己真的是浦島，所以把箱子打開。阪口保稱這個浦島是「有意志的浦島」，這個浦島做了一個試圖克服長久以來少年形象的嘗試。不過在這個故事中也沒有浦島和乙姬結婚的情節。

如果不是像近松那樣徹底改變這個故事，很難讓這個故事變成喜劇結尾。島崎藤村、武者小路實篤等試著寫出新的浦島故事，描繪出與民間故事不同的浦島和乙姬形象，但是這次先不討論這個部分。附篇中那個版本的結尾也非常有意思，將會在下一章中討論。總而言之，這個原本以傳說故事的方式存在的故事，隨著時代的變遷，最後成為我們所熟知的民間故事。從乙姬的形象變化中，可以清楚看出日本人心目中的兩種女性形象。最後就以《日本書紀》中有關雄略天皇二十二年記載的簡單紀錄做結尾。

秋高七月，丹波國余社郡管理河川之人瑞江浦嶋子泛舟垂釣，獲大龜。龜遂幻化為女，浦嶋子受婦感而隨之入海。至蓬萊山遇眾仙。其事見別卷。

註釋

1 原註：藤本德明〈浦島傳説及現代文學〉（『浦島伝説と近代文学』）《金澤美術工藝大學學報》（『金沢美術工芸大学学報』）第二二號，一九七八年。

2 原註：阪口保《浦島説話的研究》（『浦島説話の研究』）創元社，一九五五年。

3 原註：水野祐《古代社會與浦島傳説 上・下》（『古代社会と浦島伝説 上・下』）雄山閣，一九七五年。

4 原註：高木敏雄〈浦島傳説之研究〉（「浦島伝説の研究」）《日本神話傳説之研究》（『日本神話伝説の研究』）岡書院，一九三六年。

5 原註：出石誠彥〈浦島之故事和其類似例子〉（「浦島の説話とその類例について」）《支那神話傳説之研究》（『支那神話伝説の研究』）中央公論社，一九四三年。

6 原註：柳田國男〈海神宮考〉（「海神宮考」）《定本 第一卷》（『定本 第一巻』）一九六三年。

7 原註：下出積與《神仙思想》（『神仙思想』）吉川弘文館，一九六八年。

8 原註：中田千畝《浦島與羽衣》（『浦島と羽衣』）坂本書店，一九二五年。

9 原註：土居光知〈武塔人托馬斯與浦島之子傳説〉（「うた人トマスと浦島の子の伝説」），土居光知・工藤好美《無意識的世界》（『無意識の世界』）研究社，一九六六年。

10 原註：君島久子〈關於浦島故事的源頭之假設〉（「浦島説話の原郷に関する一仮説」），日本口承文藝協會編《民間故事研究入門》（『昔話研究入門』）三彌井書店，一九七六年。

11 原註：河合隼雄〈浦島和乙姬〉（「浦島と乙姫」）《母性社會日本之病理》（『母性社会日本の病理』）中央公論社，一九七六年。

12 原註：石田英一郎《桃太郎的母親》（『桃太郎の母』）講談社，一九六六年。

13 原註：河合隼雄〈母性社會日本之「永恆少年」們〉（「母性社会日本の「永遠の少年」たち」）《母性社會日本之病理》（『母性社会日本の病理』）。有關針對「永恆少年」之不同論點，將在第八章論述。

14 原註：C.G.Jung, "On Psychic Energy", in *The Structure and Dynamics of the Psyche, The Collected Works of C. G. Jung*, vol. 8,

Pantheon Books, 1960.

15 原註：克雷尼／榮格、杉浦忠夫譯《神話學入門》（『神話学入門』）晶文社，一九七五年。

16 原註：樋口清之監修，丹羽基二著《家紋大圖鑑》（『家紋大図鑑』）秋田書店，一九七一年。其中記述出雲大社的龜甲紋因為大國主命而得以廣播四方。

17 原註：阪口保，如前列。

18 原註：H.v.Beit, "Gegensatz und Erneuerung im Ma(:)rchen", Franke Verlag, 1957.

19 原註：C.G. Jung, "Psychology and Alchemy", in *The Collected Works of C.G. Jung, vol. 12*, Pantheon Books, 1953.

20 原註：土居光知，如前列。

21 原註：卡爾·克雷尼，種村季弘、藤川芳朗譯《迷宮和神話》（『迷宮と神話』）弘文堂，一九七三年。後列註釋皆出自本書。

22 原註：高木敏雄，如前列。

23 原註：恩瑪·榮格，笠原嘉、吉本千鶴子譯《內化異性》（『内なる異性』）海鳴社，一九七六年。

24 原註：《日本民間故事集成》（『日本昔話集成』）中被列在「浦島太郎」這一類故事中，但在《大成》中則獨立出來成為一個新類型。故事是在新潟縣南蒲原郡葛卷村中收集到，類似的故事並不多。

25 原註：有關這一點，阪口保、高木敏雄在前面所列的書中也有類似敘述，在此割愛。有關《日本書紀》的引用是依照高木〈浦島傳說之研究〉。

第六章

異類女性

民間故事中有一個描寫異類妻子的故事類型。其中描寫本來不是人類，但化身成人類女性 181
的樣子和人類男性結婚。如同之前一直提到的，日本的民間故事中關於結婚的描述非常少，因此這一類故事算是非常特別的，不過這一類故事多半都以離婚做終，可以說和西方故事中以結婚做為喜劇結尾的情形大為不同。

異類妻子的故事中，登場的有蛇、魚、鳥，或者狐狸和貓等各種各樣的異類。放眼全世界，可以說只有日本和其鄰近的民族擁有異類妻子類型的故事，因此對於研究日本人的心理來說，這是一個很重要的素材，尤其從婚姻成立與否的角度進行思考更為有意義。現在從許多異類妻子的故事中，舉出「鶴妻」（大成一一五）這個故事討論，選這個故事的一個原因，是因為劇作家木下順二將這個故事戲劇化為《夕鶴》，所以許多人都對這個故事非常了解。「鶴 182
妻」這一類的故事非常多，分布在全日本各處。附篇的故事是在鹿兒島縣薩摩郡收集到的，現在就趕快從這個故事開始進行考察。

1 鶴妻

「鶴妻」的主人翁名叫嘉六，他和前面的浦島一樣，也是母子兩個人住在一起，這是相當引人深思的一點。他的母親已經有七十歲，所以他應該也有一些歲數，不過他仍然是單身。故事敘述他去街上買棉被，這是否表示家裡面需要一些「溫暖」呢？但是嘉六因為把錢拿去救那隻鶴，所以什麼也沒買，兩手空空回家。他認為「就算今天晚上會很冷，**也得這麼做**」，而他的母親對此也沒有表示生氣，只說「你這麼做**沒關係**」，這一段很簡短但生動地描寫出母子兩人雖然貧困但是心腸非常好。

雖然類似的故事中有各種不同的故事情節，但是這些故事多半有一個共同之處，那就是主人翁雖然窮困，但為了解救鶴而犧牲許多。這種窮人救助鶴，之後因為鶴報恩而致富的情節，應該是帶有佛教故事中做好事有好報的想法。在類似的故事中，只有少數的故事描述報恩而沒有談到結婚，所以這個故事雖然一開始和浦島很相似，但是後面提到結婚的部分成為這類故事的一個特點。

鶴變成女性的樣子來找嘉六。鶴在這裡好像很理所當然地變身為女性，不像在西方故事中會描述主角是因為魔法等力量變身，這種描述的方法也是這個故事的一個特徵，在後面提到的其他異類妻子的故事中也可以見到這個特徵。現在探討一下這隻變身為女性的鶴。鶴因為其優美的飛翔姿態，受日本人推崇為靈鳥。傳說中鶴把稻穗運來給人類，開啟稻作的歷史，再加上從中國傳來的「鶴千年、龜萬年」的說法，因此鶴也被視為吉祥的鳥。不過這個故事中的鶴並沒有代表這些意義，故事只是借用鶴的優美姿態，塑造一個美麗溫柔的女性形象。描寫鶴夫妻情深的「鶴之宮」中鶴的形象，應該也和鶴妻的犧牲形象有所重疊之處。

被救的鶴化身為女性來當嘉六的妻子。故事在這裡也是描寫女性提出求婚，但是男性的對應方式卻和前面龜姬求婚的時候不一樣。浦島是被動地接受女性的求婚，但是嘉六卻很清楚自己的生活現狀，認為不能娶這樣的美女，因此很簡單地拒絕了。男性在這裡表現出對於現實的認識，正好使這個故事在後面和浦島有不一樣的發展。

結婚後沒多久，女子就進到櫥櫃裡三天三夜，吩咐丈夫絕對不可以把門打開看，這時男子遵守禁令，而女子在裡面是在紡織。有關女性「紡織」的意義，可見前面第二章和第三章中的描述（請參照原文書第五十一、五十二、八十八頁）。這裡出現紡織的情節，讓我們從鶴妻聯想到山姥。現在把第二章最後所談到的聯想延伸至本章來看看。

「黃鶯之居」中那位帶著對男性不信任感隱身而去的女性，因為想要和常人有所交流，所以忍耐「不吃飯」的條件再度來到人間，本以為就要成功，但因為被男性偷看到而生氣，顯露出黑暗的一面，最後被常人的智慧所趕跑。她對男性的怒氣和怨恨，透過她的分身輝夜姬得以稍微解除一些。
185
之後她又想來這個世界，這次化身為鶴的她，終於找到一位難得可以信賴的男性，他既溫柔又值得信賴。因此她就像文字上寫的，藉由這種「犧牲自己」的工作幫助他。他雖然很擔心她，但沒有破壞她的禁令。她終於織好布，也希望能把自己的命運織往一個更好的方向。她當時一定很高興，因為她終於擁有一段快樂的婚姻。

但是她一不小心就掉入陷阱之中，因為男性產生「欲望」。那一疋布只要賣上個兩千兩，他們日後就可以高枕無憂了。當殿下問：「你能不能再織一疋布？」他一開始的回答令人非常感動，他說：「我沒有問過內子，沒有辦法回答您。」但是當殿下說到：「不用問啦，只要你答應了不就好了，我給你錢。」男子心意已決。當女子聽到男子要求她再織一疋時，她沒有生氣也沒有悲傷，只是繼續努力犧牲自己。在新潟縣兩津市收集到的類似故事中，清楚描寫男子「因為產生欲望而要求妻子再織一疋布」。

男子在貧窮的時候忍受寒冷而救鶴，他為了鶴而犧牲自己。但是當結婚有了錢之後，他的態度就發生大逆轉。人們多半會因為有錢而使得欲望更為加強，欲望強的人，不安也會加重。強烈不安的人是沒有辦法遵守約定、靜靜在那邊等待的，丈夫因而破壞了禁令。現在要講的這些話有點像是陳腔濫調，但是這個丈夫在婚前的窮小子時期會為女性奉獻自己，一旦結婚有錢
186
之後，就把妻子的奉獻視做理所當然，也不遵守跟妻子的約定，這正是日本男性的一個典型形

象。我會這麼說，是因為在解析民間故事時，發現日本男性在日本的心理結構下，很容易就會產生這種負面的行為典型。

令人感嘆的是男子又踏上「黃鶯之居」的老路——破壞禁令。女子這次沒有生氣，她只留下這句話離去，「你已經看到我的身體，對我有了成見，我只能走了」。女子沒有責備男人破壞禁令的罪行，她是為了自己的裸體被看到，強烈地感到羞恥而離去。在很多類似的故事中描寫女子因為自己原本是鶴的事實被發現而離去，這兩者在象徵上的意義是一樣的。總而言之，對於這位女性來說，當自己是什麼、本性或是真實的裸體被男子發現時，就已經不能再跟他一起生活了。為了要讓他們夫婦可以永遠在一起，女子必須完美地「隱藏本性」。在「鶴妻」的類似故事中，可以發現故事在最先已經為這個突然出現的女子是鶴所變而留下伏筆。男子因為犯下禁令，首次發現妻子的本來面目，為此大吃一驚。他同意這件事情導致夫妻非分離不可，這個看起來那麼愛妻子的丈夫，卻沒有阻止妻子的離開。

現在以女性變身為動物的西方民間故事來做比較，這裡舉格林童話的「烏鴉」（KHM九三）為例。在此省略詳細的介紹，只大略提一下故事大綱。這個故事敘述公主因為母親的詛咒而變成「烏鴉」，烏鴉自此住在森林裡面，有一天一名男子來到森林中，她把自己原本是烏鴉的事情告訴他，拜託他救自己。男子原本不聽她的忠告而失敗，但是烏鴉（公主）助他成功，男子因此對她表示真誠的愛意，烏鴉得以變回公主，故事最後以兩個人的結婚做為結尾。

這個故事的情節，如果和日本的「鶴妻」比較之下，會發現兩個故事的差異，簡直像是兩個故意完全相反的故事一樣。在「鶴妻」之中，先描寫男子幫助鶴，而在「烏鴉」中，則是先埋下公主受到母親的詛咒而變成烏鴉的伏筆，接著從男女相遇時，開始整個故事的起承轉合，如同表七所示。如果把焦點放在女性原本面目這個部分，在日本故事中的女子原本是鶴，而西方故事中則是描述烏鴉原本是女子，前者是以「隱藏原本面目」為前提而得以結婚，後者則是因為烏鴉藉著「說出本來的面目」，希望男子可以幫助她。掀起故事高潮的做事這部分，一個是女子工作，一個則是男子去做。在故事結尾的部分，日本是因為女子（鶴）露出原本面目而以離婚為悲劇結束，在西方故事中則是以結婚做為喜劇收場。這麼詳細比較之後，會很驚訝地發現這簡直是故意完全背道而馳的兩個故事。顯露出原本面目和結婚的前後關係正好顛倒，也是其中一個耐人尋味的地方。

188

表七　〈鶴妻〉和〈烏鴉〉的比較

	起	承	轉	合
鶴妻	女子來找男子	因為女子的求婚而結婚	女的工作（受到男子的防礙）	女子因為露出原本面目而離婚
烏鴉	男子遇到烏鴉	烏鴉把自己的本來面目告訴男子，拜託他幫忙	男的工作（受到女子的幫助）	因為男子達成目標而結婚

有關兩者之間比較的問題，先留待後面解釋。現在先看看這個「鶴妻」的情節，是否真的可以代表日本民間故事中異類妻子故事的典型呢？在下一節中，將要概括地探討其他異類妻子的故事。

在「鶴妻」的類似故事中，多半都是以鶴妻離去（或者是死亡）做為故事的結束，但是附篇中的故事，則描寫嘉六後來去找鶴妻，以及兩人相遇的情節。後面也將會討論這一點，現在先以概觀的方式看看其他異類妻子的故事。

2 異類妻子

前一節談到在女子變身為動物的民間故事中，日本的「鶴妻」和格林的「烏鴉」故事結構的差異。這些差異的最根本之處在於「鶴妻」中是鶴變成女子，而「烏鴉」中是女子變成烏鴉。在日本中有許多故事描寫動物變成女性和人類結婚，但在西方中則幾乎沒有這種故事。這可以說是一種只屬於日本的故事類型。研究世界民間故事的小澤俊夫發現「鶴妻」這一類的故事，大概只能在鄰近的韓國找到類似的「龍女」故事。他在眼前的現實條件之下，「當全世界各地對於民間故事的研究更進步時，也許我們也可以藉此而有多一些了解，但現在沒有辦法預測到底有沒有別的故事」，認為「以現在的狀況來說，這一類的故事只有在日本和其鄰近的民族間可以找到」[1]。 189

現在先看看《日本民間故事大成》，了解異類妻子中到底包含些什麼樣的故事。這本書將異類妻子分為好幾個項目，從一一〇到一一九項，有「蛇妻」、「蛙妻」、「蛤妻」、「魚妻A、B」、「龍宮妻」、「鶴妻」、「狐妻」（A聽耳型、B一位妻子型、C兩位妻子型）、「貓妻」、「仙人妻」，「吹笛女婿」。在這之中，「龍宮妻」、「仙人妻」、「吹笛女婿」 190

中的女性分別是龍宮城的女兒、仙女、天竺大王菩薩的女兒等，並不屬於動物。藉由這些類型可以理解不是任何動物都可以變成女性，只有少數幾種動物登場而已。在「鶴妻」類型的故事中，有少數幾個故事是以山雞、雉取代鶴出現。在異類結婚的故事類型中，也有故事描寫動物變成男性和人類女性結婚，動物類型則是異類妻子中出現過的蛇和蛙。因此蛇和蛙可以變成男性和女性，具有兩種性別的投射性格。

因為異類妻子的故事很多，如果要一一舉出實在過於繁瑣，就以《日本民間故事大成》中舉出的代表性故事為基礎，嘗試做概觀性的探討。因為在此並不是要進行統計性的探討，只是要檢視一個概觀的傾向，所以舉出這些故事應該已經足夠，另外在適當的時候會加上一些類似的故事做為參考。整體看這些故事後，可以發現除了「貓妻」、「龍宮妻」、「仙人妻」、「吹笛女婿」之外，其他的故事都和剛剛指出的「鶴妻」之特徵極為類似。有關例外的部分將在後面進行討論，現在先討論這些故事中的共通部分。

如同表八所示，這些故事的共通之處在於以女性「隱藏本來面目」做為前提，而在結婚之後（這其中有生孩子與否的差異）因為發現女性的本來面目而離婚。這可以說是日本異類妻子故事的主要情節。

表八　異類妻子談

《大成》分類	女性主動求婚	女性的禁令	發現女性本來面目	離婚	小孩子
110 蛇妻	○	不要看生產的場面	○（偷看）	○	一個（為了孩子把眼珠留下）
111 蛙妻	○	X	○（跟蹤到娘家去）	○	無
112 蛤妻	○	X	○（偷看）	○	無
113A 魚妻	X	不要看洗澡的樣子	○（偷看）	○	三個裡面兩個活下來（男子娶了後母，孩子因而下落不明）
113B 魚妻	○	X	○（偷看）	○	無
115 鶴妻	○	X	○（問娘家在哪裡）	○	無
116A 狐妻（聽耳型）	○	不要看生產的場面，男性遵守	○（女子自己說出來）	○	一個（成為偉大的人）
116B 狐妻（一位妻子型）	○	X	○（孩子發現了）	○	一個（成為富翁）
116C 狐妻（兩位妻子型）	○	X	○（露出尾巴）	○	一個（成為不會哭的孩子）

另外一個特徵是女性提出求婚。如同前面一節所說，故事並不是以結婚做為結束，反而是以結婚做為故事的開始。有關女性的求婚，除了「魚妻A」之外，其他的故事都是如此，因此這也是一個重要的故事情節。有關女性求婚的部分，可以在「黃鶯之居」類型故事中看到，同時也在「浦島太郎」中扮演一個重要的部分（請參考原文書第一六一頁之後），這種積極的女性形象是一個值得注意的部分。大多數的故事都描寫動物因為受到男子的救助，所以為了報恩而變成女性委身，但是在「蛇妻」中沒有出現救助的情節，只描述女性突然現身求婚。在「蛤妻」中並沒有提到救助的場面，但是女性出現之後說：「我因為和你有約定，所以現在來了。」一直到女子和男子分別的時候，才說之前是因為報恩而來。從浦島太郎的例子中可以知道，「黃鶯之居」及「浦島太郎」中描寫突然之間求婚的情節，屬於較為單純的古代故事形式，後來是因為受到佛教故事的影響才加上報恩的情節。

故事中幾乎沒有例外地都談到女性對男性立下禁令。但值得注意的是，在「狐妻」（A聽耳型）中，女性要求男性「不要看生產的場面」，男性也遵守。她在生完孩子九個月之後，說出自己是狐的事情，男子本來以為女子在開玩笑而不予理會，但是女子特意變身給男子看。如同後面將會提到的，之後的情節是女子留下的孩子日後成為偉大的人物，這個故事的結局和其他故事不一樣，讓人感覺整個故事也跟其他的有所不同，可能是因為男子有沒有破壞女子禁令的這個部分具有很大的意義。無論如何，這類故事都極為強調發現女性原本面目這一點。

在禁令的部分，「蛇妻」、「狐妻」（A聽耳型）中都要求丈夫「不可以看生產的場面」，這讓人連想到豐玉姬的神話故事。「魚妻A」中「不准丈夫看洗澡的樣子」，這和前面 193 的鶴妻一樣，都描寫了妻子因為被看到裸體而感到羞恥，這代表著不想被看到赤裸真實的一面（《大成》一一五類型中做為代表的「鶴妻」，其中並沒有提到禁令的部分）。「蛙妻」的故事中敘述妻子因為生產要回娘家的時候說：「你如果問我去哪裡，那就會為我們兩個人都帶來不幸，所以拜託你不要問。」（新潟縣兩津市收集到的）。在女性沒有明確立下禁令的故事 194 中，最後還是因為男性的「偷看」而發現女性的原本面目，這雖然不是很明顯的罪行，但事實上來說，男性還是做了「錯」的事情。

第二章稍微提到「偷看」所代表的意思（請參考原文書第四十七、四十八、七十三頁），這種觸犯女性禁令而「偷看」的行為，可以遠溯到伊奘諾尊、伊奘冉尊的神話故事。去黃泉之國找妻子的伊奘諾尊因為破壞妻子的禁令，點了一把火看妻子的樣子，結果看到妻子腐爛的屍體。見狀逃跑的他被伊奘冉尊以「被侮辱」的理由追殺，後來伊奘諾尊在黃泉比良坂放下巨石阻擋伊奘冉尊，兩人從此緣絕。在「蛤妻」、「魚妻B」中描寫丈夫偷看妻子做飯，發現妻子跨在鍋子上面小便的樣子而大吃一驚，這和伊奘諾尊、伊奘冉尊的故事一樣，代表著男子看到不該見到的女性黑暗面（也可以說是汙穢的一面）。

許多故事都因為「偷看」而發現女性的本來面目，但是「蛙妻」則有所不同。這個故事描述妻子回娘家參加法事，而丈夫偷偷跟在後面。他看到妻子進入深山裡面的水池，又聽到蛙鳴，他往池子裡面丟了一個石頭之後就回家了。當妻子回來之後，說到他們在做法事的時候，因為不知道誰丟了一個石頭而惹出許多麻煩。女子第二天就離家出走了。這個故事中並沒有明白提到女子是蛙所變，只是描寫女子因為自己的身分被識破而離開，在類似的故事中，也有描寫男子明白地說：「我不可能跟青蛙在一起。」而把女子趕出去的情節。這裡令人印象深刻的是，蛙對於本來感情很好的丈夫因為她是蛙而要分開的部分，一點怨言也沒有。

當女性的原本面目露出之後，在所有的故事中，都沒有例外地因此而離婚。在這個時候，與其說是兩人分開，不如說幾乎所有的故事都描寫女性因為發生這種事情而無奈地離開。在「蛙妻」的類似故事中，很少有描寫由男性開口趕走女子的情節。就像「鶴妻」這個故事，在婚後幾乎全是描寫妻子織布、做飯、做許多工作，由此可見結婚、工作、離婚這些主動的工作都是由女性做，而男性經常處於被動的狀態。這和前面的「烏鴉」做個比較就會愈益明顯，這種異類妻子的故事可以說是女性的故事，而「烏鴉」則屬於男性的故事。

離婚之後，有的故事有提到留下孩子，有的沒有。而在有小孩子的故事中，又分為小孩子之後得到幸福和不幸的故事。在不幸的故事「蛇妻」中，當蛇妻離去時，為了養育小孩而把自己的眼珠挖出來留下，但是這個寶物卻被村人搶走。蛇因此大怒，發起洪水把村子淹沒。在「魚妻A」中則說男子娶了後妻，而留下的孩子從此「下落不明」。這些不幸都是因為離去的女性所留下的怨恨產生了作用的緣故吧。

有意思的是在「狐妻」（A聽耳型、B一位妻子型）中，A的故事描述小孩子靠著母狐留下來一把會生出奶水的笛子長大，「成為偉大的人物」，而B則說小孩子靠母狐給他的玉而成為富翁。這代表著人類雖然在了解其為狐狸之後不能繼續這段婚姻，但是擁有狐狸血統的孩子卻很優秀，可以說賦予狐狸很高的評價。現在舉豐玉姬的故事來做參考。豐玉姬告訴丈夫不可以偷看她生產的樣子，但是因為禁令被破壞，導致自己變身成鱷的樣子被看到，所以她留下孩子，獨自去海底。但是這個留下來的孩子就是草茸不合尊——日本第一位天皇神武的父親，所以豐玉姬的血統受到很高的評價。這麼一想，可以發現人們對於異類妻子中的「異類」有不一致的態度，有時候視為低於人類的存在，有時候視為比較高的層次（有時甚至超過人類）。前者的態度可以在「狐妻」以外的動物妻子故事中看到，而後者則還包括接下來要談的「仙人妻」、「龍宮妻」等。

以上就是表八所舉出的異類妻子之分析，現在要談一下表之外的例子，首先來看一下「貓妻」的故事。這是一個最後以快樂的結婚作終的特殊例子。有一個平民百姓非常貧困，年過四十還是單身。他很疼愛被隔壁富翁家趕出來的貓，跟牠說：「你要是人就好了。」結果貓因為杵臼而幫了百姓很大的忙。但因貓是畜生的樣子並不能報恩，所以貓到伊勢去參拜，結果「神仙讓我變成人類」回來。她和男子結婚，兩人努力工作成了富翁。

197

這的確是一個很稀有的日本民間故事。與西方的故事比較之下，可以發現兩者的模式完全不同，在西方故事中，人類因為魔法而變成動物，後來變回人類而結婚。不過這個故事至今為止只有在岩手縣遠野市收集到，所以這到底可不可以算是日本民間故事還是個問題。我雖然懷疑這是否為近代人的創作，但還有待今後的考證。

現在看看剩下的「龍宮妻」、「吹笛女婿」、「仙人妻」故事，這幾個故事中的任何一個都非常有意思，但現在先把焦點放在動物妻子的模式上，做一個簡單的討論。這些故事中的妻子分別是龍王公主、天竺大王菩薩的女兒、天女，共通點是全部都來自異鄉，而且擁有高於人類的地位。前兩個故事都描述國王想要強奪這個已婚的女子，所以出盡各種難題，而最後因為女子的智慧，難題得以解決，最終得到幸福。這雖然也是異類妻子的故事，但是強調的重點和前面動物結婚的完全不一樣。首先，問題並不在於能不能結婚，而是強調「異類」所擁有的特殊智慧。所以「狐妻」可以說位於這兩種「異類」的中間地位。因此異類妻子的故事不一定都以離婚為結局，我們心裡面必須記住還有這一類故事的存在。

「龍宮妻」、「吹笛女婿」中描寫成功的異類婚姻，但是這兩個故事和前面動物妻的差異之處在於結婚時並沒有「隱藏」本來的面目。前面的異類妻子故事中，不論她們擁有什麼樣的優點，因為當初是隱藏本性而結婚的，所以只要被發現之後就非得分開不可。有關這一點在「龍宮妻」當中，男子到了龍宮跟龍王說：「我想娶你的女兒。」所以這個男子在已經知道女子的原本面目之後主動提出求婚，這和動物妻子中由女性求婚的情節正好相反。在「吹笛女婿」中，天竺的大王菩薩的女兒因為聽到日本第一吹笛者的笛聲之後愛上他，這時對方也已經知道她的身分。

「龍宮妻」、「吹笛女婿」都是喜劇收場，但是和西方故事的差異在於兩人不是因為結婚而得到幸福，而是先結婚，之後因為女性的努力而得到幸福，所以這可以說是一個女性的故事，而不是男性的故事。雖然只有這兩個故事是喜劇結束，但是這對於研究日本人的心理非常重要。絕對不可以忘記在異類妻子的故事中，這種故事在數量上要遠少於那些最後分離的故事。《日本民間故事大成》中發現「吹笛女婿」的故事只見分布在東日本。這是一個很有意思的部分，是一個日後可以討論的課題。

如果談到女性或男性做事的部分，「仙人妻」中主要描述男性在做事，可以說和西方故事很接近。有一個叫做三毛嵐的年輕人，因為得到在沐浴的天女的衣服，所以和天女結婚，當然這時他已經知道天女的身分。當生了三個孩子之後，天女因為得到她的衣服所以飛回天上。三毛嵐也一路追到天上，受到天女父親的各種刁難，但在天女的幫助之下解決難關，故事到這裡為止都和西方的故事類似。但是他沒有聽天女的忠告，反而因為聽信妻子的父親以致於失敗，導致大洪水。三毛嵐為此變成犬飼星，而天女成為織女星。這個故事並非以喜劇結尾，是它和西方故事不同的地方。「仙人妻」這個故事可以說是介於日本的動物妻子和西方的類似故事之間。這個故事因為遍布全日本，因此很難輕易判斷這是否為外來的故事。

以上就是日本異類妻子故事的特徵，如果和世界上的類似故事比較，會有什麼樣的結果呢？下一節將把異類女婿的故事也考慮進去，從世界上的異類婚姻故事中，討論日本故事的特徵。

3 世界的異類婚姻故事

前一節中對於日本的異類妻子故事做了一個概觀的分析。相對於這些故事，當然也有一些異類女婿的故事，但在此不做詳細的解釋[2]，只是從全體的角度來比較日本和外國的異類婚姻故事。有關異類女婿的部分，主要是沿襲第三章在討論「鬼女婿」時所談的結論（請參考原文書第九十八頁之後）。那個時候舉出西方的「美女與野獸」為例，事實上異類女婿的故事存在於全世界。在日本有「猿女婿」、「蛇女婿」，但就像日本的異類妻子和西方「美女與野獸」的差異一樣，日本的故事是描述動物變成人類的樣子（或者就是原來動物的樣子）和人類結婚，但是並沒有因此得到幸福的婚姻；而西方的故事則是男性因為魔法而變成動物，後來因為女性的愛而變回人類，最後以結婚的喜劇結束。

如果以探討「鶴妻」的方式去研究異類女婿，也可以發現很多有趣的地方，但是這次省略不提，現在加上異類妻子的部分，從全體的角度去討論日本民間故事中異類婚姻故事的特徵，找出其中代表的意義。在此之前有一個先要指出的是，在日本的異類婚姻故事中，異類女婿最後多半被殺掉，而異類妻子則沒有被殺，只是離去而已。這種明顯的男女差異將在下一節做討

201

論。

對世界民間故事做比較研究的小澤俊夫也把研究焦點放在動物和人類的婚姻[3]，透過這一點去了解世界民間故事間的差異。我在分析日本民間故事時，就像一開始到現在所說，是將焦點放在結婚上（不只是動物和人類的婚姻而已）。在接觸小澤俊夫的研究之後，可以發現這種問題意識在民間故事專家的眼中應該還不算太荒唐，所以我的信心也因此有所增強。小澤不只討論日本和西方的故事，還包括非洲、巴布亞紐幾內亞、因努伊特人等，可以說取材廣泛，視野也非常遼闊。以下就介紹小澤的理論，首先簡單舉出小澤所提出這個因努伊特人的「和螃蟹結婚的女人」故事。

一名獵人有一個很美的女兒。女兒拒絕許多年輕人的求婚，在父母不知道的情形下和一隻巨大的螃蟹結婚。螃蟹因為很害羞，所以躲在女兒的毛帳中，不肯去有人的地方。當獵人因為冬天打不到獵物而抱怨女婿不管用之後，有三頭海豹在下雪天被丟進家裡。這是螃蟹變身為人的樣子去獵到的。女兒後來生了一對雙胞胎，但是螃蟹還是沒有現身在大家面前。丈母娘因為好奇而偷看女兒的毛帳，結果看到女婿「有兩個巨大的眼睛垂吊在頭的兩邊，是一個滿臉皺紋的矮子」，丈母娘因為過於驚恐而死了。「自此之後再也沒有人去偷看螃蟹和女兒睡覺的樣子。從此螃蟹和妻子過著快樂的生活，他為了家裡捕捉到許多獵物。」

如同小澤所指出的，這個故事的特徵在於人和動物之間幾乎沒有太大隔閡。當雙親知道女兒嫁給螃蟹之後沒有表示太大的驚慌，這和日本故事中，一旦知道女婿的真實面目之後就要離婚而且殺掉對方的情形不同。父親只是質疑女婿的打獵能力而已。母親吃驚而死也不是因為對方是螃蟹（她本來就已經知道），而是因為女婿的樣子太奇怪而已。母親死後再也沒有人去偷看螃蟹，螃蟹從此和妻子過著快樂的生活。在日本的故事中因為偷看而知道真實面目後會產生很多問題。在這種故事中，與其說人和動物是異類，不如說是同類還比較恰當。

但是在日本的「猿女婿」（大成一〇三）中，也是將人類和猿（並沒有提到猿變成人的樣子）放在對等的位置，這也可以說是把人類和動物歸為同類。日本和因努伊特故事的差異在於，日本在故事的一開始時很自然地敘述人和猿的關係，但是當女兒想要嫁給猿的時候，因為不想把女兒嫁給猿，所以把猿給殺了。這可以說是當人類嚴格意識到猿的異類性之後就把猿給殺掉。在這一點上，西方故事在本質上沒有異類婚姻，是因為人類因魔法變成怪獸或者動物，才產生這類故事，因此人類和動物之間有很明確的區分。可以說日本的觀念是存在於因努伊特和西方的中間地帶。

有關異類婚姻的詳細分析可見小澤的《世界的民間故事》，小澤將異類婚姻的比較結果用圖表表示出來，現在介紹如下（見下頁圖七）。

A是把動物和人類看成同類，屬於古代的一體觀，A'則是因努伊特、巴布亞紐幾內亞等自然民族，屬於接續著A，「人類和動物之間的變身是很自然的現象，人類和動物的婚姻不會被

204

視為異類婚姻，反而比較像是同類婚姻」。相對於此，B以歐洲為中心的基督教民族則是「認為人可能藉由魔術而變身，所謂人類和動物的結婚，實際上是當人類因為魔法而變成動物，後來經由愛情的力量解除魔法，變回人類之後才結婚」，在這裡人類和動物的異類性是難以超越的差異。在C的日本是位於B和A'的中間位置（雖然小澤的圖並不是這樣，但實際上應該把C放在A'和B的中間）。C認為動物不需要魔法就可以變身，在動物和人類的婚姻部分，包含了A'的動物觀。但是在異類女婿的故事中，卻因為女婿是動物而拒絕結婚、殺掉動物。另外在異類妻子的情形中，從當人類知道妻子是動物之後，不論如

205

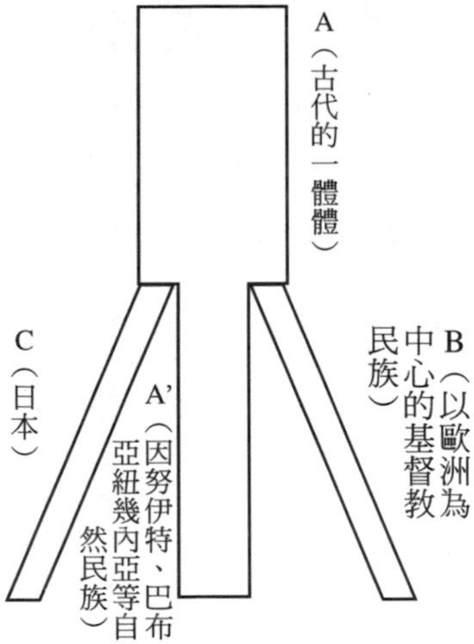

圖七　小澤俊夫的異類婚姻圖

136

何都要離婚這一點來看，人和動物的隔閡點是被緊密防守的。

這樣看來，日本的民間故事在世界中非常特殊，處於歐洲的基督教民族和因努伊特族等自然民族的中間位置。相對於日本是亞洲非基督教國家中首先吸收歐洲文明的這個事實來看，這是非常有趣的一件事情。也許正因為處於中間位置，所以才有這種可能，這讓人覺得藉由分析民間故事的結構去探討日本人的心理是很妥當的一個方法。

4 人與自然

我們已經明瞭日本的異類婚姻民間故事在世界中占有特殊的位置，但這應該怎麼解釋才好呢？有關這一點，現在順著先前提過的思考路線繼續探討下去。

先看看前一章所提到的「浦島太郎」，特別是最後結尾的部分。有關浦島的傳說和民間故事多半都以浦島成為老人或死亡做為結尾，但是附篇的那個版本稍微有些不同。當乙姬把玉箱子交給浦島時，她告訴他：「如果走投無路時，可以打開這個箱子。」當浦島回到家鄉遭到困難時，他打開玉箱子，隨之變成一隻鶴。當他飛到母親的墳上時，乙姬變成一隻龜等在海岸邊。故事最後說「那首描寫鶴和龜一起舞蹈的歌曲，應該就是出自這裡吧」，這個結尾的畫面很值得我們注意。當西方故事中是由動物（原本是男人或者女人）變回人類，以人類婚姻為結尾，但在日本則是相反，最後是人類變成動物，在文字中瀰漫著一種幸福的感覺做為結束。

這裡可以說是受到中國「鶴千年、龜萬年」的影響，但也可以認為人類回歸到自然是一件值得慶賀的事情。這麼解釋可能不夠清楚，本章「鶴妻」的結尾也可以算是類似的概念。當鶴妻逃走之後，嘉六因為想念她而走遍全日本尋找，最後因為一位老公公的指引，找到了鶴之

207

國（有關這個老公公的出現，是個很有趣的議題，將在第八章討論）。但是嘉六好不容易找到妻子，卻沒有要住在那裡，也沒有要把妻子帶回來。最後「嘉六接受了一陣子的招待之後，還是坐老公公的船回家了」，這是一個令西方人瞠目結舌的結尾。相信西方的民間故事研究者也會同意，日本民間故事這種「故事就這麼結束了」的收尾，讓聽故事的人有一種故事還沒有結束的感覺[4]。但是對日本人來說，這是一個很完整的結束。人和鶴雖然曾經有密切的關係，但人是人，鶴也需要回到鶴的世界，這是個「各有天地」但共存的世界。並沒有支配、被支配的關係。

小澤俊夫指出這種動物妻子因為被丈夫知道本性而被否定，以致於離婚的異類妻子故事，是一種屬於日本的特殊類型故事，不過我們可以在日耳曼民族的傳說故事中找到類似的故事。德國詩人哈伊內（Heinrich Heine）在「精靈故事」中描述「當精靈和人類戀愛的時候，不但希望對方不要把這件事說出去，而且希望對方不要問自己的姓、故鄉、民族。他們不會告訴人類他們的真名，所以明白地表示他們是用假名」，他接著介紹以下這個故事。

西元七一一年時，豐．克雷威大公的獨生女貝爾多立克斯在父親死後繼承為城主。有一天，萊茵河上面有一隻天鵝拉來一艘小船，小船中坐了一位容貌俊秀的男子，配帶著黃金刀、角笛和戒指。貝爾多立克斯愛上這名男子並和他結婚，但是男子告訴她絕對不可以問他的部族和以前的事情，否則兩個人非分開不可。他說自己的名字叫做黑利阿斯。兩個人生了好幾個孩子之後，妻子終於問他是從哪裡來的。黑利阿斯這時立刻拋棄妻子，乘著白船而去。妻子因為懊惱和後悔，在同一年去世了。不過他為三個孩子留下三個寶物，分別是刀、角笛和戒指。到今天他的後裔還存在著。克雷威城的塔頂描繪著天鵝的圖案，人們因此稱其為天鵝塔。

這個故事不算是民間故事，算是傳說。路德認為「傳說故事和發生的地點分不開關係。這也可能是為了加深傳說的可信度，所以總和特定的區域連結在一起」[5]，這個故事正是如此，這不像是那種「從前從前」類故事沒有特定時間和場所，而是有清楚的時代、場所和人名。不過這個登場的男性——黑利阿斯是假名——屬於異次元的存在，這從他不能讓人知道原來的本性，甚至只因為被問就要離開就可以充分證明。他可能是自然界的精靈，幻化做人類的樣子。如果把日本民間故事中出現的動物認為是「自然」的象徵，那會發現日耳曼的傳說和日本的民間故事極為類似，尤其是黑利阿斯離去時留下寶物以及子孫因而昌盛的部分，更是和日本的故事類似。比如說「蛇女婿」又稱為緒方三郎傳說，因為當蛇女婿走了之後，留下的孩子（緒方三郎）日後成為有名的大英雄。

雖然日本的民間故事和西方傳說類似，可是西方的民間故事多半是喜劇結尾，而日本則強調小孩子遭受不幸，或者根本沒有提到小孩子，僅以悲劇收場。有關這個部分的差異需要更為精密的分析和考察，比如路德就認為「民間故事中描繪的結局是一種概括的齊頭式結尾，但傳說故事則具有各種不同的結束」[6]，西方民間故事的喜劇結果就是一種「齊頭式」結尾，而日本的民間故事則不是這種美麗的「齊頭式」結尾。以西方的標準來看，日本的民間故事因為不是喜劇結尾，所以被視為傳說故事也不是什麼奇怪的事情。

話已經有些離開正題，現在從整體的觀點來看異類婚姻的解釋。在「浦島太郎」中最後表示一切都歸於自然，如果把異類婚姻中的「異類」視為相對應於人類的「自然」之存在又如何呢？人類雖然是自然的一部分，卻又有反對自然的傾向。人類和自然的關係是非常微妙難解的。小澤圖中的A’群幾乎沒有談到人類和動物的差異性，可以說是將人類視為自然的一部分，和自然合為一體生存的文化。相對於此，B群認為人類不可能和動物結婚，所以是將人類和自然分離的文化。位於中間的C群，也就是日本，是很微妙的一群，最初的時候將人類和自然視

為一體，但在某一個時點上，人類認為自己和自然不同，而且想要去了解自然。但是所謂自然這個東西卻討厭**被了解**。因此人和自然就處在一個不即不離的曖昧狀態，在調和之中共生共存。在這一點上，B群中的人類將自己和自然之間的關係完全切斷，但是透過自身中存在的「自然」（人類變身為動物），和自然恢復關係。這裡的一個重點課題就是如何回復關係，或者是說再次達到人和自然的統合。動物變身為人類、和人類結婚就是表現出這種課題。

這裡所描述的人類和自然的關係，如果以人類的心理來說，應該就是意識和無意識的關係。如果藉由民間故事的結構去理解人類心理的結構時，可以舉本章的「鶴妻」和格林童話中的「烏鴉」做比較。如同第一章諾伊曼所解釋，「烏鴉」中的男性英雄形象代表西方的自我確

立的過程。公主因為母親的咒語變成烏鴉的情節，描寫著明確的母女分離過程。如果和第三章所談到母女結合的狀態比較，可以發現這個故事一開始就提示不同的心理條件。男性英雄為了要解救被詛咒的女性，非完成使命不可。人類和自然分開，兒子（女兒）和母親分開，意識和無意識分開，其實都有著相同的意義，這是一件偉大的事情，也是一件被詛咒的事情。解除咒語代表著確立真正獨立的自我。

前面已經強調過很多次，這是西方的心理發展模式。那日本又是如何呢？如同第一章所說，日本要從故事中的女性形象中去觀察日本人的形象，「鶴妻」中的女性沒有切斷和自然的關係，她保有和自然的關係（將之保密），試圖在人類的世界中確立自己的位置。所以日本人的自我並不像西方一樣必須要和無意識切斷關係。她自己提出求婚，靠自己工作而建立地位。但是自我的矛盾在於「知道」這個行為的出現，「知道」自己之中有一個部分屬於自然。當「知道」的部分運作太過強烈的時候，就非得和自然切斷關係不可，此時就用男人的形象去代表這個切斷關係的過程。她對此沒有提出任何抵抗，只是安靜離去，與其說這是回歸自然，不如說是出自無奈。

如果將附篇中「鶴妻」的結尾視為日本式的喜劇結尾，那可以做出如下的解釋。西方故事是在人類和自然切斷關係之後，再藉由和一部分已經改變性質的自然做統合（和與母親分離的女兒結婚），回復原來的全體性；在日本的故事中，人和自然一方面切斷關係（知道女子的原本面目），一面和之前變質但現在回復到原本面目的自然做統合。日本故事中的「自然」並不是基於單純的人・自然一體概念，而是將人和自然視為不同的物體。不論是西方或者日本，都描述自我在成立過程中經歷「知道」所帶來的痛楚，西方用原罪去解釋，日本則以悲歎的感情做代表，這兩種解釋也就成為這兩個文化的基礎。

出現在這個世界的「女性」最後還是得回到「自然」，這是一件很遺憾的事情。但如果從喜劇角度去看的話，我們期待著女性再次捲土重來。為了找出日本民間故事中這種形象的女性，必須要詳細了解她回去的那個世界的結構，以及女性那種捲土重來的耐力。有關前者將在第八章探討，下一章則為了討論女性的耐力，舉出日本民間故事中喜劇結尾的代表作「沒有手的女兒」為例討論。

213

註釋

1 原註：小澤俊夫《世界的民間故事——人和動物的婚姻談》（『世界の民話——ひとと動物との婚姻譚』）中央公論社，一九七九年。

2 原註：有關「蛇女婿」的討論，可以和「蛇妻」一同見於別論中。河合隼雄〈日本民間故事的心理學解釋〉（「日本昔ばなしの心理学的解明」），收錄於圖書（『図書』）一九八一年一月號，岩波書店。

3 原註：小澤俊夫《世界的民間故事——人和動物的婚姻談》（『世界の民話——ひとと動物との婚姻譚』），以下皆同本書。

4 原註：魯茲·雷利西〈德國人眼中的日本民間故事〉（「ドイツ人の目から見た日本の昔話」），小澤俊夫編《日本人和民間故事》（『日本人と民話』）。

5 原註：馬克斯·路德著，野村泫譯《民間故事的本質——從前從前有個地方》（『昔話の本質——むかしむかしあるところに』）福音館書店，一九七四年。

6 原註：同註5。

| 第七章 |

有忍耐力的女性

日本民間故事確實就像目前為止不斷重複提到的，很少以幸福的婚姻做為故事結尾。但並不是完全沒有這種故事。上一章討論那些好不容易結成婚，但最後還是不得不悲哀離去的女性們，這一章則想談一談那些成功結婚，而且最後得到幸福的女性。現在就從這一類故事中，舉出「沒有手的女兒」（大成二〇八）這個故事做為代表。

這裡之所以舉「沒有手的女兒」為例，是因為後面將會談到歐洲擁有和日本「沒有手的女兒」幾乎一模一樣的故事。在讀過附篇的「沒有手的女兒」之後，再去看格林童話「沒有手的女兒」（KHM三一）時，會因為這兩個故事如此相似而大為吃驚。本書到現在為止，為了分析日本民間故事，曾經舉出許多外國的民間故事來加以比對，但是這個故事除了主要情節類似之外，連一些細微部分都相當一致。兩個這麼類似的故事，任誰看了都會覺得可能源出一處。柳田國男認為格林童話中，「沒有手的女兒」雖然和日本的故事幾乎一模一樣，但是他告誡不可因此就輕易判斷其中有「傳播」的關係1。我其實並不在意這兩者之間是否有傳播的關係，而是想把重點放在這麼相似的故事可以被兩個文化相異的區域同時接受的這個事實。「沒有手的女兒」這一類的故事，廣泛分布於日本和歐洲各地。但是如同接下來所討論的，當詳細比較格林童話和日本故事之後，會發現其中因為文化的差異，而有一些非常有趣的相異點。現在先以附篇中日本的「沒有手的女兒」做為基礎進行探討。

215

216

1 沒有手的女兒

前面已經提到日本的「沒有手的女兒」和歐洲的故事極為類似。雖然下一節會詳細比較兩者，但是在分析日本故事的此時，為了讓讀者能記著歐洲的故事，在此列出格林童話的研究者伯魯特和波立夫針對歐洲的「沒有手的女兒」所做出的故事類型分類[2]。（A）女主角的雙手被切斷，這是因為（A^1）女兒不答應父親安排的婚事，（A^2）父親把女兒賣給惡魔，（A^3）父親禁止女兒禱告，（A^4）母親嫉妒女兒，（A^5）小姑在丈夫面前中傷女主角。（B）國王在森林（庭園、小屋、湖）遇到她，對她的殘缺不以為意，娶她為妃。（C）女主角和她生的孩子一起，再度被趕出去。這是因為（C^1）婆婆、（C^2）父親、（C^3）母親、（C^4）小姑、（C^5）惡魔等偽造國王的信。（D）女主角在森林中因為奇蹟發生而獲得雙手。（E）國王再度遇到她。

現在請一面記著歐洲故事的情節，一面來看日本的故事。附篇所收錄的故事是在岩手縣稗貫郡所收集到，類似的故事遍布全日本。如果以前面的分類方法來分析日本的故事，大約都是（A^4）（B）（C^3）（D）（E）的情節。故事從女主角的母親在她四歲時去世，繼母接著出現開始說起。繼母因為討厭這個女兒，所以常想著要把她趕出去。歐洲的故事中描寫母親因為嫉妒女兒而把她的雙手砍斷，這時的母親是親生的母親。日本的故事則描述為繼母，如同第四章所指出的（請參考原文書第一二一頁以後），《日本民間故事大成》中繼子類故事，以及現在的「沒有手的女兒」，都是描述繼母虐待女兒，而女兒最後得到幸福。這裡值得注意的是，日本的「沒有手的女兒」類故事一定會提到繼母虐待女兒的情節，但是歐洲類似的故事中則不一定有這個前提條件。

第四章曾經約略談到繼母代表著放大的母性負面形象。但要注意的一點是，第四章「天鵝姊姊」中繼母的行為和本章中繼母的行為，具有不同的象徵意義。這兩個繼母雖然都希望女兒死掉，顯示出將女兒拉往母親世界（這時是死亡世界）的力量，但是「天鵝姊姊」的母親是把女兒丟進大鍋裡面，這裡的母親則是把女兒的雙手砍斷。前者「放進大容器」和後者「切斷」的行為，具有不同的象徵性。許多類似故事都描述母親自己把女兒的手切斷，但是日本的故事則是父親把女兒的手砍斷，這非常明顯代表了不同的意義。這兩個故事在試圖將女兒逼到絕境時，雖然都是負面母性在心底深處運作，但是「沒有手的女兒」中實際去做的，是父性機制，「切斷」代表的正是父性的運作機能。

附篇的故事中描寫父親「總是對繼母唯命是從」，聽從繼母的話而將自己的親生女兒趕出去，這代表父性全面歸屬於母性之下，這種聽從母性支配的殘忍父性，典型之一就是日本軍隊，而最後父親毫不留情地將哭喊著的女兒的雙手切斷。「切斷手」代表著切斷親情的緣份，

218

219

女兒因為和雙親的緣份被切斷，所以不得不一個人孤獨地出走。

如果思考繼母在此處所代表的意義，可以發現如同前面所說，其實不論是親生母親還是繼母，都是代表負面的母性形象，而「沒有手的女兒」的其他流傳版本中，有的描述繼母親自將女兒的手砍斷，這不只顯示出負面的母性，還表示母親的形象中包括著父性的部分。這不是單純因為母親太過愛小孩，導致妨礙了小孩成長的情節，而是母親支配著父性力量，試圖切斷與子女的關係並置其於死地。子女此時當然會深深感到孤獨和苦惱，這種小孩在一段時間之內都沒有辦法和別人建立關係。

手被切斷，代表緣份被切斷，但是除此以外還有許多其他的意義。我曾經在一次集會上談到「沒有手的女兒」這個故事時，很即興地問了在場三位女性「如果沒有了雙手，你首先會想到不能做什麼事情」，當時得到「不能抱孩子」、「不能做飯」、「不能翻書」等回答，我們可以從回答中看出每個人不同的個性。日本的故事描寫女主角因為要抱住滑下去的小孩而生出雙手，而布列塔尼的類似故事中（《世界的民間故事》六）描述微風幫助被切斷雙手的女孩翻閱膝上的祈禱書，這讓人感到剛剛的回答中出現了「不能翻書」是非常有意思的。從這些聯想中可以發現，沒有手的人會失去和外界的聯繫以及互動，造成嚴重的溝通障礙。

女兒因為雙手被切斷以及被雙親遺棄，失去和外界的聯繫以及面對殘酷的孤寂感。如果這是第六章的故事主人翁的話，可能會在這個時候「隱身離去」，回到原來的國度。但是這位女性沒有可以回去的「母國」，她已經和母親切斷關係，她能做的就只有忍耐。和母親切斷關係、獨自生存，是非常困難的事情，尤其對於母性占強勢的日本來說，這等於具有雙重困難性。類似故事有的描述繼母趁父親不在的時候，把老鼠抓來殺掉，騙父親這是女兒的私生子，父親因而大怒。這裡雖然譴責的是女兒的私生行為，但是從象徵的角度來看，她的母親可能感受到女兒有私生的可能，也就是說女兒的內心中有不合義理的可能性產生。對於日本這個國家來說，所謂不合義理的可能性，就是指下定決心要和母親切斷關係獨自生存。這個想要以全新方式生活的女兒，雖然因此被趕入孤獨的世界，但這時卻出現對於日本人來說非常稀有的「相貌堂堂、乘著駿馬的年輕男子」登場。

「相貌堂堂的年輕男子」把她帶回家。他的母親是一位心地善良的人，厚待這個女孩，而且同意她和兒子結婚。「和母親切斷關係」的她在這裡遇到「溫柔的母親」。此處非常重要，因為她是女性，所以她不可能和母性完全切斷關係而存活，如果不是因為**再度遇到**這種母親形象，她要不了多久就非死不可。這個故事裡的主人翁因為孤獨而得到幸福，再度和母性恢復關係，擁有幸福的婚姻，還有了小孩，但是幸福卻沒有長久。

她生了兒子之後非常高興，想要寫信告訴出遠門的丈夫，這時繼母介入，破壞他們之間的通信。這種因為負面母性的介入而導致夫妻之間溝通出現問題的狀況，在現代日本中有許多實例存在。歐洲的故事多半描寫婆婆改寫妻子的書信。這種因為婆婆幫夫妻傳話時出現「改寫」，以致於夫妻關係惡化的事情是常有的。這個情節具有**現實面**的意義，但是如果從一般性的角度來看，這位曾經否定母性、接著因為再度肯定母性而結婚生子的女性，可能因為再度經驗到負面的母性而危及與男性的結合狀態。如果回想起她在繼母來到生命中之前，也就是四歲之前曾經感受過的正面母性，那這種反覆體驗正面、負面母性的經驗，對於女性的心理發展有極大的影響。

主人翁因為繼母的搗亂，不得不和孩子一起離開家。這時她能做的，或者說她能做的，就只有忍耐。她沒有為此抗辯過一句話，她只說「母親，我沒有辦法報答您對我這個不全人的恩惠，雖然離開是痛苦的，但如果這是少爺的意思，我也沒有什麼好說的，我現在就走。」她因為沒有手可以抱孩子，所以只能背著孩子離去。如果將她這時的身影和隱身離去、回到母國的女性相比，可以清楚地突顯出她的忍耐力，她這時不得不承受比被雙親趕出時還要沉重的孤獨和苦惱。

民間故事中這種類似情形再度重演的情節，總是讓人感到富含深意，而這個故事更讓人有這種感覺。這裡不是單純的重演，而是往更深的層次邁進。她最初因為父親的背叛而喪失信賴感並感到孤獨，在經歷善良的「母親」和丈夫之後，再度受到丈夫的背叛（她當時這麼認為），也再次體驗到更深層的痛楚。有些人忍受不了第一次的孤獨就死了，也有很多人忍受不了第二次的孤獨而選擇離婚。但這些痛苦是切斷與母親關係的女性必須承受的宿命。

她離開夫家之後重新生出雙手的那一幕，非常感人。到現在為止，一再忍耐、承受各種虐待的她，因為眼看背上的孩子就要滑下來，所以不加思索地用手去扶住孩子。在不可能的環境下產生的這個主動行為，居然讓不可能變成可能。她竟然可以用自己的手去抱住自己所產生的這個全新的可能（孩子）。她這時終於體驗到身為人母的感覺，第三次和母性建立良好關係。她在這個階段中沒有和母性切斷關係，也沒有和外在切斷聯繫，終於擁有主動的能力。

她因為產生變化，所以有可能回復和丈夫的關係。當丈夫找到她時，她正在「一心祈求上天」的這個畫面，具有很深層的意義。不論她有沒有經歷深沉的孤獨感，在求生存和成長時都需要宗教在背後支撐她。詳細分析格林童話「沒有手的女兒」的榮格分析師馮・法蘭茲認為「深邃的宗教經驗可以幫助女性脫離這種困境」[3]，她將這個故事中的經驗和遁世隱居者相比，發現人在孤獨當中可以找到神和個人以及心靈內在的關係，日本的故事也是如此。「沒有手的女兒」和宗教的關聯可以在日本和歐洲的故事中看到。人會因為缺乏和外界的聯繫，導致內在關係變得豐盛，換句話說，那些本來就傾向內在的人，比較沒有辦法和外在產生成功的聯繫。

沒有手的女兒——雖然這麼說，但她現在已經生出手來——最後終於和丈夫相遇，兩人高興地抱頭痛哭說：「這是怎麼一回事，眼淚掉下去的地方，居然開出這麼美麗的花朵。」這表示她至此承受的各種痛苦，以及和丈夫再度相遇的快樂，都已經比一般層次更為深切。她到現在為止一直往內積壓的感情，終於在此時向外界「開花」。她不再「沒有手」，現在終於可以充分和外界獲得聯繫。這裡出現的開花情節，也可以說具有前面章節所指出日本民間故事中「歸原於自然」的意思。

故事終於有了幸福的結局，繼母和父親也受到當地領主的處罰，女主角可以說因為切斷和「家人」的關係而得到幸福。接下來要討論另一個女主角用重新獲得的雙手回復和家人關係的版本。

2 東、西方的「沒有手的女兒」

前面探討過日本的「沒有手的女兒」，現在和格林童話中的故事做比較。接下來就提出這個故事的綱要進行比對。

有一個做麥粉生意的人非常貧窮，他所有的財產只剩下一座風車和院子裡那棵大蘋果樹。有一天，他遇到一名以前未曾謀面的老人跟他說：「如果你給我風車後面那個東西，我就幫助你變富有。」他以為對方指的是蘋果樹，所以就答應他。雙方約好老人在三年後來取約定好的東西，但沒想到老人指的不是蘋果樹，而是站在風車後面的女兒。生意人自此果真變得非常有錢，三年後惡魔（老人）依約出現。女兒是一個信仰堅定的孩子，她沐浴淨身之後，用白墨在自己的周圍畫出圓形，讓惡魔無法近身。惡魔非常生氣，命令父親把女兒用來淨身的水拿走，父親聽從命令，但是女兒流下來的眼淚還是把她的雙手洗淨，於是惡魔吩咐父親把女兒的雙手給剁掉。父親本來不願意，但是惡魔要脅如果不照做，就帶走父親來代替。結果父親因為害怕而試圖說服女兒讓他剁手。女兒無奈地說就照父親的意思辦吧。結果父親真的把女兒的手砍斷，但是女兒的眼淚再度洗淨她的手腕，以致於惡魔無功而返。父親為此感謝女兒讓他致富，說要一輩子好好照顧她，但是女兒留下「我不可能永遠留在這裡」、「總有好心人會收留我」這些話之後，就離家出走了。

女兒看到國王庭園中的梨子，想要吃梨子，她向天祈禱之後，就有天使出現幫她摘梨子。聽到園丁報告此事的國王在第二天接見這名女孩，當國王知道事情原委之後，因為非常同情這名女孩而把她帶回皇城。國王為這名女孩做了銀製的義手，兩人隨即結婚，一年後國王出去打仗。王妃在這段期間生了孩子，國王的母親為此寫信報告國王，沒想到信卻受到惡魔的搗亂，導致王妃最後不得不和孩子一起離開皇宮，故事到這裡都和日本的情節一樣。王妃到森林之後，祈禱上天幫忙，這時天使出現，引導他們到小屋去住。母子都受到天使的照料，而她因為虔誠的信心，在神的幫助下重新得到她的雙手。國王在戰爭結束之後回來，知道這些事情後大為吃驚，為了尋找王妃而展開旅行。

國王在七年後找到他們住的小屋附近，當國王睡著的時候，王妃把孩子帶到國王面前，告訴孩子說，這就是他的父親，孩子因為認為「父親在天上」，所以和母親辯論起來。這時邊睡邊聽的國王醒過來，想要尋找說話的人，結果發現就是王妃。他們一起回去，重新舉辦一次結婚儀式，從此過著幸福美滿的生活。

這個故事和日本的故事在大綱上極為類似，但是最大的差異點在於父親在切斷女兒的手時，扮演非常重要的角色。父親因為和惡魔的約定而把女兒的手切斷。惡魔的出現也是西方故事的一個特徵，在書信上搞鬼的也是惡魔。當女兒面對這些困難時，她是向天父尋求幫助，「父親－惡魔－天父」這些男性的存在對這個故事有很大的意義；相對地，在日本故事中，母性的存在具有重大的意義，後面將會探討兩者的差異點。現在要注意的是，假設「沒有手的女兒」在日本是一個外來的故事，既然前面提到的歐洲故事有那麼多版本，但是在日本流傳的卻幾乎都是繼母和女兒的版本，沒有見到其他的版本，那麼可以假設這個版本最適合日本人，也可能是其他的版本雖然流傳到日本，但經過日本式的改變之後變成這個版本。

歐洲的故事中，有描述親生母親斬斷女兒雙手，也有描寫是婆婆用書信破壞這對年輕夫婦的關係。地中海巴羅阿雷斯群島的「被切斷手腕的伯爵夫人」（《世界的民間故事》一三）中，描寫父親把女兒賣給惡魔，但是女兒向聖母瑪利亞祈禱求助。在這個故事中，她背後的聖母瑪利亞這種母性存在超越了天父的形象，這種關係可以說是位於格林童話中的「父－女」關係軸和日本的「母－女」關係軸之間。將來針對全世界民間故事做更詳細的分析研究時，也許可以從這種觀點進行探討，說不定可以得到一個反應出各地文化差異的圖表，但這有待日後的研究。雖然全世界都存在著類似的故事，但因為這些關鍵性的差異，也許可以證明這些都是各地的固有故事，而**不是**從外地傳來的故事。我並不想要討論這些故事是否與傳播有關，在此只想做格林童話和日本故事的對比。

當比較日本和格林民間故事之時，首先會注意到的一個共通點就是女主角的忍耐力和被動的形象。她在被砍斷雙手或因誤解而被夫家趕出家門的時候，雖然表現出同樣的態度，但是主角背後的力量支持者則大為不同，如同前面所述，格林童話中是父性存在，而日本則是母性存在，這可能源自故事開始時的「母－女」、「父－女」關係。但如果把焦點放在文化差異上時，這代表在母性原則強勢的日本和父性原則強勢的西方國家中，女性產生的不同生存之道。父性原則占優勢的西方是以男性形象做為（不論男女）表現自我的方式，而在母性優勢的日本，則以女性形象做為表達自我的方法。「沒有手的女兒」這個故事表現出通用於日本男性、女性的生存問題。

格林童話中的父親（聲稱他不知情）把女兒賣給惡魔。歐洲的類似故事中，有的描寫父親因為討厭女兒專注於祈禱，所以把女兒的手砍下來。格林故事的女兒也表現出深厚的宗教信仰，也許西方的「父親」看不慣這種專注於內心世界的行為，（世俗的父親和天父之間存在互補作用）專注於外在世界的父親為金錢而犧牲女兒。相對於此，日本女兒的不幸源自於繼母，原本和親生母親有幸福關係的女兒，在四歲的時候因為母親的死亡而「自然地」切斷母女關係，不得不開始體驗負面的母性。這兩個故事的開端，一個是因為父親的意志，一個是因為母親的死，兩者的差異代表西方和日本文化的差異。

兩個故事都是由父親做出「斬斷」這個行為，但是促成其發生的是惡魔和繼母。兩者共通之處在於女兒對此沒有表示抵抗而被動地接受。不過格林的故事中，女兒很明白地說就照父

229

230

親的意思辨，而在離家出走時對希望留住她的父親說：「我不可能一直都留在這裡。」她表達出心意已決的部分令人印象深刻。她雖然被動，但是很清楚地透過語言表達她的決定。相對於此，日本的女兒是在睡夢中（無意識中）被砍斷雙手，心懷怨恨一人走向旅途。日本的故事一面用曖昧的方式表達她的決定，一面描寫她的悲傷和怨恨。

格林故事中出現天使解救孤獨的女兒，天使是天父的使者，善良的天使和世俗的父親以及邪惡的惡魔成對比。在日本故事中，死掉的親生母親、婚後的善良婆婆和壞繼母成對比，但日本的特徵在於不用西方的天使、惡魔那種超越現實的存在，而是用世俗凡人做為對比。這就像前一章所說，日本的民間故事中沒有魔法，因此很容易將日常和非日常的世界混淆，**自然地**產生西方所謂的超自然情節。這一點可以從生出雙手的部分看出，格林中的女兒因為信心和神的恩惠而長出雙手，日本的故事則描寫當她要扶住往下滑的孩子時，因為身體**自然**的動作而生出雙手。

現在話題回到格林故事，這裡出現的「父－女」關係中，父女結合把惡魔趕跑的部分非常有意思。女兒因為成長而必須離開父親是一件很難過的事情，但此時非得離開這個接受惡魔的父親不可。父親在此失掉守護者的身分，取而代之的是女兒接受天父的守護。如果天神沒有辦法保護女兒，導致她被惡魔擊垮，或者說當女兒無法和父親分離時，女兒就永遠不能自立，後者會形成父女相姦。或是父親想要和女兒結婚，但女兒拒絕而離家，故事的後半段會演變成類似歐洲「沒有手的女兒」的情節。女兒因為天使的幫助而保存性命並和國王結婚，但是幸福並沒有持續很久，國王出外打仗——這裡也表現出男性專注於外界事物——國王和王妃分離，兩人的溝通因為惡魔而受到破壞。

東、西方的「沒有手的女兒」都沒有以婚禮做為故事的結局，而是繼續描寫丈夫因為工作而遠行，夫妻間的溝通出現問題因而導致不幸，可以說描寫出人世間的真理。年輕夫婦就算相愛相知，但他們的溝通會受到（他們不知道的）邪惡介入而被干擾，這可以說是正因為兩人相知才產生的悲劇。丈夫和妻子看到書信後，在震驚之餘，居然不知道要去懷疑書信本身的真假。但是這種溝通不良對於女性的心理發展有其必要性。邪惡會切斷人與人之間的聯繫，但人最終會因此而強化聯繫。

232

現在把焦點放在女主角身上。她在丈夫傳達出這種不合理的要求時，應該可以提出懷疑、試圖確認吧。但是她沒有這麼做，她只是接受丈夫的話（她相信這是丈夫的話），選擇忍耐孤獨的道路，這和西方民間故事中典型男主角的行為大相逕庭。這些男性追究真相、和惡魔奮戰、打退惡魔；而她則是被動地接受和祈禱，不過結果真的好轉，她的手長回來，而且和丈夫再度相遇。這不是為幸福而戰，而是等待幸福發生，可以說是一種孕育（Incubation）的過程。這種態度可以說是西方女性的特有生存方法之一，而如同前面所說，這也是日本男女共通的生存模式。

233

不論夫妻多麼相愛相知，如果當雙方感受到無法向對方傾訴的孤獨，甚至於不能忍耐的時候，就會以「再婚」的方式試圖再度得到幸福，這應該是一個存在於東、西方的真理。日本的故事中沒有提到再婚，但是西方的故事中明顯提到國王和王妃「再一次舉行婚禮」，這就是再婚的形式。所謂的「邪惡」對於婚姻來說，幾乎是一種必然的出現，一旦切斷關係的夫婦，是否可以擁有幸福的「再婚」，在於他們能忍耐多少程度的孤獨，也在於前面所說的，在於他們背後是否有深厚的宗教信仰。在西方是有天父的存在，而在日本則有所謂「自然」的存在。

3 幸福的婚姻

「沒有手的女兒」最後可以說是以再婚的形式，描述幸福的婚姻做為喜劇結束。如果試圖在日本的民間故事中找出喜劇結束的故事，可以在「繼子談」類型故事中找到許多。在《日本民間故事大成》中，從「米福粟福」（二〇五A）到「繼子與魚」（二二二），一共收錄二十個繼子談的類型，如果綜覽之後，會發現描述繼子受到繼母的虐待、之後得到幸福婚姻的故事，和以繼母的報應為中心的故事幾乎各占一半，後者包括描述繼母的迫害行為因為敗露而受到懲罰，以及繼母想要殺繼子，結果殺掉自己的小孩等。前者包括前面說過的「沒有手的女兒」、「天鵝姊姊」（第四章）等；後者則有「繼子和鳥」（二一六）、「繼子和笛」（二一七）。這兩種類型故事的差異不光在於結婚與否，還有一些如下所示的差異之處。

繼子談中有提到結婚情節的故事一般來說比較長、情節起伏較多也比較有趣，其他的故事則相對較為簡短、單調，多半將重點放在繼母如何虐待繼子。現在比較這兩個主角名字類似的「米福粟福」（二〇五A）和「米埋糠埋」（二〇五B）故事後，就會明顯看出其中的差異。外國研究者多半批評日本的民間故事類似傳說故事，或者給人一種沒有結束的感覺，但是如果

234

看了繼子談中提到結婚的故事之後，會覺得這些故事很有「西洋風」。這類故事中有些故事跟「沒有手的女兒」一樣，和西方民間故事極為類似，例如「七隻天鵝」（二一四）、「姥皮」（二〇九）、「米福粟福」等，這些故事和格林中的「六隻天鵝」（KHM四九）、「千皮」 235 （KHM六五）、「灰姑娘（仙履奇緣）」（KHM二一）非常類似。如同關敬吾所指出的，「米福粟福」是把兩個故事合而為一，故事後半段和仙履奇緣非常類似，兩者的類似度之高，讓人不禁懷疑這是否為外來的故事。如果這是從外流傳而來的故事，那麼令人矚目的是日本接受了這一類的故事，卻沒有接受那些描述男性英雄的故事。或者這些故事原本就這麼類似。但無論如何，可以肯定的一點是，日本民間故事中存在這一類描寫受繼母迫害的女兒最後得到幸福的故事。

受繼母迫害而最後得到幸福的女兒，就像對「沒有手的女兒」所分析的一樣，代表體驗負面的母性之後，終於獲得自立。如果從女兒獲得獨立的這一點看來，繼母可以說促進了女兒的成長，對於整體結果而言，「繼母」是一個正面的存在。換言之，母親有必要對女兒顯示出這種負面形象，如果忘記這一點，而只是將母親「好的」一面顯露出來的時候，女兒會沒有辦法獲得自立。自古以來，日本民間故事就滿載這一類智慧。故事中描寫和母親分開的女兒忍耐著一切，最後「再婚」得到幸福的過程，正表現出這種智慧。如同前面所述，這種女性形象代表 236 了日本男女共通的成長過程。但現在要稍微談一下那些以男性做為故事主人翁的例子。

前面提到的「繼子談」類型中有結婚情節的故事裡面，只有「灰坊（灰仔）」（大成二一一）描寫男性主人翁。如同關敬吾所指稱的，這個故事如果以故事類型來劃分的話，與其分類在「繼子談」中，不如分類在「婚姻談」中。現在就看看這個以男性為主人翁的結婚故事。《日本民間故事大成》中的「灰仔」描寫主人翁間千子原本是領主的兒子，因為繼母的奸計而被趕出家門。他從父親那裡拿了上好的馬和衣服之後就離開家，但是他在半路上換上一位老公公的破舊衣服，然後到一位富翁家工作。他擔任做飯的工作，因為勤奮而受到重視。富翁本來要帶他去看戲，但是他在拒絕之後，換回上等的衣服，騎著馬出現在戲院。所有的人都以為他是天神降臨，只有富翁的女兒說：「那是我們家的灰仔啦，看左耳上的黑點就知道了。」但是女兒的雙親聽到這話，認為有辱神明而對她發怒。富翁下一次去看戲的時候，灰仔本來準備換好衣服現身，但是富翁女兒假裝把草鞋忘在家裡而跑回家去堵灰仔，灰仔沒辦法只好帶著富翁女兒一起騎馬去戲院。富翁以為「今天神明夫婦一起駕臨」而對他們跪拜行禮。

富翁的女兒自此得了相思病，女巫來看病時說「有緣人」就在家裡，要求全家人都要一個一個站在富翁女兒的面前，灰仔最後換上氣派的衣服，騎著馬出現，富翁大吃一驚，希望灰仔能當他們家的女婿。兩人舉行盛大的婚禮，而灰仔希望能回去自己的家看看。新婚妻子告訴丈夫途中不可以吃桑果，但是他沒有聽從忠告而死。馬把屍體載回他自己的家，他的父親把屍體放在酒樽裡面。妻子認為丈夫一定死了，所以帶著起死回生的水去找他。她用這個水救回丈夫，想要把丈夫帶回家時，丈夫的父親說間千子是他們的獨生子，不能讓她帶走。她說那就連父親也一起過來吧，但是間千子說：「我們不可能同時奉養兩個人的父親。我會給父親送錢過來，請父親去收養一個好的養子吧。我要在救我命的妻子家工作。」兩個人一起回到妻子的家，「直到現在還過著幸福快樂的生活」。

男性主人翁間千子（灰仔）在這個故事中非常活躍，而且有結婚的情節出現，但是和西方的典型英雄故事有很大的差異。灰仔的行為與其說是英雄，不如說比較像是魔術師。他沒有打退怪物、根絕災難，而是使用魔術師得意的變身術活躍其中。不過識破這一切的是富翁的女兒，故事也因為富翁女兒的意志而為之一轉，後半段讓人懷疑故事主人翁是否為富翁女兒。故事最後談到結婚時，灰仔要父親收養子，而自己去當妻子家的女婿時，讓人覺得女性才是這個故事的主角。灰仔妻子的活躍程度，讓人想起第四章「姊與弟」當中的姊姊，這兩個故事都是在沖永良部島收集到的，也許其中有些關聯也說不定。灰仔的妻子扮演著像「姊與弟」中提到的魔術師角色，讓人感覺這個故事和西方王子公主結婚的情節大異其趣。

這個故事也描寫結婚沒有馬上帶來幸福的結果，兩個人婚後隨即分開——雖然時間很短，再聚之後才得以喜劇結尾的模式，可以說和「沒有手的女兒」一樣，因為女性當主人翁的故事會經常描寫到「再婚」的情節，因此讓人感到這是一個女性為主人翁的故事。故事的題目雖然是「灰仔」，一開始描寫主人翁因為繼母迫害而離家的情節，的確讓人聯想起西方的英雄故事，但後半段則讓人感覺變成一個以女性為主的故事，也許這正是日本民間故事的一個特徵。

再看看其他以男性為主角的結婚故事，例如同樣在沖永良部島收集到的「馬之子殿」（大成一二一燒蕪富翁），或者是「隔壁的寢太郎」（大成一二五博徒女婿）、「鳩提燈」（大成一二六）等，會明白這些主人翁都具有魔術師的特性。「馬之子殿」描寫名叫馬之子殿的主人翁非常貧窮，但因為隔壁老公公的智慧，幻化成各種身分，終於得到富翁女兒的故事，這很明顯是一段利用魔術得到的婚姻。「隔壁的寢太郎」、「鳩提燈」都是描寫懶惰貧窮的男子利用技巧娶到隔壁富翁家的女兒。有關懶惰所代表的意義，已經在別處有所申論[4]，在此不再重複，不過有關這些主人翁都具有魔術師特色的部分則還沒有探討過。這些魔術師們幾乎是玩弄著一些幾近毒辣的策略而得到幸福，但是卻受到英雄般的描述。在以「幸福的婚姻」為主題的日本民間故事中，很難找到典型的「英雄形象」，這可以說是日本的民間故事──或者說日本人心理──的一個特徵。也可以說日本的英雄是前面提到的那些「忍耐」的女性，而男性則一直沒有和母親切斷關係，最後只好擁有一種類似魔術師的形象。日本神話中的英雄素盞嗚尊、日本武尊等都有這種強烈的魔術師性質，可以說代表同樣的心理。

現在稍微談一下以男性做為主人翁而得到幸福婚姻的「田螺兒子」（大成一三四）。前一章提到異類婚姻時，曾說過這類故事多半不會有幸福的婚姻，但是「田螺兒子」幾乎可以說是唯一的例外（這個故事在《大成》中不是被分到「異類女婿」，而是「誕生類」之中）。故

239

事的大要如下：有一對老夫婦因為沒有子嗣而祈求田中的水神，結果得到一隻田螺。田螺兒子想要娶富翁的女兒，但是老公公認為不可能，要他放棄這個想法。田螺借住在富翁家時，晚上偷偷把米嚼碎，擦在富翁女兒的嘴邊，栽贓富翁女兒偷吃他的米，因此娶到富翁女兒。在舉行春天祭典時，田螺站在妻子的腦袋上面，扮演守護神的角色出遊，結果被烏鴉啄住，掉到田裡面。妻子見狀悲傷地哭出來，沒想到「田中的水流散到兩旁，中間赫然站著一位相貌堂堂的年輕人」，這就是她的丈夫。富翁知道後也非常高興，願意「再一次正式收他為女婿」，這對年輕夫婦「成為富翁，田螺先生也從此受到大家的尊敬」。

這的確是一個異類女婿擁有美滿婚姻的少見例子，但是從整體來說，這和「灰仔」有許多極為類似的地方。故事都是以男性主人翁的名字命名，描寫男主角利用巧計得到女性，結婚之後沒有馬上得到幸福，後來因為女性的努力而得到真正的幸福（「田螺兒子」是以「再一次正式收他為女婿」表現出女性的努力），是這兩個故事的共通點。「田螺兒子」這個名字讓人猜想這是一個男性的故事，但是卻和「灰仔」一樣在其中加入女性的題目。富翁女兒對於「田螺」用策略娶到她的事情沒有半句怨言，之後謹守貞節，當田螺掉入田中時難過地流淚不止，這種「忍耐的女性」的形象不禁讓人認為這個故事的背後推進者是女性。

從以上可知，日本的確有婚姻類故事，而在這類故事中，「忍耐的女性」扮演著極為重要的角色。那些看似是男性活躍的婚姻類故事，其背後還是有「忍耐的女性」存在。如果接續第一章「黃鶯之居」以來的聯想，可以說那位因為男性背約而心懷悲歎隱身而去的女性，經歷多少次變身回到這個世界，這次終於下定決心和母國分離，靠著堅忍不拔的耐力在這個世界中得到幸福。這種「忍耐的女性」的形象，對於日本**男女**全都具有重大的意義，也可以說表達出日本人的自我形象。女性和被動代表的絕對不是柔弱。

但是也有很多人不以這種忍耐的女性形象為滿足，尤其是現代人。「灰仔」中登場的女性並沒有採取被動，她也不是那種忍耐型的角色。她在每一個人都被灰仔騙住的時候，看穿他的本性，這種「智慧」讓她得到最後的幸福。這種看破對手原本面目，正好和前一章女性「隱藏本來面目」配對。當田螺兒子說想要娶富翁女兒時，即便老公公說不可能，他還是買通富翁家門房去詐騙，但最後是富翁女兒自己說：「如果是這樣，那我就嫁給你吧。」「如果是這樣」這句話意義非常深長，這表示富翁女兒和其他人不同，她已經看出田螺的本來面目，因此當她宣稱「那我就嫁給你吧」時，是基於女性智慧所做出的積極行為，這和忍耐屬於不同的層次。第九章將會探討這類女性形象，在此之前，要先剖析上一章最後提到鶴妻隱身而去的那個世界的結構，這一個部分必須在第九章「有自我意志的女性」之前先做討論。

註釋

1 原註：柳田國男〈有關民間故事〉（「昔話のこと」）《定本 第八卷》（『定本 第八巻』），一九六二年。

2 原註：J. Bolte und G. Polivka, "Anmerkungen zu den Kinder- und Hausmärchen der Brüder Grimm", 5 Bde., Leipzig, 1913-32.

3 原註：馮・法蘭茲著，秋山里子、野村美紀子譯《童話中的女性》（『メルヘンと女性心理』）海鳴社，一九七九年（中譯本由心靈工坊出版）。

4 原註：河合隼雄〈第四章 怠惰與創造——懶惰三兄弟〉（「第四章 怠けと創造——ものぐさ三人むすこ」）《童話心理學》（『昔話の深層』，中譯本由遠流出版）。

243

| 第八章 |

老翁與美女

第六章談異類妻子時，曾描述出現在這個世界的女性們最後還是會回到她們**那個**國度去，在章節的最後曾提到我們有必要理解她們那個國度。本章為了要探究這個問題，特別舉出《日本民間故事大成》中「龍宮童子」（二二三）類型的故事為例。被招去龍宮的男子，從龍宮的一位美麗女性那裡得到一名骯髒（或者是醜陋）的小男孩，故事描述這個小男孩可以為人帶來福氣，其中對於海底國度結構的描寫，非常有趣。柳田國男很早以前就對這類故事有興趣，曾經發表「海神少童」[1]的著名論文，第五章介紹過的石田英一郎也針對這裡出現的「小孩子」和類似母親的女性之間的關係寫出《桃太郎之母》[2]。日本民間故事中描寫的龍宮的確可以表現出日本人的內心深層。柳田在「海神少童」中提到：「日本的龍宮並不只是另一個國度，在那神祕滄海中負責傳遞消息的經常不只一位年輕的女性，她身邊還跟著一位不可思議的小童，他們試圖和來的人結下緣份。海對於日本國民來說，可以說是永遠的母親的國度。」日本人的「永遠的母親的國度」，到底有著什麼樣的結構呢？為了明瞭這個部分，我將舉出「龍宮童子」類型故事中的「火男的故事」為例（收集於岩手縣江刺郡．見附篇）。柳田的「海神少童」也討論過這個故事，故事中造訪的世界不是海底，而是山中的洞穴。雖然山和海截然不同，但是從其在心理上代表離開現實世界的「深遠」度來說，並沒有太大的差別，所以以整體的形式來說，這個故事被歸於「龍宮童子」類的故事。現在就從「火男的故事」的大綱開始探討。

1 火男的故事

故事一開始描述「有個地方住著一對老夫婦」，這對老夫婦沒有孩子。他們的生活沒有衍生出新發展的可能性。有些故事模式會描寫此時有類似桃太郎、輝夜姬等意想不到的小孩登場，這個故事則描寫老公公去山上砍柴，發現一個很大的洞穴。老公公本來想把洞穴塞起來，所以丟了一束柴薪進去，結果柴掉進洞裡面去，老公公接著把三天以來砍的柴全部都丟進去，這個洞要比老公公想像的大很多。

這個故事的開端部分和深度心理學中描述的退行現象完全吻合。第五章已經談過退行的意義（請參照原文書第一五六到一五八頁），這裡把柴丟進洞穴的動作，很成功地表現出內心能量流向無意識的狀況。所謂「三天以來砍的柴」中的三，代表著動力的意思。這個故事描寫這些柴是為了填滿洞穴而塞進去，「龍宮童子」中多數的故事都描寫男性主人翁是為了供奉龍宮之神，所以把花或柴薪丟進去，後來龍神因為要還禮所以招他去龍宮。這種有意圖的奉獻龍神的行為，很明顯是具有創造性的退行行為。

柳田針對造訪龍宮的故事，談到「很自然會想知道，為什麼幾萬、幾十萬人中就是這個人被挑中去那個幸福的國度遊玩」。他對此提出兩種解答[3]，一個原因是「這個人擁有某種特殊德行」，比如說因為孝順而被迎接去龍宮；另外一個是「做過某種善行」，其中一種是「浦島太郎」的動物報恩類，另一類則是和這個故事一樣，因為奉獻柴火等而被招待。柳田指出「這類故事在別的地方幾乎未見，但在日本和南方諸島中則分布廣泛且有各種美麗的變化，其中有一類故事叫做賣花龍神，我對於這一類故事特別有興趣，其中情節變化多端，是我這二十年來的研究課題」。柳田稱之為「賣花劈柴」的這一類型故事，屬於日本和其周邊的固有故事。

這一類描寫故事主人翁奉獻某些東西給海（或者地底國度）因而被招待的故事，在其他國家的民間故事中幾乎不存在。《日本民間故事大成》在AT五五五中列舉出別國和日本「龍宮童子」相似的故事，例如格林的「漁夫和妻子」（KHM一九），故事描述一個漁夫放走釣上來的比目魚（這是被魔法變身的王子），後來因為這尾比目魚而實現許多願望，這屬於動物報恩的故事。另外還有一個不同類型的故事，是描述身為主人翁的男性去地底之國，在格林的「三片羽毛」（KHM六三）中，主人翁是為了獲得許多東西而去地底之國，並不是因為奉獻東西給地底之國而被招待去玩，主人翁為了得到什麼而去和被招待去玩是兩種不同的觀點。俄羅斯的民間故事研究者契斯妥夫針對日本的民間故事「猿之生肝」（大成三五）提出很有意思的看法，「整個故事是以水中王國的角度出發而發展」[4]，現在所談的這個故事也可以說是從同一種角度吧。去地底王國那裡獲得什麼東西的這種行為，很明顯是從地上國家的角度出發；

但是接受有意圖或者沒有意圖所丟入的花或柴，為了還禮而招待這個人去玩這種情節，很明顯「是從水中王國的角度出發」。這裡可以看出日本民間故事的一個特性，從心理學上來說，這表示日本人在看那個世界時，（特別是和西方比較之下）不是從意識的角度，而是從無意識的深層位置出發。所謂「看」是一種明顯的動作，幾乎不算是無意識。所謂無意識的角度這種說法，本身是一種自我矛盾的表達，所以也可以稱之為「半看」。在這個故事中，當人的眼睛半睜半閉時，要比睜開整隻眼睛更能看清這個世界。

現在話題回到「火男的故事」。當老公公把「三天以來砍的柴」都放入洞穴中之後，眼前出現一位美麗的女子為了柴薪道謝，邀請老公公「來洞穴裡面玩一次吧」。將許多能量投入到無意識境界之後，會從那裡得到一些深富意義的形象。我們認為這個出現的美女和最初「黃鶯之居」那位女性有所關聯，但是不同於「黃鶯之居」中什麼心理準備也沒有、突然遇到美女的那名男性，「龍宮童子」中登場的男性多半做了很多工作，例如將許多柴或者花投入之後，得到女性的邀請而共赴深層世界。「火男的故事」中，他看到洞穴裡有「讓人眼睛一亮的家」，家的旁邊整齊堆放著柴火，老公公受邀進入那戶人家，見到住在那裡的人。

這個洞穴中住的人們具有非常深遠的意義，那裡有那位迎接老公公的女性、「相貌堂堂的白鬍老翁」，和一個告訴他「為了聊表**心意**，可以帶走」的「小童」，一共有三個人。這個小童「長了一張醜到難以形容的臉，而且不停地摳肚臍」。白鬍老翁、美女、醜童這三個人的

組合意義深長，將在之後做詳細討論，但是在「龍宮童子」的類型故事中，並不一定都出現這
三個人。比如說《日本民間故事大成》中被舉做「龍宮童子」代表的故事中，只描寫了乙姫和
一個「朝天鼻又流著鼻涕」、名叫土方的男孩子，並沒有提到老人。或者像沖永良部島收集到 251
的一個故事，描述白髮老公公和美女，但沒有提到小孩。故事的主人翁不是帶小孩回去，而是
帶回名叫「美食玉」的一個「只要把這個海底玉擺在祖先牌位前，就可以隨心所欲變出各種美
食的寶物」。類似故事的各種版本中，多半描寫老人和美女、美女和小童的組合，「火男的故
事」中則提到這三個人的組合。

這裡登場的「長了一張醜到難以形容的臉，而且不停地摳肚臍」的小童是一個很有趣的
存在。柳田國男也針對「龍宮童子」長得「奇醜無比」這個部分討論過（「海神少童」）。童
子的名字多半叫做有克乃或者丸多克，他認為「有克乃或者丸多克這兩個名字的意義不明，並
不算是真的人名」。這個故事中的名字是表多克，也就是火男，「這個表多克噘嘴就可以吹出
火來，所以這也就成為他的名字」。這些童子不但沒有一個「真的人名」，而且長得「汙穢不
堪、奇醜無比」，但是這些童子可以為故事主人翁帶來稀世財富，所以是一種矛盾的存在。童
子代表著無意識中產出的東西，從意識的角度來看，這個東西一開始可能被認為醜陋不堪，但 252
是經過適當處理之後，會擁有超過原先意識所判斷的價值。肥後地區的類似故事中，稱童子為
鼻涕小童先生，柳田認為「鼻涕小童的後面加上先生的稱謂，代表著這個老公公有著凡人沒有

的好修行。他表現出虔敬是因為他從對方得到特殊的恩惠」，這的確是一針見血的看法。我們必須對這個奇醜無比的存在抱持「虔敬」的態度。

老公公親切地接待這位小童，但是貪心的老婆婆則態度惡劣。因為童子的肚臍會掉出小金塊，所以老婆婆為了想要更多的金子，就拿火鉗子去戳小童的肚臍，小童因此而死。在這個故事中，犯錯的是貪心的老婆婆，但有別的故事是描寫老公公自己的態度改變，導致童子消失了。比如說新潟縣見附市收集到的故事中，故事主人翁不是老公公而是一個貧窮的男子，他因為送花給乙姬而被招待去龍宮。乙姬告訴他：「這個小童長著朝天鼻還流鼻涕，但是如果你好好待他，他可以讓你心想事成，就送給你當孩子吧。」他因此得到這個名叫土方的小童。男子果真因為土方而變得非常有錢，但是土方實在太髒，叫他「擦鼻子」、「換乾淨衣服」，他都不聽。最後男子說「我現在已經不需要你了，你要不要回去啦。」土方因而離開，而男子又回到從前的貧窮狀態，「他在驚訝之餘又重新過以前的生活」。在這個故事中，主人翁在一開始將土方視為重寶，但是當自己有錢之後，不能再忍受他外表的醜陋，結果因此失去幸福。

如果看《日本民間故事大成》中「龍宮童子」類故事，幾乎所有的故事都描寫主人翁或者其親近者因為世俗成見而失去從龍宮中得來的寶物。最多的是描寫主人翁並不勢利，但是他的弟弟、妻子等因為貪心而導致失敗。格林的「漁夫和妻子」也屬於同一種類型，都是描寫因為欲望過重導致失去一切，是具有教訓意味的故事。但是反過來想，人類的「欲」正是促使人類文明發展的原動力。就是因為想要得到什麼，想要輕鬆一些，這些人類的欲才能促進文明的發展，人類的意識體系也是因此而確立。人生就在於「欲」和「無欲」之間的拿捏平衡，而日本民間故事似乎太過強調「無欲」的部分。「鶴妻」的故事中，就是因為男性的「欲」而導致悲劇發生，這在第六章已經談過。

格林中雖然有「漁夫和妻子」類的故事，如果比較前面稍微提過的「三片羽毛」和「火男的故事」，會發現兩位主人翁都是去地底的世界，前者從那裡「獲得」許多東西，地底的青蛙到地上之後成為美麗的公主。整個故事的重點是放在這裡的世界，從那裡來的公主在這裡受到極高的評價，最後住在這個世界。而「龍宮童子」的類似故事中，從那裡被帶到這裡的小童，不論來了多久，還是擁有「那邊」的特性，當他和這邊的人因為欲望而導致分離時，就回到「那邊」的世界。換句話說，擁有強烈的無意識屬性時，雖然可能在意識境界中得到利益，但是忍受不了一定程度的意識化之後，還是得回到無意識的境界中。「三片羽毛」中去無意識境界旅行的意識界英雄，從那裡得到一些東西，並且將其和意識整合成功。「龍宮童子」中**被招去**無意識界的英雄（其實根本不算英雄），雖然從那裡得到「什麼」，而且短暫地帶到意識界來，但這「什麼」最終還是回去無意識境界。對於日本來說，無意識境界具有非常強大的吸引力。

2 老人意識

海底王國具有強大的吸引力，被帶到地上國度的東西最後還是回到海底。雖然可以從「龍宮童子」中看出這種模式，但是思考之後會發現，這是從第一章「黃鶯之居」以來一直反覆發生的情節。出現在這個世界的東西，很快又會回到那邊的世界。如果用這裡的世界＝意識、那邊的世界＝無意識的角度去比較日本和西方的故事，會如同前一節最後所說的，日本民間故事顯示出日本人自我＝意識的脆弱性。但如果以前一節開始時所提到的「半看」觀念，就會覺得海底王國並不單純等同於無意識，日本人將海底王國加進意識中，形成一種曖昧的整體意識。這的確和西方人建立的自我意識不同。如果回想第一章談到的諾伊曼之自我確立理論，就會發現兩者之間的差異非常明顯。諾伊曼所提出的英雄形象非常符合西方人的自我形象。如果不將這種形象視為人類唯一絕對的自我形象，就可以發現「龍宮童子」中顯示的內心結構並不代表「脆弱的自我結構」，反而傳遞出非常有意義的訊息。所以我們必須要了解海底王國那些人之間的關係，現在先把焦點放在老人的形象上。

「火男的故事」中描寫「相貌堂堂的白鬍老翁」扮演著大家長的角色。龍宮裡這種老者不但存在於「龍宮童子」類的故事，也散見於「浦島太郎」類型的故事中。日本神話「海幸和山幸」被認為和這類民間故事有密切關係，在《古事記》的記載中，海底國裡住著年老的「海神」，也有一說認為海神是豐玉姬的父親。現在這個故事並沒有明白談到這一點，不過我們不禁推測白鬍老翁和美女是否為父女關係。在前面提過的故事中，第四章談到的「姊與弟」（請參照原文書第一三三頁之後）裡面出現一位幫助姊姊的「白髮老人」。他雖然沒有住在海底或者地底，卻擁有不同於這個世界的異次元智慧，可以說和海底國的長老們具有同樣的意義。

《日本民間故事大成》的「浦島太郎」類型故事中，有一個在新潟縣見附市收集到的故事如下：「有一個人去山裡面砍柴，遇到仙人在下圍棋。仙人在分出勝負之前先吃了午飯，男子也吃了一些。他把斧頭放在一邊觀戰，直到分出勝負。這時他才發現斧頭的木柄已經爛掉，看起來就像是百年的朽木。當他回到村子時發現一切都已經變樣，一問之下才知道，他就是當年那個去大昔山砍柴、一去不歸的人。」這是一個描述在異鄉之異常時間體驗的故事，在那裡下圍棋（一場為時一百年的棋局）的仙人們，似乎代表著住在那個國度的老人們。老人們放在棋盤上的一粒粒石子，讓人懷疑是否與這個世界的百年歷史興衰有關。

這種不可思議的老人當然也出現在日本以外國家的民間故事中。這可以說是一種全人類的普遍形象。雖然很難用**統計的**方法去探討這種形象出現的頻率，但在日本出現的機率要比西方多。德國的民間故事研究者申達（Rudolf Schenda）認為日本民間故事的一個特徵就是「經常有老人登場」[5]，他指的可能是日本民間故事主人翁經常是老公公和老婆婆的部分，但日本民間故事的特徵之一就是對於老人的重視。西方的故事中極少描寫老人做為故事主人翁，日本的故事中會有老人當主人翁，也許是為了反應住在「那個世界」的老人形象。諾伊曼的理論認為西方人透過英雄形象表達自我，如果用這種理論去解釋以老人為主人翁的故事，將這些老人視為意識的象徵如何？這是否正符合日本人的意識存在方式呢。當我有這種想法的時候，歐美榮格派學者們已經發展出超越諾伊曼學說的想法，榮格派的著名分析家希爾曼（James Hillman）在一九七〇年發表有關老人意識的論文[6]，並且持續研究發展這種想法，他的想法簡單解釋如下。

希爾曼對於老人的研究來自他對「永恆少年」的興趣。在第五章已經討論過永恆少年（請參照原文書第一五三頁以後），但那時主要討論少年和母親的關係，強調的似乎是永恆少年的負面形象。榮格派的分析家們從一開始的時候就傾向從負面形象去分析永恆少年，但希爾曼最近開始試著從不同的角度去思考。如果將他的想法用圖像解釋，他將年輕人分為兒子、英雄、少年三種類型[7]。兒子和英雄與母親有極大的關聯，屈服於母親之下的是兒子，克服母親的是英雄。這裡的「母親」是一種象徵性的意義，如果用前面章節到現在所使用的表現法來說，兒子和英雄的區別就在於能否象徵性地殺掉母親。希爾曼主張相對於兒子和英雄，少年不是和母親、而是和老人有關係。因此老人和少年是複合式的存在，將其視為**具有共同的一個**原型較為適當。希爾曼認為將老人視為原型時，必須要將沒有辦法和他分離存在的少年考慮進去，如果將少年視為原型時，其中又會包含許多老人的屬性，因此很難將這兩者分離，所以將其視為一個原型——可以稱其為老人，也可以稱之為少年。這裡很明顯的一點是兩個相對立的形象共存於同一個原型之中。

老人和少年的共存可以說是不可能或不可解的事情，但是中國文化中富含這類形象，而深受影響的日本人也可以說對其並不陌生（老人意識對於理解中國文化其功甚鉅）。比如說，日本的歷史人類學家大室幹雄的《圍棋的民間故事學》[8]中，舉出許多老人具有少年形象、少年具有老人形象的例子。本節介紹的「浦島太郎」類型故事中也描寫仙人下圍棋的情節。圍棋和老人之間有極大的關聯。大室幹雄在上述的那本書裡提到《莊子》徐無鬼篇的故事如下。黃帝去找具茨山之大隗神，結果迷路。這時偶然向牧馬童子問路，童子對於具茨山的道路和大隗神的所在地知之甚詳。黃帝覺得不可思議，所以要他「談一談如何治理天下」，童子說自己從小就在世界內玩耍，其中憑藉自己眼見之物，也遵從長者的教誨，現在則準備到世界之外去玩，他答道：「治理天下的人也像我這樣就好了。」黃帝聽此之後磕頭跪拜，童子和天師一起離去。大室幹雄稱這位具有老人智慧和無邪童心的童子「像是一位高齡者」，也許這真是一個老少共存的形象。

暫且把這個形象先放在心裡面，現在要說明希爾曼的老人意識到底是什麼。希爾曼認為老人意識的第一個特徵就是具有兩面性。其中有以長老姿態表現出恪守成規的一面，也有具有破

259 260

壞前者頑固性的另一面，後者的傾向就是少年的特性，兩者共存而且難分難解。一方面有頑固冷酷不變的形象，但在這底下卻燃燒著一舉自我破壞的傾向，兩者之間的強烈緊張感正是這種意識的特徵之一。

老人意識具有這種兩面性，所以在面對「痛苦的真實」、「冷酷的現實」時，背後隱藏著智慧。老人意識從地底最終深處觀察這個世界，保持著一段冷酷的距離去看事物。有的時候會用完全相反的視點去觀察事物，發現其中的結構。老人意識通常會從死的角度去看生，這就是為什麼容易出現悲觀主義的憤世嫉俗世界觀，將一切視為虛無。這種冷酷不變、不通融地保護著規律和秩序。但是如果一直專注在不變上，會導致思想凝固，產生感情上的憂鬱和無力，當青年期受到強烈的老人意識侵入時，會體驗到極端的憂鬱和無力，容易自己選擇死路。

當老人意識和第一章介紹的諾伊曼之西方自我＝意識對比時，其中的特徵會更明顯。西方的自我也是透過男性形象表示，所以在此為了區別，稱其為英雄意識。如果老人意識代表著地底的黑暗觀點，那英雄意識應該就是天上的光輝太陽。英雄意識就像殺死怪龍的神話所象徵的一樣，自己切斷和母親的關係，用明確的意識去切斷一切事物。但是英雄會隨著年歲而被後面的英雄搶走寶位，這就是「進步和發展」的特性，這正好和老人意識的凝固性成對比。以進步和發展為目標的英雄意識，對文明的發展有所貢獻，而老人意識則和「發展」無關。相對於英雄意識經常受到死亡和凋零的威脅，老人意識因為就是從死亡中產生的，所以不受威脅。

當老人意識的凝固性和不變性到達頂點時，其中的少年會突然開始作用，產生自我 262
破壞，引發沒有規律的狀態。希爾曼在描寫老人意識的形象時，提出羅馬神的沙多魯努斯（Saturnus）（被認為和希臘的克羅諾斯〔Cronus〕為同一位神），古代羅馬所舉行的沙多魯努那利亞祭典，就是代表打破老之凝固性的典型。舉辦沙多魯努那利亞祭典時，會停止所有辦公和處罰罪人，解放所有的奴隸，進行瘋狂熱鬧的祭典。在這種強烈破壞性的活動之後，一切回復原狀，老人意識復活，所以這種行為的特徵就是它並不能算是「進步」。不變性和激動性非常完美地調和存在著，這代表著老和少的共存。

英雄和老人意識的差異，在面對女性時出現很明顯的對比。如同諾伊曼說明的（請參照原文書第二十三頁以後），英雄意識的確立過程中，在殺掉母親之後，不可欠缺地需要贏得女人歸。相對於此，老人意識不需要女性。事實上，那些顯示出老人智慧的民間故事中登場的老人，多半都是一個人出現。羅馬的沙多魯努斯神擁有冷酷、頑固無力的形象，因此是宦官和獨身者的守護神。但是這裡也存在著老人意識的兩面性，沙多魯努斯同時是豐饒以及象徵性放任
的神。對女性完全無力和放任，正是老人意識的特徵，兩者在交錯之餘，將性的想像世界漸漸 263
擴大，可以說是透過想像來彌補現實中的性無力。谷崎潤一郎晚年的作品中，就可以看到這個部分。

當老人意識擁有女性伴侶時，這將是黑暗陰鬱的女性形象。沙多魯努斯原本是獨身者，

但後來卻和女神魯阿（Lua）一起接受祭拜。希爾曼認為魯阿這個字是疫病（lues）的字源，代表著老人意識的女性伴侶將黑暗和疾病帶到這個世界。這表示著老人智慧背後的陰鬱情緒。這種黑暗面加上前面所說的放任，代表著將一切強拉入土的意思，老人的同伴讓人想起恐怖的山姥。

這個故事中描寫老人和美女住在一起，因此也有老人和少女共存的情形。有關這一點將在下一節說明，這正是老人智慧的弱點以及痛腳。態度頑固冷酷不變的老人，其實也有容易受傷敏感的一面，這一面被觸碰的老人，有時會盛怒，有時候則會不經意露出軟弱的一面。但透過這個介入，可以讓看似不變的老之意識達到期待的變化。現在就從這種觀點出發，看下一節中的老人和少女。

3 父女結合

「火男的故事」中描寫美女和白鬍老翁住在一起，這種老人和少女的結合也可以在其他民間故事和神話中看到。「浦島太郎」描寫乙姬和類似父親存在的龍神，與其類似的日本神話「海幸和山幸」中也描寫豐玉姬的父親海神出現。《日本書紀》中描寫豐玉姬在看到彥火火出見尊時，「驚訝地回頭進去向父母稟報……」，文中提到父親和母親的部分，而《古事記》和《日本書紀》的另外一段提到「進去稟報」時，卻只提到父親（海神）而沒有提到母親，這表示父女關係在此的重要性，母親在這個故事中不具重要性。「海幸和山幸」中父親很簡單就答應女兒的婚事，但是女兒最後還是回到海底國度，可以說父女之間的結合力非常強大。

如果談到父女關係，就會想起代表老人意識的希臘神明克羅諾斯和愛芙羅黛蒂（Aphrodite）。依照希臘詩人希斯亞德（Hesiod）的說法，克羅諾斯將父親烏拉諾斯（Uranus）的陰莖切斷，使精液流到海裡，因而生出愛芙羅黛蒂。克羅諾斯用父親的精液生出愛芙羅黛蒂的情節，這其中的血緣關係雖然很難確認，但是從心理上來說，愛芙羅黛蒂是克羅諾斯的女兒。豐玉姬是海神的女兒，而愛芙羅黛蒂也是從海中誕生。希爾曼對克羅諾斯和愛芙羅黛蒂的故事做出如下的解釋，老人意識使性的想像世界擴大，這些性的想像會因為老人意識的壓抑力量而被切斷，流向無意識的世界，但是並不會就此停滯在那裡，而是以「父親的女兒」這種形式再度出現。所以天神烏拉諾斯和大海的結合物，代表綜合天神的性和大海之深邃的幻想，最後回歸到老人意識之中。克羅諾斯和愛芙羅黛蒂代表著父女結合的一個典型例子。身為父親女兒的美女，代表著不變的冷酷意識背後存在的柔軟性。

父女結合的心理意義如下，就像前面所討論的，父子、母女的結合代表著人類意識的兩種極端，前者代表男性意識的確立，後者可以說並不能稱為「意識」，而是一種與自然接近的存在狀態。在這兩個極端之間，如同表九所示，母子、父女結合正好存在於這兩個極端的中間，可以說是一種具有補償性的存在。榮格認為歐洲基督教文化的意識主要在強調父子軸，所以為了補償而出現母子軸[9]。所謂的補償機能，不只是一個完全相反的存在而已，其中多半具有某些共同點，再配上其中互相相反的部分。對於父子關係來說，母女關係正好是完全相反的存在，反而不能有補償的機能，而母子結合的關係中，所謂

父＝子
母＝子
父＝女
母＝女

表九　親子結合

兒子這名男性有發展的可能性——確立男性意識的可能性——這是兩者的共通之處，再加上背後的母性做為支撐，正好構成一個補償機能，也可以用這個方法解釋母女結合的關係。父子關係對於母性存在起不了補償的功用，但是父女關係中的女兒可以和其有共通點，而背後父性的嚴苛面正好可以起作用，形成補償性質。如果以歐洲的父性意識為尊的思考方式，那表九中由左到右正好代表著意識的發展過程。但是當我們依照前面所討論的觀點，從父性意識的發展觀念中解放之後，會發現每個存在都各自有其代表的意義。現在依照這種觀點，探討一個代表父女結合的民間故事。

日本民間故事「阿銀小銀」（大成二〇七）是一個描寫繼母和女兒的故事，但是就像第七章所說，其中並沒有出現結婚的情節，這是一個強調父女關係的故事。這一類故事很多而且很有意思，但是現在省略不提，在此只把焦點放在父女問題上。故事描述有一對姊妹叫做阿月和阿星，姊姊是繼女而妹妹是親生的女兒。繼母三番兩次試圖殺掉姊姊，但都因為妹妹的搭救而沒有得逞，兩人最後離家出走，受到領主的救助，住在領主的家裡。有一天有一個瞎眼的老公公來到她們面前乞食，唸著這樣的歌：

願意改變天和地　只要阿月阿星幸福
如果有阿月阿星　乞食也行

鏘鏘……

姊妹由此知道這就是她們的父親，所以雙雙抱住老父，阿月的眼淚掉入父親左邊的眼睛，阿星的眼淚掉入父親右邊的眼睛，父親的雙眼因而重見光明。領主為此非常感動，讓他們三個人從此快樂地住在領主家裡。這個故事令人印象深刻的是，如同第七章所指出，故事透過繼母的負面母性形象，讓女兒離開家獨立，最後以父女結合做為結束。當負面母性過於強烈的時候，會由父親表達出補償作用的**母性之愛**，祝禱著女兒的幸福。這裡有著類似母女結合的心性，但卻沒有發生結婚的情節。這和西方故事中父親因為喜歡女兒，而對求婚者提出種種刁難，求婚者最後解除難關娶到女兒的模式比較之下，會發現其中有截然不同的差異。這個民間故事是代表日本父女結合力量的一個例子。

我們認為亞洲的民間故事中經常出現父女結合以補償母女關係，然而事實也真的是如此。下面這個故事就是表現出這一點的一個非常有意思的故事。這是巴基斯坦名為「誰扶養你們？」（Who is the Provider?）[10]的民間故事。

國王有七個公主。七個公主都長得美麗動人，尤其第七位公主不但格外美麗，而且廚藝冠蓋全國。國王每天早上都會問女兒們：「你們的食物是誰給的啊？」六個公主都會說：「是國王。」但最小的女兒總是默不出聲。有一天國王強迫最小的女兒一定要回答，她回答：「是神。」國王大怒，把女兒放逐到叢林裡。女兒遇到一位笛子吹得很好的年輕人，讓他成為隨從，一起踏上旅程，尋找好房子住。年輕人在旅途中發現河川中有美麗的紅寶石，認為上游可能有什麼東西，所以溯河而上。河的上游有一座宮殿，裡面有一個美女的頭和一個沒有頭的身體。頭裡面滴出來的血流到河裡就成為紅寶石。年輕人見狀嚇得逃出去時，踢到一塊木板。正好讓木板上美女的頭和身體接在一起，這個女性開口對年輕人說她是妖精公主，名叫紅妖精，因為拒絕這個宮殿主人魔神的求婚，結果被囚禁於此。魔神每天早上出去的時候，會把她放在木板上切斷頭，當他回來之後再把她的頭接回去。她知道魔神的靈魂藏在鸚鵡裡面，所以藉由年輕人的幫助殺了鸚鵡，把魔神趕走，之後兩人一起去找公主，紅妖精和公主變成情同姊妹的好友。紅妖精因為要出遠門，所以為公主建宮殿，邀請許多客人。公主的父親也是座上客之一，當他吃到女兒做的菜時，想起不在身邊的小女兒而感到難過。國王對紅妖精說起失去小女兒的原委，希望起碼能在死前見上一面。這時公主出現說：「這一切不都是神的賜與嗎？你連女兒都找不到，而我卻得到這樣的宮殿和寶物。」父親打從心裡面表示同意，父女從此過著幸福快樂的生活。

這個故事中沒有出現公主結婚的情節，而是以父女幸福快樂地一起生活做為喜劇結束，這和日本的「阿銀小銀」是一樣的模式。巴基斯坦的故事中只提到父親和七個女兒，沒有提到母親的存在，這就像豐玉姬和父親的故事一樣，表示出父女結合的強度以及母性的缺乏，也可以說不提母性這個部分。國王的七個女兒當中，有六個安於父女結合的安定性而沒有提出任何疑問，但是第七個女兒不同。雖然很可惜不能從故事中確認她所謂的「神」，但是故事整體給人一種男性神的印象。她不是從個人程度的血緣關係去看父女結合，而是從天父和女兒的角度去看，因此在結局的時候，會以這種意味的話來解釋父女結合的重要性。

因為父親震怒而離家的女兒，雖然遇到有魅力的年輕人，但沒有和他結婚。這就像典型的父親的女兒——希臘的雅典娜女神保持單身一樣，具有強烈父女結合的女性，只能讓同年齡的男性當她的隨從（在現實世界中，這類女性的伴侶通常名為丈夫、實為隨從）。這位年輕人是吹笛的好手，越南民間故事「醜船伕」[11]是一個描寫強烈父女結合的故事，其中也出現吹笛好手。皇帝的女兒因為吹笛者的笛音而墜入情網，但因為父親的反對，只能以苦戀作終。日本的「吹笛女婿」（大成一一九）描寫年輕吹笛人的結婚故事，雖然和父女結合沒有關係，但是這些吹笛者的出現值得我們矚目。笛音穿越城池，突破父親嚴密的保衛，傳到女兒的心中，就是這種滲透力引發出這些故事吧。不過在巴基斯坦的故事中，他沒有成為公主的戀人，而是成為她的隨從。

被魔神抓住的年輕妖精，可以說是主角公主的分身，表現出另一種型態的父女結合。這就像前面所提到的，是一個典型囚禁少女的故事，故事直到年輕人解救她為止，都和西方的故事模式一樣，但是結局卻完全不一樣。這個故事表現出打破父女結合，也可以說父女結合對父子、母子結合起了一種相輔的作用。這個故事可以說透過國王和公主、魔神和妖精、天父和公主這些不同型態的父女結合，表現出父女結合的淨化過程。這點對於理解東方父女結合之重要性來說，非常有意義。這裡所謂的神雖然稱為天父，但並不是西方父子軸上的天父，我們必須要了解，這裡指的是對於這位故事主角女兒來說存在於其背後的父親。

這時父親形象代表的意義，並不是前面所說那種單純補償負面母性的存在，而是具有保護女兒以及超越其上的意義。就像魔神和紅妖精的關係一樣，有時父親的保護會剝奪女兒的自由，而更高層次的父性會破除這個部分，賦予女兒獨立生存的力量。在背後擁有這種更高層次父性的女兒才有可能得到幸福。在明瞭父女結合的意義之後，現在來看看日本民間故事「龍宮童子」中水底國度的人際關係。

4 水底的三位元結構

柳田國男認為日本人心目中的「永遠的母親的國度」中住了白鬍老翁、美女、醜童這三個人。如同石田英一郎在論述中提到的（請參照原文書第一五一頁），要把握理解「永遠的母親的國度」的結構，除了將焦點放在母子結合之外，還要在這兩者之間加入老人，形成三對角（Triad），以這個角度去觀察才適當。的確，如果以日本人的心理來說，要如同第五章所說，把焦點放在母子結合上面才妥當。但是要以此為基礎，加上與其對立、具有補償機能的父女結合關係，三者結合而成的結構，也就是前面所說的三對角，真讓人感嘆這是如此巧妙的結構。如果從血緣關係來看這個「祖父－母－兒子」的關係，是女性夾在兩位男性之間的三對角關係。這會讓人聯想起「父－母－兒子（女兒）」的關係，但是這種關係並不會形成「自然」的三對角，由此可見三對角的特色所在。也就是說，父、母、子的關係中，因為父母之間沒有血緣關係，所以不像「祖父－母－兒子」的關係那麼「自然」。有關三對角的特色可以從第二節和第三節的討論中得到解釋，現在要透過三對角和其他文化的比較，做更進一步的確認。

只要提到三對角，任誰都會立即想起基督教的三位一體（Trinity）吧。父、子、聖靈三位

273

274

一體的唯一神觀念是基督教教義中非常重要的部分。但是這三對角為什麼會成為一**體**，對於我們這些非基督教徒來說是非常難以理解的。本節之所以用「水底的三位元結構」為名，而不是用三位一體，就是因為沒有把握將日本水底國度的神視為三位一體。榮格認為從**心理角度**去理解基督教的三位一體是非常重要的課題，說他窮畢生之力試圖解答這個部分也不為過[12]。這裡之所以專注於**心理**上面，是因為沒有從神學或哲學的角度去考察三位一體，而是把焦點放在人的心所能體驗到的部分。接下來將介紹榮格想法中和我們現在討論的問題有關聯的部分。

榮格指出「三對角的型態屬於宗教史中出現的原型其中一種」，三對角在基督教出現之前就占有重要的地位，可以在古代宗教和神話中找到。巴比倫文化的前期，就有阿努（Anu）、恩利亞（Enlil）、伊亞（Ea）三位神形成三對角。阿努是天空之神，恩利亞又稱為貝魯（Bel），是風之神，也是阿努的兒子[13]。伊亞是水神．深淵之神，也是智慧之神。榮格還舉出巴比倫文化後期的三對角，蘇恩（Sin）、沙曼許（Shamash）、阿達多（Adad），其分別為月亮、太陽和風之神，這正好和日本神話中的三貴子，也就是天照大神、月讀尊、素盞嗚尊這三位代表太陽、月亮和風之神互相對應，這是非常有趣的一點。

榮格指出巴比倫文化在哈拇拉比王權建立之後，將三對角的型態和人類的王者結合，賦予王權強大的力量。也就是將三神崇拜改變為對阿努和馬魯多格（Marduk，伊亞的兒子，驅退怪物的英雄神）的二神崇拜，而哈拇拉比王則以這兩位神的「傳諭者」身分統治王國。這裡暗示

275

著「阿努－馬魯多格－哈拇拉比」的三對角關係，藉著將人類的國王和神的世界結合而鞏固王權。

類似的想法在埃及也可以見到。埃及主張「神－法老王－卡阿（Ka）」的三位一體性，卡阿被認為是天神父親和國王兒子結合的存在。卡阿是一個人的靈體，對於人來說是一種類似雙胞胎的存在，終其人類一生伴隨左右、維持生命，是為了人死後的來生做準備而存在。榮格認為卡阿和基督教的三位一體中聖靈是父子結合的存在非常類似。榮格指出當基督教傳入埃及時，埃及人就是用卡阿的概念去理解聖靈的觀念。

276

投射女性的形象在這種擔任仲介者角色的聖靈上面，是一件很自然的事情，基督教初期的諾斯底教派有時用「母親」去解釋聖靈。的確，「父－母－子」是一個很自然的三對角。巴比倫文化後期的三對角中，「蘇恩－沙曼許－阿達多」變成「蘇恩－沙曼許－尹結沙塔魯（Ishtar）」，將第三位神變成名叫伊絮塔魯的女神。伊絮塔魯是巴比倫神話中極為重要的大女神。石田英一郎在討論母子神的時候，談到伊絮塔魯（在腓尼基稱之為阿絮塔蒂Ashtarte）。不過榮格針對這個部分並沒有提出詳細的探討，這三位神的血緣關係眾說紛紜，很難有一個明確的答案，但是三對角中包含一位女神的配置，正好和日本民間故事中水底國度的三對角互相對應，這就是現在想要探討的重點。

如果注意基督教的三位一體，會發現這個三對角把很自然會考慮到的母親排除掉，構成

277

「父－子－聖靈」的關係。「父－母－子」是自然的三對角，但是這樣的三對角很難形成一**體**的唯一神形象。利用「父－子」的同質性男性加上聖靈，透過將自然排除在外，形成一體化的唯一神，這是非多神教的一神教基督教之特徵。三位一體神的形象當中不能有對立存在，要透過同質性的調和存在得到一體化。這時聖靈屬於一種「氣」，並不是透過母親的肉體所誕生，父親和兒子是透過氣、靈、聖靈得以結合。

如同後面所述，榮格認為要補償這種**男性的**三位一體形象，需要有女性的存在，與其說三位一體，不如說四位一體的形象才能表達他所說的全體性。但是在此之前，不能忽略要評價這個將自然排除在外、透過人類的反省力（其中也含有無意識的部分）創造出男性神形象的歐洲文化。把父子結合在一起的聖靈具有生產力和生命力，而聖靈的特徵之一在於排除母性。在男性原則中，父子關係是透過聖靈才得以上升一階，高於母女關係。如果用這種觀點去解釋基督教文化的精神，就可以接著用三位一體去看人類**發展史**，榮格對此有以下有趣的說法。

從字面上來看，父親是第一人，也是創造者。如果沒有意識到有兒子的存在時，就不會有反省，而將其視為唯一的存在。這時沒有批判和倫理的糾葛，父權完全不會受到傷害。這時相對於父親的其他人，幾乎沒有分裂（splitting）的意識。榮格以他調查的非洲東部的埃爾貢山（Mount Elgon）住民生活方式做為這種「父親文化」的典型。埃爾貢山的人認為他們的創造主是一位創造善和至美的神，他們過著非常樂觀的生活。但是到了晚上則為之一變，出現「另外一個世界—黑暗的世界」。樂觀的人生觀變成恐怖的人生觀，成為一個邪惡跳樑的世界。黑夜過去後，就會再度回到善與美的世界，夜世界的那些糾葛完全一掃而空，這可以說是最原始的父親文化。

接著來到的是兒子的世界。當首次意識到因分裂而產生的黑暗世界時，這個時代隨之展開。父親不是絕對，原來還有對立於父親的存在，這時會對父親產生疑惑。這是一個充滿糾葛的世界。雖然一方面還有對過去父親時代的憧憬和被救贖的希望，但是因為人類的意識是不可逆轉的，所以不可能回到過去的時代。

279

在第三個聖靈階段，父和子之間出現共通的第三者，使得兒子心中產生的疑惑和矛盾劃上終止符，聖靈是統合這三者而回復為一體的要素。在最初的父親唯一時代，到加上兒子的二位元時代，透過聖靈的出現將這些合為一體、達到頂端。如果用這三階段去類比人類的發展過程，可以說第一階段是無意識的依賴狀態，從第一階段進入到第二階段時，幼兒必須犧牲自己的依賴性，而第二階段到第三階段時，則需要放棄帶有排他性的自立性。

榮格的這種說法對於理解西方的自我確立過程以及基督教的精神史來說，非常具有意義。但正如同前面重述多次的一樣，我們不能就這麼接受西方這種自認唯一和優秀的自我觀念，用來解釋所有**人類發展**的觀念。當然，理解這種想法為西方人提供強大支撐力這一點是很重要的。讓我們把這種針對基督教三位一體的**心理學**研究暫且放在心裡，現在要探討日本的水底三

280

對角的意義。

「祖父－母－子」的三對角，並不能成為一體。因為這中間混有所謂男女的異質性成份。但是如果從血脈相傳的同質觀念來看，可以說這之間具有某種程度的一體性。因此應該可以用榮格的方式去解釋這三對角所代表的「發展」過程。首先，所謂母親的階段可以和前面的父親階段匹敵。兩者在唯一絕對的部分雖然極為類似，但是父親階段是透過「法」為守護力量，維持住分裂機制下產生絕對善的部分，但是母親階段則是沒有區分善惡的混沌狀態，將全體視為一體。兩者因此而有極大的差異。但這是一種樂觀的概念，在一體感之中得到肯定。

當母親階段變化為兒子階段時，和父親階段變化為兒子階段有一些類似點。這時產生母子間的對立，也可以說子對於母親產生疑惑。但是不同於父子間對立的那種鋒利感，母子間的對立因為母親的包容力，讓母親得以在曖昧的全體性當中得到勝利。其中包容了對立、疑惑、矛盾等，維持一種微妙的平衡，因此不需要父子關係中的聖靈做為仲介者。母子的兩角關係（Dyad）要比父子關係安定，不需要第三者（也可以是說是一種介入）的仲介。這也說明了為什麼很多神社都是祭拜母子神這種組合的原因。

前面已經說過很多次，母子關係軸對於理解日本人的心理非常重要。但是如果加上祖父形成三對角之後，才能確實地解釋人類的「發展」過程。母子關係的安定性的確很高，但是當兒子的男性性過於強烈時，這種安定性反而會給人一種柵欄的感覺。這時兩角關係會形成改變，但是因為沒有辦法成為三對角關係，所以會全面否定母性，象徵性地殺掉母親。西方的自我就是透過這個過程建立，但是另外還有一個不這麼戲劇化的解決方法，那就是加入一位可以補償母性強烈性的男性，也就是祖父，這麼做不會破壞母子關係軸，又可以在背後支撐住原本關係中微弱的男性部分。

「祖父－母－子」的三對角包含了三種兩角關係，老人與少年、父與女、母與子。將這三種關係的意義加起來，就能體會到至今為止所談的部分。從這些觀點去看西方人的自我和日本人的自我，會發現西方的男性英雄形象所代表的自我，是由天上三位一體的唯一神所支撐，而日本人的自我則是由水底的三對角所支撐。但因為這個三對角並不是一體，所以日本人的自我有時候顯示出老人意識，有時候是女性意識，有時候則是少年意識，可以說呈現出這三種意識的混合狀態。這裡提到的女性意識將在下一章討論，在此之前先針對三位一體和四位一體的問題稍微做一些論述。

282

5 第四位元

如同上一節所述，榮格研究基督教三位一體在心理上的意義，認為三位一體在人類精神史上具有劃時代性的角色，賦予其極高的評價。但是他從自己患者所顯示的無意識結構、世界神話、宗教等推論認為，四位一體才能真正適當地表現出心靈全體性。他認為人類的心靈全體性是投射在人類所擁有的神的形象（不是神本身）上，因此他用具有整體性的四位一體觀點去研究基督教神話。就像上一節所說，在「父－子－聖靈」中加入第四位元而形成完整的全體性。榮格是以心理學家的身分，闡述人類心中產生神的形象之特性，但是卻被誤解為反對基督教三位一體教義，導致榮格和神學者之間產生嚴重的論戰——雖然稱之為論戰，但兩者之間有根本上的不同。我們對於他的學說是否為異端並沒有興趣，但是因為之前已經用榮格的「第四位元」觀念討論日本的三對角，所以非提出這個部分不可。現在就簡單介紹榮格的學說。

榮格提出四位一體的觀念，是基於人類一定會在自己心裡感受到邪惡存在。如果天父是一個絕對善的存在，那該怎麼解釋神創造出來的世界會有邪惡存在呢？對於這個部分，那些重視理論整合的教會哲學家們並不承認有惡的存在，他們用「缺乏善」（privatio boni）來形容惡，但是對於以心理經驗為基礎而建立理論的榮格來說，他沒有辦法贊同這種說法。他認為正因為惡這種對立物的存在，善才有可能存在。他引用聖經外典的神話故事和諾斯底教義，認為相對於天父之子和天父的光明面之外，在兒子和父親黑暗面之間還有惡魔的存在，惡魔也是神的兒子。但是善和惡的對立因為聖靈而得到調和，如同圖八所示。

神和惡魔是完全分離的，在三位一體的絕對善神和敵對的惡魔戰鬥時，人不可能只服從於神之下。如果從人類心理的現實面來看，我們雖然試著拒絕邪惡，但是不得不承認有時會服從其下。與其說人類追求絕對的善，不如說必須擁有能在善惡對立中站住腳的強勁耐力，這時就能體會到超越人類意識判斷的四位一體之神這樣的概念救了我們。男性原則支配著「父－子－聖靈」這一面，而「父－惡魔－聖靈」這一面則被較其更高的女性原則所支配。四位一體的神可說是藉由父性和

284

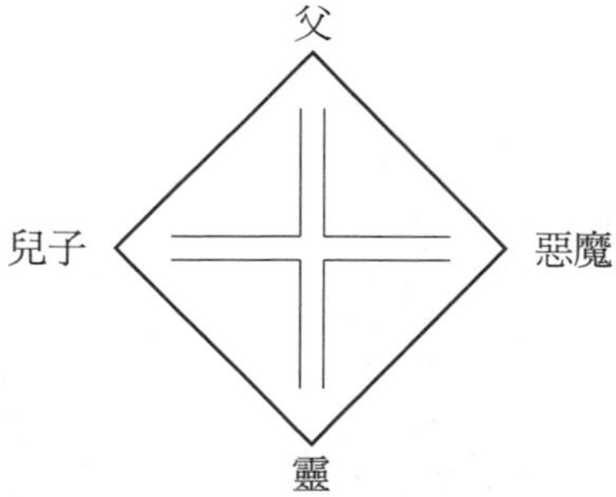

圖八　榮格的四位一體

母性、男性和女性的結合而成立的。這裡的「結合」帶有很高的象徵意味，當聖靈促進這種結合時，有時會同時具有兩性的形象。有時惡魔和女性的形象會重疊，因此，對於基督教的三位一體神觀念來說，男性和女性的結合具有很大的意義。

285

如果將這一點和西方民間故事經常出現結婚情節的這個部分連在一起，以圖像來表示的話，就會有如下的關係：地上人類的自我是以男性形象做為代表，這是因為人類的自我是受到天上三位一體的這位男性神所支配。這位人類的男性要去地底世界和那裡的女性結婚，藉此得到補償天上三位一體之第四位元的女性。為了補償基督教中具有強烈大公男性原則的男性神，所以民間故事中需要常常出現結婚的情節。

討論了西方的第四位元之後，會回過頭對日本的第四位元產生疑問，但是事情可沒有這麼簡單。對西方來說，因為唯一的天神高高在上，所以一切的事物都可以清楚地用二分法判斷。像剛剛所描述的，在思考補償性之前已經勾勒出一個很明確的結構。但是對於日本來說，因為母性神的力量強大，而其特徵就是針對事物不做出明確的判斷，因此很難說這個體系之中什麼是正統、什麼是公。所以很難將西方的圖示法原封不動地在此使用，但是如果順著西方這種解析思路的話，可以說在日本民間故事的水底三對角關係中，那位被找來的年輕男性，在某種程度上具有第四位元的機能。西方中相對於天上的三位一體神，是地底的女性以第四位元身分上升的模式來呈現，而對於日本來說，相對於水底的三對角，是由地上的男性以第四位元身分

286

下降為模式，兩者間的對比之處很有意思。西方故事透過結婚的情節讓三位一體變化為四位一體，但是在日本，那位好不容易造訪水底的男性雖然和美女見面卻沒有結婚，他最後還是回到地上。我們要怎麼解釋這個部分呢？

第一章的「黃鶯之居」中已經看過這種和美女相遇，最後以「空無」做為結束的故事。「黃鶯之居」因為具有日本民間故事的特徵，所以被選在第一章來介紹，但那篇所談論的「空無」這個主題，說它一直存在於本書之中也不為過。相對於基督教的唯一絕對神，可以說日本存在著絕對空無的神。西方人的自我是由唯一絕對神所支撐，以男性形象表達，而日本的自我則是以「空無」做為代表，也可以說是一種沒有自我的狀態。西方人常常認為日本人（東方人）沒有自我，可能就是從這一點而來的吧。

在天上支撐著日本人的「空無自我」的不是唯一神，而是日本神話中的「中空性」，這一點在別處已經有所論述[14]，在此不再贅述，不過在日本神話中重要的三對角「天照神－月讀尊－素盞嗚尊」中占著中心位置的素盞嗚尊，就是象徵著完全無為的神，因此這是一個以「空無」為中心的結構。絕對空無就像是西方中被人格化的唯一神一樣，並不需要什麼「補償」作用，因此所謂的結合觀念在此並沒有意義。這種「空無」本身就是一種完整的結合。榮格用幾何學解釋全體性時，曾經舉出正方形和圓形，而「空無」正如第一章所指出的，可以用圓形做為象徵，這裡並沒有三位或者四位的問題。「空無」之中不需要再加入什麼東西，但如果真要考慮其中有什麼需要的話，也許就是「結構化」吧。空無當然排斥結構，膽敢在空無之中加上結構，可以說和在善神上面加上邪惡堪稱類比吧[15]。

以我們這個故事來說，地上的「空無」或是「空無自我」的底部，其實存在著不可思議的三對角。這是老人、年輕女子、小男孩所構成的一種「結構」。透過本章的論述，可以發現這種結構和地上的存在有著某種關係。如果把焦點放在其中的年輕女性上，會發現她經歷無數次的失敗，忍耐著一切，就是想和地上的世界建立關係。也可以說這種三對角在空無自我的世界中，努力試著建立老人意識和女性意識，這也可以算是一種補償作用吧。這種行為試著在無的世界中建立「結構化」的意識，是一種完全相反於空無的存在。這就像在基督教精神史當中，透過女性原則的產生讓兩個相反的部分統合，形成四位一體的象徵，其中神祕地結合象徵著極大的意義；在日本則是試著將水底的三對角和地上的空無世界結合。榮格的四位一體說，可以說找到了西方和東方中共同類似的部分，這種想法讓東方和西方之間的距離可以縮短。有關這點將在下一章做討論，現在要針對以上的討論，再敘上一筆。

288

榮格的四位一體說受到基督教神學家們的強烈攻擊。他說過：「如果是在從前，大概要被燒死了吧。」由此可見戰況之慘烈。榮格的弟子中有人試著發表一些緩和論戰的解釋[16]，而我則有如下的看法。三位一體的神在神學上是完全的神，和具有邪惡部分的人類之間具有完全的隔絕性。這種神的形象裡面完全沒有邪惡的存在，但是對於我們這些經常接觸人類的脆弱和邪

289

惡面的心理治療師來說，會因為這種神的形象太過完美而無法承受。**事實上**，對於和各種人接觸的我們來說，有時必須先肯定人類中邪惡的一面，才有可能真正展開治療。肯定其存在性並不代表接受它。總是試著從善惡的長期糾葛中，尋找出一條統合的道路。因此榮格心中擁有的神的形象，其中必須含有邪惡的部分。如果用比喻來說，這些神學家們口中的神，是因為他們生來具有的宗教性讓他們已經到了天國，所以描繪出天國裡神的型態，而榮格描寫的神是描述出他在地獄裡看到的神的形象。神學家口中的神，毫無疑問是絕對完美的神，只是這種形象對於身處地獄中的人們並沒有效用。

日本民間故事和素材中談到的空無和水底世界，也有類似的概念。絕對空無因為自身已經達到完結，所以不需要任何其他的東西，因此只要能夠去除掉「自我」，其他那些意識化都被認為是不必要的。但是我認為「意識化」具有重要性，也就是說必須在意識與「空無」的關係中，試著找出全新的象徵。如果將理論上的整合性和完全性拿來做為問題討論時，會發現老人意識和下一章的女性意識等議題以及絕對空無在相較之下，根本就不算是什麼問題。但是如果看到現實的日本和西方近代文明接觸、受到西方文明恩惠的部分，就會覺得有必要思考這個部分。

在「龍宮童子」故事中，身為主人翁的男性送禮物給水底世界，因而被招待去玩，對於他自己來說，是否因為感到這個世界的不足，而希望從水底世界中帶些什麼東西回來。故事的結局描述這個世界還是只有「空無」留下來，和水底世界的交易並沒有得到任何新的可能。這當然可以用第一章的肯定態度去接受「空無」，但是這其中的優劣並不是可以簡單評斷的。這類民間故事中出現的水底三對角關係，是對地上「空無」世界的一種補償結構化的作用，這兩個世界的結合可以說具有不同於西方世界的結合層次。以民間故事中內化了人類共通普遍的無意識要素這個論點來看，這中間包含了人類精神史中的過去、現在和未來。有關這種代表著結合現在和未來意義的部分，將在最後一章裡面，以達成這種全新結合的女性形象為例探討。這個形象超越了本書從前面到現在為止一直出現的「悲歎」女性形象。

註釋

1 原註：柳田國男〈海神少童〉（「海神少童」）《定本 第八卷》（『定本 第八巻』）。

2 原註：石田英一郎《桃太郎之母》（『桃太郎の母』）講談社，一九六六年。

3 原註：柳田國男〈海神宮考〉（「海神宮考」）《定本第一卷》（『定本第一巻』）。

4 原註：契斯妥夫（K. V. Chistov）〈為什麼俄羅斯的讀者可以理解日本的民間故事〉（「日本の民話をロシアの　者が理解できるのはなぜだろうか」）小澤俊夫編《日本人與民間故事》（『日本人と民話』）Gyosei，一九七六年。

5 原註：魯道夫・申達〈日本的民間故事中日本式的東西是什麼〉（「日本の昔話のなかで日本的なものはなにか」）小澤俊夫編《日本人與民間故事》（『日本人と民話』）。

6 原註：J.Hillman, “On Senex Consciousness”, Spring 1970, Spring Publications.

7 原註：J.Hillman, “The Great Mother, her Son, her Hero, and the Puer”, in *Fathers & Mothers*, Spring Publications, 1973.

8 原註：大室幹雄《圍棋的民間故事學》（『囲碁の民話学』）Serika書房，一九七七年。

9 原註：C.G. Jung, “Psychology and Alchemy”, in *The Collected Works of C.G. Jung, vol. 12*, Pantheon Books, 1953. 292

10 原註：“Folk Tales from Asia for Children Everywhere”, *Book Three*, Sponsored by The Asian Cultural Center for Unesco, Federal Publications, 1977.

11 原註：新加坡日本人學校《祭典與民間故事》（『祭りと民話』），一九七七年。本書是由新加坡日本人學校的老師們合力編纂。本書收錄的十五個故事中，「醜船伕」、「成為椰子樹的女神」、「戀愛的美女」這三個故事都描寫了強烈的父女結合，令人印象深刻。

12 原註：C.G. Jung, “A Psychological Approach to the Dogma of the Trinity”, in *Psychology and Religion: West and East, The Collected Works of C. G. Jung, vol. 11*, Pantheon Books, 1958. 本章之後出現的榮格理論皆出於本書。這篇論文的概要在湯淺泰雄《榮格與基督教》（『ユングとキリスト教』）中有詳細的介紹，人文書院，一九七八年。

13 原註：巴比倫神祇的血緣關係眾說紛紜，但一般認為恩利亞是阿努的兒子。榮格認為恩利亞是阿努的兒子的這個部分可能有誤。我在此所參考的是S. H. Hooke, “Middle Eastern Mythology”, Penguin Books, 1963. 以及S. Kramer ed., “Mythologies of the Ancient World”, Anchor Books, 1961.等。 293

14 原註：河合隼雄〈《古事記》神話之中空結構〉（「『古事記』神話における中空構造」）《文學》（『文学』）第四十八卷第四號，一九八〇年。

15 原註：「空無的結構化」具有為混沌加上眼鼻一樣的危險性。

16 原註：比如說，E. F. Edinger, “Trinity and Quaternity”, *The Journal of Analytical Psychology, vol. 9*, pp. 103-115中Edinger在表達心的全體性時，四位一體代表著結構性、靜謐、永遠持續的一面，而三位一體代表著動力、發展的一面。

| 第九章 |

有自我意志的女性

本書第一章透過比較東、西方「禁忌的房間」，認為西方近代的自我和日本的自我存在著差異，而日本的自我應該以女性形象做為代表才適當。接著透過這種觀點去分析日本民間故事的特性，發現西方和日本在自我形象的差異背後，存在著三位一體神和絕對空無神的深刻差異。這種神的問題雖然非常重要，但如同前一章結尾所說，對於我來說，更重要的課題是自我＝意識的問題。因此本章將透過日本民間故事中一個極端的女性形象，探討日本人的意識問題。如同前一章所說，以我的臨床經驗為基礎，思考日本人的現狀之後，認為這個女性形象可以說代表著未來的形象。

本章要介紹的女性是在民間故事「燒炭富翁」中登場的女性。附篇的故事是在鹿兒島縣大島郡所收集到的。這個故事在《日本民間故事大成》中被列入「產神問答」類，而不是「燒炭富翁」類，有關這一點將在後面說明。總而言之，我想要探討的本質和這種分類上的差異無關。「燒炭富翁」的特色之一在於廣泛分布於全日本，而且經常以傳說故事的形式出現。柳田國男也注意到這個故事的重要性，發表過「燒炭小五郎之事」的論文[1]。這是一篇包含許多真知灼見的著名論述，後面將會介紹其中一些和本文有關的論點，現在首先來看看附篇所列的這個故事。

1 燒炭富翁

燒炭富翁的故事在《日本民間故事大成》中被分類在「命運與致富」談這一類當中，其中包括一四九A「燒炭富翁」（初婚型）、一四九B「燒炭富翁」（再婚型）、一五一A－1「產神問答」。這些故事的核心都是描述一名女性（通常地位較高）不請自來地嫁給一個貧窮的燒炭男子。故事都是描述兩人結婚之後成為富翁，但是這段婚姻對於女性來說是首次結婚的就稱為初婚型，是再婚的就是再婚型，故事中如果加上主人翁出生之際的命運說，那就成為產神問答型。故事會因為加上後面這個部分而產生各種高潮起伏。在初婚型的故事中，也會出現這種情節，「鴻池家的女兒曾經嫁十三次，但是十三個女婿都事前就跑掉了」（德島縣美馬郡）、「下關的富翁的女兒談過四十九個親家，但是每次都沒緣份」（島根縣邑智郡），因此故事雖然被分在「初婚型」當中，但嚴格上來說並不算是初婚。

我們現在舉的「燒炭富翁」故事中，在一開始描寫兩位富翁都有孩子要出生，但是西家的富翁事先知道孩子們的命運。東家富翁的女兒將有「一升鹽」的富貴，而西家的兒子則是「一根竹」的命。賦予孩子們命運的是**尼拉**（龍宮）神，這讓我們覺得這位女主角是否和前面所描述的水底世界有某種關聯，令人感覺饒富意味。總之，知道自己孩子命運不好的西家富翁，為了試圖補救而想了一個辦法，他和東家富翁約好讓自己的孩子和東家富貴命的女兒結婚。父母在知道自己孩子命運不好之後，試圖補救是理所當然的事情。但是命運的力量通常都會勝過人類的智慧。

本章最關心的是女主角再婚的部分，這在後面會詳細討論，現在先稍微提一下和本章主題也有關係的「小孩子的命運」這個部分。人類的命運在誕生的時候就已經註定好的這種想法，不論在東、西方都，這可以從許多神話和民間故事中看到。現在來看一看《日本民間故事大成》中一五一B「產神問答」（馬蠅與斧頭型）的故事。有一個父親知道自己剛生下來的兒子的命運是「十五、六歲時，會被馬蠅刺死」。他認為兒子如果當農夫的話，被馬蠅刺到的機會很多，所以他要兒子去當桶店的弟子。當這個兒子到了十四、五歲的時候，有一天在工作時出現一隻馬蠅，他隨手想用拴子（桶店的工具）去打馬蠅，沒想到一不小心把自己的耳朵削下來，因此而死。類似的故事非常多，令人印象深刻的是，父親為了避開馬蠅而把兒子送去桶店的好意，最後卻反而害死兒子。有名的希臘神話歐伊底帕斯（伊底帕斯）中，歐伊底帕斯想要避開命運而做的努力，反而讓他最後走上命運的道路。這印證路德的名言「想要試著避開命運，反而會更接近命運」[2]。

在這個故事中，西家富翁想要讓自己命運貧賤的兒子得到幸福的計策，雖然看似成功，但最後還是失敗了。西家的兒子和東家的女兒雖然依照父親的安排而結婚，短暫地住在一起，但最後還是離婚。相對於妻子拚命經營婚姻，丈夫的態度卻是非常高傲。最後妻子有所覺悟，把糧倉留給丈夫而離開。這是一個非常難得的女性形象。從一根竹子命的丈夫和一升鹽命的妻子 299
結婚這一點就可以知道，她能過這種生活本身就證明她是非常能「忍耐」的女性。但是當丈夫一腳把麥飯踢翻時，她從一個忍耐的女性，變為一個有意志力的女性。她憑著自己的意志力和丈夫分手，重新創造自己的生活。這個女性形象不同於本書到現在為止的所有女性形象。

女主角從母親國度的龍宮神那裡得到一升鹽的富貴命，如果把這個事實擴大一些，和第一章開始那一系列有關女性的聯想結合在一起的話，現在這個女性是到目前為止所有女性中的頂峰，終於成就了大事業。那位好不容易出現在這個世界的女性，原先因為這個世界的男性違約，懷抱著怨恨而離去，後來以異類的形象再度來到這個世界，但還是沒有成功，後來以「忍耐的女性」的身分，終於可以留在這個世界中，但現在終於不再忍耐，決定自己開拓一個全新的新天地，我們的女主角終於完成留在這個世界的願望。現在要注意的是，這樣一位「有意志力的女性」，在一開始的時候卻被動地聽從父親的話而結婚。從被動轉為主動是一個精彩的部分。

從她主動向燒炭五郎求婚時，五郎拒絕說：「像我這樣的人如果有你這麼高貴的人當妻 300
子，是會招罪孽的。」以及她說服對方的話「這是我自己所希望的，請你能讓我當你的妻子」

中，可以看出她的積極性。在西方的民間故事中很難找到這種積極的女性。以到目前為止討論的各種觀點來看，從西方民間故事中都找不出和「燒炭富翁」類似的故事。雖然到現在為止已經看過許多女性主動求婚的故事（比如第五章等），但是這些女性並沒有經過「忍耐」的階段，而男性們也未多經思考就答應，這就是問題所在。在這個故事裡，男性有鑑於現實而指出兩人身分懸殊之處，但是兩人克服這個部分而結婚。

現在先回到前面的部分，討論女主角決心離開家的時候。從「黃鶯之居」到「鶴妻」這些故事中，女性會離開男性，都是因為自己本來的面目被發現。不論是不是因為男性違約而導致這些女性顯露出原本面目，她們都沒有生氣，只是默默隱身而去。但是「燒炭富翁」完全不是如此，她的丈夫並不知道自己的妻子有「一升鹽」的富貴命，也不知道這是一位和龍宮淵源甚深的女性。女性出走是因為女性感覺到男性不講理的個性，決心離開。看出丈夫本性的這個力量，也和她擁有選擇燒炭五郎做為自己真命丈夫的智慧有關。這時，她不是一位看破男性本質的女性，而是一個可以挖掘出男性本質的女性。擁有這種智慧做為背景，讓她可以發展出積極性。

有關她的智慧這部分，故事中描述她是因為聽到「米倉神」的對話而知道炭燒五郎的命運。米倉之神也許代表著她內心深處的智慧。賜給她「一升鹽」命運的是尼拉神，如果仔細一想，也許她和西家富翁兒子的婚姻，正是尼拉神的深思遠慮也說不定。雖然故事中並沒有說到她背後命運之神的形象，但是從前一章的討論中，讓人感到她背後浮起白鬍老翁的身影，這位女性因為老人的智慧而擁有在這個世界生存的力量。這麼一想，會讓人覺得這位女性是否為龍宮乙姬的化身。從心理學角度來說，她擁有和無意識境界之間的深厚關係。

302

第七章的最後談到這種看破男性本質的「女性智慧」。少數描寫幸福婚姻的日本民間故事中，其背後多半有這種「女性的智慧」。在「燒炭富翁」中以米倉神人格化的方式表現這種智慧；在「田螺兒子」中，則透過被田螺求婚的女性所說的「如果是這樣，那我就嫁給你吧」這句話表現；或是在「灰仔」的故事中，當大家都被灰仔的變裝所矇騙時，只有那個女兒看破他的本性。要注意的是這種因為看破本性而結婚的時候，特別是在「燒炭富翁」中，一定會出現打破懸殊身分的重要情節。「一升鹽」和「一根竹」的差異屬於內在的差異，從「身分」來說，東、西家富翁的女兒和兒子結婚，算是門當戶對。但是打破這種相配的身分，不請自來地嫁給身分完全不同的燒炭小子，這種大膽的行徑可說無人能出其右。她等於正面挑戰支撐日本社會的重要支柱——「身分制」。「燒炭富翁」（初婚型）的故事可以說特別強調這一點。比如說《日本民間故事大成》中做為「燒炭富翁」（初婚型）代表的「燒炭五郎」故事中，女主角是領主的獨生女，而燒炭五郎則「一貧如洗」。這個故事雖然描寫兩人因為神諭而結婚，但是兩人身分的差異的確非常明顯。這種不在乎身分而主動結婚的行為，可以說描繪出了一個新

303

的女性形象。

現在回到故事本身，話說兩人在結婚的第二天早晨，發現燒炭的灶裡有許多黃金。故事本身針對這一點並沒有提出解釋，這也許象徵著這段不尋常的婚姻所帶來的成果。不過其他類似的故事中，多半描寫以下的情節：當妻子給燒炭五郎一兩金子要他去買米回來的時候，他回答：「這種小石頭可以用來買米嗎？」當妻子說明這是金子之後，小五郎說這種東西在燒炭的灶裡面有一大堆呢。原來灶裡滿是黃金，但是五郎不了解這些黃金的價值。這表示女性具有看出隱藏價值的能力，她讓五郎知道這些東西潛藏的價值，扮演著教導五郎的角色。

故事在兩人成為富翁之後結束，但也有一些故事如同附篇一樣，接著描寫這位女子前夫的命運。一根竹命運的男子在離婚之後愈來愈窮，在不知情的情況下來到燒炭富翁的家。妻子因為他是前夫的關係特別厚待他，但是他並沒有發現原因。當富翁的妻子告訴他，她其實是他的前妻之後，前夫因為羞愧而自殺死了。關於前夫的命運有各式各樣的版本，非常有意思，以下稍微引用柳田國男的論述：

> 他因為見到分手的女人的樣子而羞愧難當地倒在灶旁死了，妻子因為怕後來的丈夫看到，所以命令下人把他就地埋在灶的後面。他從此成為這一家的守護神，傳說這就是灶神的由來。把死人埋在象徵清淨神聖的灶火旁邊，是一件很奇怪的事情，但是在越後奧羽這個地方，到現在還有把醜臉面具放在灶旁邊的習俗，這個習俗之所以會流傳下來，應該具有很深刻的理由。

依照柳田的卓見來看，這個民間故事的背後和前一章提出的「火男的故事」有關，因此我們不能就這麼把這名一根竹的男性棄之不談，稍微細想之後，會發現前一章出現的那些醜陋小童和他有些不可思議的重疊之處。單一的民間故事其實包含著意想不到的多層結構，其中暗藏著祕密。有關這一點將在第四節繼續討論。

現在言歸正傳，當「燒炭富翁」中的女性形象到了故事這個地方，可以說已經確定她在本書討論的女性形象中的頂點地位。第一章曾經提到日本人的自我是透過女性的形象做代表。日本人的自我並不是打退怪物之後贏得美人心的英雄，而是經過忍耐生存考驗之後，轉變為非常積極的女性，為那些不知道寶物價值的男性扮演智慧明燈，這種形象才是最適合日本人自我的形象。如同後面也會談到的，與其說這種形象代表日本人現在的自我，不如說代表著未來的自我比較妥當。下一節將要討論這種女性所代表的自我＝意識，在心理學上具有什麼樣的特性。

2 女性的意識

這裡指的並不是一種完全絕對的意義，不過現在開始要談的「女性的意識」，指的並**不是**女性特有的意識，也**不是**女性所擁有的意識。前面已經很清楚說明，這代表著不分男女所擁有的一種自我＝意識。會這麼稱呼是因為用女性形象可以表達出意識的特徵，而且可以和第一章諾伊曼所提出用男性英雄形象代表西方近代的自我＝意識，做一個明確的對比。

如同第一章所述，諾伊曼很明確地區分父權意識（patriarchal consciousness）和母權意識（matriarchal consciousness）。他的結論是，現代不論男女都需要建立父權意識，不過另外一方面，他也承認母權意識的存在，並且針對這個部分提出論文[3]。他認為現代人必須確立父權意識，但是人類在初期階段以及幼兒期都是母權意識占優勢，而現代男性在精神危機和進行創造過程中也都會出現母權意識。值得注意的是，雖然他從人類「發展」的觀點認為父權意識的層級較高，但是他也認為母權意識對於「創造過程」有影響。他將母權意識置於父權意識之下，但是在談到創造這麼重要的事情時，兩者卻產生矛盾性的價值逆轉。在精神發生危機時也保留這麼一個附加條件。事實上，我所說的女性意識雖然和諾伊曼的母權意識有許多相似之處，但兩者並不相同。現在先大略介紹諾伊曼的母權意識，接著再解釋女性的意識。

諾伊曼將母權意識和月亮連結在一起討論。如果男性意識像太陽一樣，那照亮黑夜的月亮就代表著母權意識，這不像白晝那樣明亮，而是柔和的月光。母權意識的第一個特徵就是，沒有和無意識明確地切斷關係，而是和無意識調和共鳴地共存。母權意識中有時候出現的多愁善感，是對應無意識送來的訊息以及絕妙的想法和啟發而產生的。就是因為這個緣故，所以母權意識對創造過程非常重要。

307

母權意識對於「時間」和命運也極為相關。月亮陰晴圓缺的「時間」，或者是月蝕發生的「時間」，這些時間都支配著人類。這個世界擁有其自身的節奏，擁有一種週期性，母權意識就是在調和這種節奏。自然的節奏中有晝夜的存在，而父權意識的特徵就是為黑夜帶來光明，消除晝夜的差異。當晝夜都能工作時，才能達到「工作效率」，要超越人類天生下來的節奏，發明輔助節奏加快的工具，讓人類能在短時間之內到達遠方。因為父權意識，人類以為自己可以支配世界而變得傲慢起來，但是因為發生一些意想不到的交通意外，反而破壞自己的命運。母權意識具有高親和性，不是破壞而是接受命運，在接受命運的時候，會因為命運改變反而得到幸福。了解「等待」的價值時，可以發揮其最大的威力。父權意識不善於等待，它會戰鬥並克服對方；母權意識則不會選擇戰爭，而是以等待代之。比如不論遇到什麼樣的惡劣困境，都會忍耐、等待。人類是沒有辦法和命運鬥的。諾伊曼做出以下的論述：

308

煮飯和烤麵包，這些名為做飯的的女性原始祕密儀式中，必須有花時間等待的過程，等待食物在變熱和煮熟過程中產生形和質的變化。母權意識的自我習慣等待，當時機來臨之前，一切塵埃落定之前，月圓之前……也就是等待著無意識轉變為意識。

母權意識的認知過程，也就是從受精到生產的過程中，認知到意識的本質。不論怎麼說，母權意識的特徵就在於被動。這首先發生於接受外來的侵略行為，自己並不採取主動的行為。從受精到生產的過程中，這個人的整個人格——身心——都會受到影響，而這中間所得到的部分則不需要言語形容或說明，這一切是不言自明的。對於那些有共通體驗的人來說，母權意識所擁有的認知並不需要言語的說明，但是對於那些未體驗過卻試著透過言語來理解的人而言，則會是一種不理解，甚至不具價值。母權意識就是這麼被動，諾伊曼認為其「不具備自我目標，總是採取等待的態度」。

母權意識的另一個特徵是相對主義。諾伊曼認為「這不是絕對唯一主義，而是理解變幻無常的諸力、宇宙和心靈體系的一種根本智慧」。父權意識在背後有著唯一絕對的父神，必須和對象切斷關係，透過抽象化的方法，主張事物的絕對普遍性，但是母權意識則和無意識有關，沒有和對象切斷關係，是一種依賴性、相對性的存在。

以上就是諾伊曼對於母權意識的簡單論述，雖然和我的女性意識有很高的類似性，但是也有相異之處。現在透過「燒炭富翁」中的女性形象說明。諾伊曼所說的母權意識，對於日本人來說，會感到此想法的前提在於父權意識的存在。事實上也像前面所解釋的，這的確是在父權意識的二分法思考之下，將父權和母權意識劃分為對比的存在。這當中存在著嚴格的父權意識優勢之價值觀——雖然在創造過程中有逆轉的情形。但是女性意識並不容許這種明白的劃分、對立。諾伊曼那種明確的解釋法並不適用於女性意識。現在先把這個部分放在心裡，當我們理解「燒炭富翁」中女主角所顯示出來的女性特性，和諾伊曼所謂的母權意識有許多相似處之後，現在針對兩者的異同之處一一加以討論。

女性意識和無意識擁有密切關係這一點和母權意識一樣。我們的女主角依賴尼拉神和米倉神的部分，就代表著這一點。她擁有可以聽到「米倉神」聲音的耳朵。她放棄富翁家媳婦的身分，嫁給燒炭的窮人，這從外界看來應該是一種「任性」的行為，但這是開拓新天地的行為。這個故事同時成功描寫出「時間」和命運的關係。當她出生時就被尼拉神賦予命運。當人類的智慧試圖介入時，她順應地等待「時機」到來。但是「命運」中沒有母親出現是一個很有意思的部分。在**母系**社會中卻沒有描述母女關係，在她背後的是尼拉神和米倉神，雖然這裡沒有提到這些神的性別，但讓人強烈感到應該是男性神，這讓人想起前一章提到的老人形象。老人和女兒結合所產生出來的意識，是以女性做為行動者，這就稱為女性意識，簡單地說，這其中有著父權和母權意識的共通部分。因此她的行動表現出決斷力和積極行動力。

她的確在第一次結婚時被動地聽從父親的命令。但是她離婚時的態度卻很積極決絕，也沒有哭著回到父母身邊。這裡值得注意的是，她決心去燒炭五郎那裡，是因為「米倉神」的智慧指引她，但是當她離婚出走時，卻是自己做出的決定。這種積極性和行動力絕對和母權意識不同，這是值得特別注意的。這是女性意識的特徵。她和燒炭五郎結婚時非常主動，但是在婚後並沒有堅持著這種主動性。她是靠著發現男性潛藏的寶物而得到幸福，這並不算是一種主動、積極的行為。因此她的行動之中包含被動和主動，兩者之間不是可以簡單釐清的。第一章在談到西方煉金術所代表的意義時，在表五中藉著男性和女性的象徵代表著主動和被動，女性意識是排斥這種分類的。

這種女性形象在日本民間故事中並不特異，可以說非常符合日本人的意識——不分男女。民間故事經常有補償公眾現象的作用，如果以這種角度，並且將這種形象視為代表未來的話，可以說其代表著日本人將來的形象。如果把範圍擴大，將西方自我的未來狀況也考慮進來之後，可以說這個女主角的形象並不侷限於日本，甚至對世界全體都具有意義。從「燒炭五郎」的故事遍布日本多處這點看來，可以說這個故事代表著相對於中央公領域態度的地方性主張，日本民眾心中因此產生出這種美好的女性形象。

在描寫以女性為主角的世界民間故事中，並不只「燒炭富翁」有從被動轉為主動的變化。

這和第一章提到的「禁忌的房間」有關，前文經說明過，西方民間故事中多半描寫破壞禁忌的是女性，並提出「三眼男」（請參照附篇）的例子，故事中的女性聽從父親的意思結婚，但是違背丈夫的話破壞禁令。與其說這是從被動轉為主動，應該說是從無意識轉變為意識境界，在某種程度上可以和「燒炭富翁」的女主角做為類比。兩位女性都是聽從父親的意思而結婚，但因為婚姻不幸福，藉著再婚得到幸福，但是如果仔細看故事的情節演變，會發現其中的差異之處。「三眼男」中的前夫是怪物，所以出現趕跑怪物的情節，為了要趕跑怪物而有王子的出現，之後和這個王子結婚而以喜劇收場，但是看這個情節，會感到這是透過切斷與無意識的關係而確立父權意識的故事，這還是一個父權文化之下的故事。這是一個確立父權意識的文化之中，有關女性自我＝意識發展的故事，所以其中會有一些和我們所說的女性意識故事相似之處。

女性意識和母權意識都是相對主義，這種相對性使得女性意識和具有相反意義的男性意識保持著某種關係，所以這裡會出現女性和男性的結婚情節。「燒炭富翁」雖然是日本民間故事中少數以幸福婚姻為結局的故事，但是和西方民間故事中男性英雄的結婚故事大異其趣。她和前夫的關係也很微妙，她沒有像「三眼男」那樣把前夫「趕跑」。下一節將要說明這其中的微妙差異，透過這些分析希望能夠釐清日本人的自我＝意識。

3 神聖的婚姻

「燒炭富翁」中談到幸福的婚姻，本書一開始就提到這在日本民間故事中非常少見。但是仔細讀過「燒炭富翁」以及類似的故事之後，會發現其中並非和西方民間故事一樣，以結婚做為故事的目標，描述主人翁出人頭地，然後以結婚做為結尾的模式。在西方的結婚類故事中，雖然故事主人翁不分男女、具有形形色色的身分，但是結婚的男性多半是國王或者王子這種高貴身分的人，而結婚也明顯代表著獲得幸福。相對於此，「燒炭富翁」的女主角在提出結婚要求時，對方的身分非常低微而且貧困。接著描述婚後得到意想不到的黃金，還有很多故事繼續描述女主角和前夫再會的情節。由此可見，「燒炭富翁」中的結婚和西方故事中的結婚具有不同的意義，不過兩者都賦予結婚高度的象徵意義。

結婚雖然具有高度的象徵意味，但仔細一想就可以發現，男性和女性的結合是所有生物都會從事的行為，其中象徵的是持續種族繁衍之本能層次的意義。但是因為結婚從本能層次開始，可以一直延續到精神層次，所以其象徵意味能夠高遠深邃。本能層次的男女結合是想當然爾的事情，沒有什麼特別好「說」的，在此要「說」的是其中表現出來超越自然的部分。在西方的民間故事中，通常故事主人翁的結婚對象身分非常高貴，為了結婚而提出各種課題，特別是主人翁是女性的時候，會出現被強迫和恐怖怪物結婚的情節。當女性做為故事主人翁時，會有類似「美女與野獸」的主題，或者是「死亡結婚」的情節，但是「燒炭富翁」中女主角是和富翁的兒子結婚，這代表著不同的層次。結婚象徵著兩個不同性質之結合，為了要凸顯其中的結合意味，要讓兩者先經歷分離、切斷的經驗不可。「死亡結婚」的故事中，會有趕跑怪物和變身的情節出現，殺死怪物當然具有切斷的意味，變身也代表著過去的部分死亡和再生，因此可以說有切斷的意義在內。

從意識的角度來看，「女性意識」和無意識不會出現過度密切的關係。但是如果和無意識過度切斷關係，就會變成男性意識，因此不能像西方故事一樣，允許切斷一切的男性登場。這種兩難的困境可以從「燒炭富翁」中看到巧妙的解決方法。女主角最初遵守父親的命令，採取被動，但是就像前面所說的，她並不是一個只會「忍耐」的女性，所以她自己選擇離婚。她自己扮演了切斷關係的角色。然而她的切斷力不像西方的英雄那樣鋒利，她保持適當的柔軟性，所以後來會允許和前夫有所關聯。這種在一定程度的忍耐之後就停止被動、進而擁有自主決定的女性形象，表示出一種新的自我形象。

在日本那個認為女子遵從男性就是賢良的時代中，有這樣的故事存在是一件非常有意義的事情。事實上，在日本民間故事中，意外地有很多這種讓心情覺得痛快的女性活躍其中。譬如

316

《日本民間故事大成》中一二四的「章魚富翁」中出現更有胸襟的女性，這個故事大約是說有一個女孩嫁給貧困的賣章魚的長兵衛的兒子。這裡描寫女性自己願意嫁給身分低微男子的部分和「燒炭富翁」的情節一樣。但是賣章魚的長兵衛家到了晚上就會有一個大光頭鬼出來作祟。這家的父親和兒子都為此驚嚇不已，只有這個媳婦出來，冷靜地用饅頭招待對方。鬼因此說：「你的胸襟實在很寬大，我輸了。」所以自動把屋子下面埋著古金的事情說出來。故事描寫到他們挖出黃金而從此富有就結束了。本來以為非常貧窮的男人卻擁有許多黃金，只是他自己不知道而已，最後是自己主動嫁過來的妻子發現這些寶藏，這一點和「燒炭富翁」一樣，這種情節對於日本民間故事來說是非常重要的一點。對於一個有著「男要胸襟，女要嬌柔」俗諺的國家來說，民間故事中描寫這種有胸襟的女性是很值得注意的一個部分。

317

《日本民間故事大成》一二三的「食屍女兒」是一個描寫女子試探男人胸襟的故事，許多向富翁女兒求婚的男子因為想要看富翁女兒而偷偷潛到後院，結果看到一身素白、蓬頭亂髮的女兒從棺材裡面拿出嬰兒的屍體吃。這些男子因此全部嚇得逃走。有一個男子看了之後本來也嚇了一跳，但是定睛一看，發現女兒是帶著面具，而她吃的是人形餅乾。所以他開口說：「也給我來條腿嚐嚐吧。」女兒一聽非常高興，說到現在為止從沒出現過一個有胸襟的男人，你就是可以當我丈夫的人，兩個人因此結婚。這裡雖然說「男的有胸襟」，但試驗他的胸襟的是這位女性，所以這位女性的胸襟應該還在他之上。戴上鬼面具，假裝吃嬰屍是一件很了不起的事

318

情，但是如果想到第二章所提的山姥，就覺得這背後不只是單純胸襟的問題。她不是像「不吃飯的女人」那樣先結婚，後來因為露出本來面目而引發問題，她是先發覺到自己女性深處隱藏的本性，決定先把本性暴露出來，藉此選擇一個可以接受自己的男性。她也可以算是一名具有強烈意志力的女性。她不是「隱藏本性」，而是在自覺本性之後做出積極的行動。

「燒炭富翁」的女主角的確是一位擁有一升鹽富貴命，同時具備嬌柔和胸襟的女性，但是她放棄富翁妻子的地位後，決定與之再婚的這位男子又到底是什麼樣的男人呢。這個故事也有傳說故事版本，傳說中的主人翁多半叫做孫三郎或小五郎，不一而足。柳田國男認為「不論孫三郎或小五郎，都代表著下賤平凡人的俗稱。在這個故事盛行的時代，這種名字多半是家裡面的下人的名字。用這個名字也許是為了凸顯這樣的人也可以成為富翁的趣味性，但如果考慮到尚大人彌五郎的例子，特別是八幡神的眷屬也出現類似的名字，就會覺得這個名字非常適合這個角色」。這個名字可以給人下賤平凡人的感覺，也可以給人一種神仙的眷屬的感覺，可以說具有兩面性。柳田注意到燒炭代表的意義，「從今天的角度看燒炭，也許會覺得這是一種卑賤的職業也說不定，但是在古時候則完全不是這樣。這種能夠打造比石頭還堅硬的金屬、自由變化其造型的能力，是一般百姓所無法企及的，能夠有這種力量的第一種人是踩風箱的人，第二種就是將樹木焚燒為炭的人。最初知道這個方法而流傳下來的人因此被奉為神明，因此就可以知道這種職業在當時的地位。」依照柳田的看法，「燒炭富翁」具有兩面性。他一方面是下賤的平民，一方面是一種被恭奉為神明都不奇怪的存在。

雖然可說燒炭五郎潛在性地和神明有所關係，但是當他和我們的女主角結婚的時候，他身無長物。就像故事中形容的，他是「一貧如洗」。在類似的故事中，當描寫妻子給他金子要他去買東西時，他居然拿金子去丟水鳥玩，什麼也沒買就回來，這表示他對於金子的價值一無所知。這裡所表現出來的什麼也沒買、無知這些話，讓我們聯想起本書一直以來討論的主題：燒炭五郎是否為空無的代表者。這麼一想之後，聯想就開始延伸。在「黃鶯之居」中遇到美女卻錯失的這位樵夫，從此之後就住在深山裡面燒炭，過著「空無」的生活。當他過著這種空無的生活，以為一切就這麼了，沒想到這次是女性侵入到他的世界。她擁有許多經驗，不會隱身而去，也沒有只是忍耐，而是一個擁有意志力的女性，決定要和無意識做結合。男方因為擔心會不會像之前那樣違約，所以沒有馬上答應，他意識到結婚的困難性，所以沒有簡單地就回應對方。但是在確認之後，兩個人終於結婚，這代表著空無、意識的男性和代表「女性意識」的女性結婚，這豈不是一個神聖的婚姻，所以用取之不盡的黃金代表著神聖的婚姻結合。

320

從第一章的論述，可以知道在這裡男性所代表的空無、意識和西方的無意識不同。西方中代表意識的男性侵入無意識境界，得到那裡的女性而結婚的這種模式，和「燒炭富翁」的結婚模式相比之下，可以感覺到兩者之間具有對比性的差異。西方民間故事中的結婚，是為了補償唯一父神的文化；而「燒炭富翁」的結婚，是為了補償日本**空無**神的文化。這裡登場的「具有意志力的女性」排除日本特有的過度感傷性，帶來一種活力的感覺。

321

4 完全性

完成意義深遠的結婚之後，主人翁得到大量的黃金。就像前面所說的，這裡不是因為女性主動的工作，而是因為丈夫原來就擁有這些東西，只是他不知道而已，所以是把潛在的寶藏發掘出來。女性並沒有經常發揮主動性。令人注目的是故事到此並沒有結束，而是繼續描述前夫的部分。很特別的是在《日本民間故事大成》的「炭燒富翁」（再婚型）當中，岩手縣遠野市收集的故事裡，不但描寫前夫找來，還說他最後以傭人的身分和他們住在一起。當前夫第一次來的時候，妻子給了他三升米，當他再度造訪時，妻子跟燒炭富翁說：「為了不讓他發現，由你開口去說。」叫丈夫勸他留下來當傭人。故事描述前夫到死都不知道實情，而一輩子開開心心地住在燒炭富翁家。就如柳田國男所說的，因為同情前夫可憐而讓他住在一起的這個部分，在西方民間故事中可說找不到類似的例子。

這種特殊性代表著女性意識總是想用某些方法去修復曾經切斷的關係，也可以說這種特徵在於用接受取代排斥，但這並不像諾伊曼所謂的母權意識那樣全面性被動。榮格經常將完成性和完全性做對比。完成性是靠排除缺點和邪惡來達成，相對地，完全性毋寧說是以容許惡來達成。父權意識就是希望達成完成性，因此尖銳地切斷並丟棄邪惡的東西；而女性意識是接受一切，以完全性為目標。但是想要接受一切時，也必須要接受完成性，所以必須要容忍這種內部的矛盾性，這就是完全性的困難之處。「燒炭富翁」裡的前夫遵從著父親想要修補與生俱來命運的命令而活著。與命運有深厚關係，而且必須接受命運而活著的女主角，則必須想辦法接受這個和她有著相反生存方式的前夫。同時和現在的丈夫、前夫——以傭人的形式——一起生活是一件非常困難的事情。如果視其為不可能，那不論妻子人有多好，故事中的前夫都非死不可（像附篇的故事一樣）。也或者以一種中間的形式，就像剛剛介紹的那樣，讓死掉的男人以守護神的方式存在。無論如何，日本的民間故事會試著把這個薄倖男加入故事的整體當中。

這個被加入整體中但受到低下評價的男人，讓人想到日本神話中的蛭子。相對於日本神話中重要的三對角——天照神、月讀尊、素盞嗚尊這三貴人，扮演「第四者」身分的蛭子，讓人覺得和故事中前夫的形象有重疊之處。日本神話雖然擁有高深的包容力，但還是將第四者的蛭子排除在外，但是民間故事則努力要把第四者加進來。「燒炭富翁」的女主角、其背後不可見的命運之神和燒炭五郎構成類似神話故事的三對角，相對於此，前夫就成為第四者。這裡的考察是針對日本神話整體進行，現在就針對這個類比做分析。

諾伊曼在談到相對於父權意識的母權意識時，認為從**發展的角度**來看，前者要比後者進步，但是另一方面卻又談到成人男性的「創造過程」中具有母權意識的意義。這代表著所謂父權意識和母權意識並不是獲得之後就不變，而是會隨著狀況的不同而改變。因此獲得父權意識的人並不是自此就一直保持這個狀態，有時候會改為其他的意識狀態。我們也不要被所謂不變的〇〇意識束縛，視狀況改變為各種意識，豈不是更有趣。「女性意識」中特別包容這種可容性。如果更決斷一點地說，所謂唯一的自我所達成的統合，是西方基督教文化所產生的形象，對日本人來說，自我可以是有多重存在的，這樣更可以去對應這個多樣化的世界。老人意識、少年意識、男性意識、女性意識，這些所有的意識構成完全性——這是在自覺這種說法本身的矛盾性之後所說出來的想法。

324

對於女性意識來說，要統合內部矛盾是一件相當困難的事情；要保持完全性而不造成崩壞，是一件至難的事情。在內心達成完全性的形象時，女性意識也就可以因此形成，「燒炭富翁」的民間故事就表達出這種象徵意義。如果將完全性視為經常在變化相貌的話，本書第一章到第九章的階段性記述，既可以說是被本章所討論的女性形象超越，也可以說是被接受為多重共存形象。人類很難在記述的同時思考。本書的構成背後有一條聯想的線牽住，有時會有連續性、發展性的部分，事實上，如同第一章到第九章所說的，各式各樣的女性，與其視為發展的**階段**，如果把這一切視為經常變化的**狀態**，將這些部分重疊，就可以構成一個整體，這種變化性的女性形象正符合日本人的心。如果以音樂做比喻，第一章到第九章的記述並不是持續的九個樂章，而是希望讀者能用交響樂曲的第一章到第九章的方式去讀它，這是可以同時演奏，也

325

可以同時聆聽的。當「有意志力的女性」單槍匹馬獨鬥，就像沒有低音部的協助而獨自行動，不用說也可以想見這對其他部分的傷害有多大。

對於完全性來說，具有如果明確掌握全體性，就可以無損於完全性，但是當掌握住全體性，就會喪失明確性的兩難。當我們試著明確地描述完全性時，完全性就已經因為這種意識狀態而受到扭曲。榮格為了解釋完全性而描繪四位一體的神，我們不要因為他提到四所以想像出一 326 個正方形，把其視為四次元的存在會比較適合現狀。人類在「意識化」的時候會用二次元的觀念去理解四次元。用二次元表現四次元的方式，可以比較容易理解榮格的四位一體神之形象。如果將榮格和具有不同意識的人——比如說日本人——用二次元的方式去表現時，應該會變得和榮格的方式不同吧？誰也不能決定這種表現方法和榮格的是否相同。我認為日本民間故事擁有榮格提出的「三對角＋第四者」結構，但其中的構成內容當然不同。第八章和本章都提到這種四者結構，但其中稍微有些不同。然而我們並沒有必要去主張其中哪一種才是「正確」的。

最後要重申的是，這裡所說的女性形象代表著**不分男女**的日本人自我。當然，其中有各種不同的女性生存方法，而且各自具有其意義。但因為日本人強烈受到西方近代的自我形象影響，因此我在分析的時候將重點放在文化上。所以不只是針對自我，而且談到人類整體的存在 327 性。因為民間故事和人類的心理深層結構有極深的關聯，所以研究民間故事不只可以討論現狀，還可以掌握未來。這雖是我的老王賣瓜之詞，但是這裡所提出的女性形象，不但適用於日本人，對於其他國家的人也具有某些意義。

註釋

1 原註：柳田國男〈燒炭小五郎之事〉（「炭焼小五郎が事」）《定本 第一卷》（『定本 第一巻』）。

2 原註：馬克斯・路德著，野村泫譯《民間故事的本質——從前從前有個地方》（『昔話の本質——むかしむかしあるところに』）福音館書店，一九七四年。

3 原註：埃利希・諾伊曼著，松代洋一、鎌田輝男譯《女性的深層》（『女性の深層』）紀伊國屋書店，一九八〇年。以下出現的諾伊曼論述皆出於本書。

附篇

1 黃鶯之居

——岩手縣上閉伊郡

從前有個年輕的樵夫住在一個山腳下。有一天，他到山裡去，在荒野森林中發現一座從來沒看過的氣派豪宅。樵夫曾經為了砍柴來過這一帶，但是從來不知道有這麼一座房子，甚至連聽也沒有聽過，他覺得很不可思議，所以趨前去看，發現這偌大的房子還是嶄新的，可是裡面連一個人影也沒看到。不過房子的後面有一個籠罩在霞光裡面的大庭院，其中種了各式花卉，還可以聽到各種鳥叫。

當樵夫走到房子大門的時候，一位美女從裡面出來，問他：「你是來做什麼的？」他回答：「今天因為天氣很好，所以出來逛逛，結果順步走到這裡。」女子仔細盯著樵夫一會，覺得他是個正直的人之後，說：「你來的正是時候，我有點事情想拜託你。」樵夫問：「想要拜託我什麼樣的事情啊？」她說：「也不是別的，就因為天氣好，我現在想去城裡面，你可以幫我看家嗎？」「這個簡單。」樵夫很爽快地答應她。女子交代說：「我不在的時候，你不要去看後面的房子。」男子說他知道之後，女子就安心出門了。

此時房子裡剩下樵夫一個人，但是他心裡掛記著女子吩咐他不要去看的房子。他打破誓言，打開後面房子的紙門偷看。房子裡有三個漂亮的女孩子正在打掃，當她們發現樵夫在偷看之後，就如小鳥驚飛一樣地躲起來了。樵夫心中覺得有些詫異，所以又打開第二間房子看，這個房子裡面有一個青銅的爐子，上面燒著茶壺，壺子裡面的水正沸騰著，茶已經煮好了。房子裡擺了一個中國式的金屏風，但是裡面一個人也沒有。他打開第三個房間一看，裡面擺滿弓箭和盔甲。第四個房間是一個馬廄，裡面有一匹健壯的黑馬披著黃金馬鞍，配著韁繩，全身披著有如傲立於狂風中之三山五嶽般的馬鬃，正踢著馬蹄。第五個房間裡面都是朱漆的碗盤等。第六個房間裡面有一個白金的桶子和黃金的杓，白金桶子裡面滴出來的酒，把下面七個瓶子都裝滿了。樵夫受到酒香的誘惑，就著黃金杓開始喝酒，結果一下就喝得醉醺醺。

第七個房間是一個瀰漫著花香的藍色大房間，裡面有一個鳥巢，巢裡面有三顆鳥蛋。樵夫隨意地把這些鳥蛋拿起來看，沒想到一不小心就把一個蛋打破了，結果蛋裡面有一隻小鳥，吱啾啾地飛走了。結果他把第二和第三個蛋也不小心打破，裡面也有小鳥吱啾啾地飛走了。樵夫見狀呆住，一直站在原地不動。

這時剛才的那個女子回來了。她恨恨地看著樵夫哭起來，「真的不可以信賴人類啊，你沒有遵守和我的約定，你把我的三個女兒給殺死了，我可憐的女兒啊，吱啾啾。」她最後一面啼叫著，一面變身成一隻黃鶯飛走。

樵夫眺望著黃鶯的去向，想要伸手去拿放在旁邊的斧頭，這時才赫然發現哪有什麼豪宅，他只是呆站在長滿茅草的荒野裡面而已。

關敬吾編《一寸法師・猿蟹大戰・浦島太郎——日本民間故事（III）——》『一寸法師・さるかに合戦・浦島太郎——日本の昔ばなし（III）——』（岩波文庫，一九五七年。）

2 忠實的約翰

從前有一個年邁的國王生了重病，他心想「我也終於到了要死的時候啦」。他吩咐：「把忠實的約翰叫來。」忠實的約翰是國王最心愛的家臣，一輩子對國王忠貞不渝，所以被封了這個名號。約翰很快就來到國王的枕邊，國王跟他說：「忠肝義膽的約翰啊，我已經快要不行了，但唯一放心不下的就是我的兒子。他還年輕，不能獨當一面。所以答應我，你一定要好好輔佐他，代替我擔任父親的角色，不然我死都不會瞑目。」約翰答道：「我怎麼可能會不管王子呢，我會用生命去誓死效忠王子。」老國王說：「那我就可以安心地走了。」這時老國王又想起一句話，他說：「當我死了之後，你帶他去巡視整個城堡。把大小房間、地底倉庫裡面的寶物都拿給他看。但就是不要讓他看長廊最後的那間房子，那裡擺著黃金國公主的畫像，他如果看到那幅畫像，一定會馬上愛上那位公主，氣絕昏倒，而且會因為那個公主遭遇許多危險。為防不測，千萬要小心。」約翰這時再度握住老國王的手答應國王，國王安心之後就緊閉雙唇，頭斜倚在枕頭上駕崩了。

當老國王被送到墓地時，忠實的約翰把他和老國王臨終前的約定告訴年輕的國王，「我一定會遵守誓言，像效忠老國王那樣效忠您，我會用我的生命保護您。」喪禮結束之後，忠實的約翰告訴年輕的國王：「現在該巡視您所繼承的東西了，讓我帶您去看看您父王留下的城堡吧。」他帶著年輕的國王上上下下巡視整座城堡，參觀擺滿寶物的各個房間，但就是沒有打開那間擺著危險畫像的房間。那張畫像擺在門一打開就會看見的地方，而且栩栩如生，任誰看了都會以為那是一個真人，讚嘆世界上怎麼會有這樣可愛又美麗的人。年輕的國王發現有一個房間一直都沒有打開，問道：「為什麼不打開這個房門呢？」約翰回答：「因為這裡面放著很恐怖的東西。」但是國王說：「我要看遍整座城堡的每一個地方，我要知道這裡面到底放了什麼。」他邊說邊靠近那扇門，要強行把房門打開。忠實的約翰試圖阻擋國王說：「您的父親在臨終前跟我約好，絕對不可以讓您看這個房間裡面的東西，如果不遵守的話，您和我說不定都會遭遇到不幸。」「不會吧，」國王這麼回答：「我如果不進去看的話，才會完蛋呢。除非我親眼看到，否則我不論白天晚上片刻都沒有辦法安心。除非你把房門打開，不然我就站在這裡不動。」

忠實的約翰知道自己再怎麼說也沒有用，只好沉著心嘆著氣，從一串鑰匙當中找出這間房子的鑰匙。他把門打開，自己先走進去，好像要讓國王看清楚房間裡面的樣子，其實是想用身體擋住那幅畫，但這怎麼會有用呢？國王墊起腳尖，把頭伸過約翰的肩膀看到那幅畫。當國王看到那幅由黃金和寶石所綴飾的少女畫像之後，突然心神俱失地倒在地上。約翰趕緊把國王抱起來，送回到國王的床上，他忍不住擔心地說：「完了完了，果然發生這種不得了的事情，接下來該怎麼辦才好呢！」他一面想著一面用藥就著葡萄酒給國王服下，國王好不容易回過神來。國王醒過來就說：「啊！那個畫中的美人是誰？」「那是黃金國的公主。」忠實的約翰這麼回答。國王接著說：「我已經無法自拔地愛上那個人。就算樹上的樹葉全都變成我的舌頭，也不能訴盡我心中的愛戀。我就算冒生命危險也要得到那個人。你不是最忠肝義膽的約翰嗎？你一定會幫我的吧。」

這位忠義的家臣花了很久的時間思考該怎麼做才好。想要得到公主的芳心並不是那麼容易的事情。忠實的約翰最後終於想到一個方法，他稟告國王：「那位公主身邊用的東西全部都是黃金做的，桌子、椅子、器皿、酒杯、碗，所有的東西都是黃金做的。您現在手上一共有五噸的黃金，可以拿出其中的一噸，吩咐我國的工匠打造出許多精細的器具，還有一些維妙維肖的珍奇異獸金像，這些東西一定能夠得到公主的歡心。讓我們帶著這些東西去試一試運氣。」國王立刻吩咐全國所有的工匠日夜打造，終於做出許多稀世珍品。他們把這些東西全部放到一艘船上，忠實的約翰換上商人的服裝，國王為了隱藏身分，也換上同樣的服裝。兩個人就此出海，經過漫長的旅程，終於來到黃金國公主住的城市。

忠實的約翰拜託國王留在船上等他，「我等一下說不定可以把公主帶來船上，所以請您吩咐他們把所有的黃金器具擺出來，把整艘船裝飾漂亮。」他接著選了一些精細的黃金飾品，登上陸地往皇宮走去。他來到城裡的中庭，噴泉旁邊有一位美麗的女孩，兩手正提著黃金的水桶打水。當女孩正要提水走的時候，突然發現眼前有一位沒見過的男人，她開口問忠實的約翰是誰。約翰一面回答「我是商人」，一面打開前面的袋子讓她看。女孩一看馬上說：「哇，這麼漂亮的金飾啊！」她把水桶放下來，把這些金飾一個一個拿起來仔細觀賞，她說：「這些一定要拿給公主看不可，公主最喜歡黃金的東西，說不定會把這些全部買下來呢。」她拉著約翰的手，領著約翰進城，原來她是公主的侍女。公主一看到這些東西果然非常喜歡，「真的做得好漂亮，我全部買下來吧。」但是約翰說：「這可不行，我只是這位大商人的代表而已，不能作主。現在呈給您看的這些東西，如果和船上的寶物相比，實在不算什麼。那裡還有許多精品中的精品，一些您從沒看過的寶物。」公主希望他能夠把那些東西拿來皇宮，但是約翰說：「這要花很多時間，因為東西實在太多了。而且展示這些東西需要很大的空間，這間房子根本不夠放呢。」被他這麼一說，公主越來越想要看這些東西，最後終於說：「那就請你帶我去船上吧，我現在就要出發去看看您主人的寶物。」

忠實的約翰很高興地帶公主去船上，國王一看到公主，發現本人比畫像更加美麗，為此心臟簡直都快要跳出來。當公主登上船後，就由國王帶領公主參觀。這時約翰悄悄到船舵旁邊吩咐把船駛離岸邊，「張滿船帆，就像衝向天上的鳥那樣飛駛」。這時國王把船上各種黃金飾品一一拿給公主過目，器皿、酒杯、碗、珍禽異獸的雕像等不一而足，要把這些東西全部看完需要一些時間，公主因為看得非常高興，所以根本沒注意到船已經離岸。當她看完最後一個東西後，向商人道謝準備回去，沒想到走到船邊才發現船早就離開陸地，行駛在汪洋大海中。「糟糕啦！」公主見狀叫出來：「我被騙了，被這些商人得手了。我真希望自己馬上死了算了！」國王這時握住公主的手說：「我不是商人。我是一個國王，一生下來就和妳一樣是高貴的身分。我是因為愛慕妳，所以才出此下策。當我第一次看到妳的畫像時，就心神俱失地昏倒了呢。」黃金國的公主聽到這些話之後才放下心來，結果被國王所吸引，答應成為王妃。

此時卻發生一件事情，當船在大海中航行，忠實的約翰開開心地坐在船頭時，看到有三隻小鳥從空中飛到船上。約翰吩咐停止奏樂，專心聽小鳥的對話。約翰把牠們的對話聽的很清楚。其中一隻小鳥說：「啊，那個傢伙要把黃金國的公主帶回去耶。」「話雖然這麼說，」第二隻鳥這麼回答：「但是他不會就這麼得到公主的。」這時第三隻鳥問：「但是他不是已經得到她了嗎？你看公主在船上，不正坐在他的旁邊嗎？」這時第一隻小鳥又開口說：「是沒錯，但那並不代表什麼。當那個傢伙上岸後，就會有一頭栗色的馬跑到他面前，他會想要騎那匹馬，但是當他一騎上去馬就會飛奔起來，最後消失在空中，他就再也不能看到公主啦。」「沒有什麼解救的方法嗎？」第二隻小鳥問。「當然有啊，如果有另外一個男的搶先騎上去，抽出馬鞍上掛著的匕首，殺了那匹馬，那年輕的國王就得救啦。不過誰會知道呢！如果有人知道，又把這件事情告訴國王的話，那這個人的腳趾到膝蓋就會變成石頭。」這時第二隻鳥說：「我還知道更多呢。當馬被殺之後，國王也不會就這麼得到那位新娘子，當兩人一起進入城堡後，他會看到大盤子上擺著一套新郎服，這套衣服看起來像是用金銀線所織成，實際上是硫磺和瀝青所做。當國王穿上這衣服之後，整個人就會被燒成灰燼。」「沒有什麼解救的方法嗎？」第三隻鳥問。第二隻鳥回答：「當然有啊。如果有一個人帶著手套，把這套衣服抓起來丟到火裡面燒掉，那年輕的國王就得救了。但是這又有什麼用呢！知道這件事情並把這件事情告訴國王的人，他的膝蓋到心臟都會變成石頭。」這時第三隻鳥說：「我還知道更多呢，當新郎的衣服被燒掉之後，國王也不會就這麼得到那位新娘子。婚禮之後大家會開始跳舞，當年輕的王妃正要開始跳舞時，她會突然倒在地上有如死去一樣，這時必須要有一個人抱住王妃，從她右邊的乳房吸出三滴血吐掉，否則王妃就會死掉。如果有人知道並且這麼做的話，這個人從頭頂到腳底全部會變成石頭。」鳥兒們說完這些話之後就飛走了。忠實的約翰把這些話一絲不漏聽得很清楚，但是他開始擔心接下來到底該怎麼做才好，為此沉思不已。如果他不把這些聽到的事情告訴主人的話，主人會因此而遭到不幸，但如果說出來，就等於捨棄自己的性命。約翰最後終於決定怎麼做，「就算拚了我這條性命也要救主人」。

當他們一行人上岸之後，事情果然和小鳥說的一樣，有一頭非常漂亮的栗馬跑到他們的面前，國王說：「好啊，就騎著牠進城吧。」正當國王要騎上馬的時候，忠實的約翰搶先一步騎上去，抽出馬鞍上掛的匕首，把馬給殺死了。但是大家卻沒有體會忠實的約翰一片苦心，其他的那些家臣們叫嚷著說：「你在做什麼啊！這是國王要騎著進城的耶，你居然把這麼一匹好馬給殺了。」但是國王卻說：「閉嘴，讓他去。他是獨一無二的忠實的約翰，這根本算不了什麼，你們難道不懂嗎！」當他們進城之後，在大房間裡面看到有一個大盤子，裡面擺了一套新郎服，任誰看了都會認為那是一套由金銀線所編織而成的衣服，正當國王走過去想要試穿這件衣服的時候，忠實的約翰推開國王，雙手戴著手套把那套衣服抓起來，丟到火裡面燒掉。這時其他的家臣又再度叫嚷起來：「看啊，他這次把國王在婚禮上要穿的衣服給燒掉了。」但是國王又說：「這根本算不了什麼，你們難道不懂嗎。讓他去做，他是獨一無二的忠實的約翰。」城堡隨即舉行婚禮，就在要開始跳舞的時候，新娘子也步入舞池之中。忠實的約翰此時一直注意著新娘子的臉色，沒想到果真像小鳥說的一樣，新娘子突然面無血色地倒在地上。約翰馬上快步向前，把新娘子抱到別的房間去，讓新娘子躺下來，跪下來從新娘子右邊胸部的地方吸出三滴血而且吐掉，新娘子這才緩緩回過神來，稍微有點精神。年輕的國王把這一切看在眼裡，他實在不知道約翰為什麼這麼做，終於再也忍不住地生氣了，「把這個傢伙帶到牢房去！」他下令第二天早上要將忠實的約翰處以死刑，把他送上絞首台。眼看著約翰已經站上台子，就要被處刑的時候，他說：「每一個人在死前都有說臨終之言的權力，我是否也有這個權力呢？」「可以啊，你說吧。」國王回答，忠實的約翰說：「我不應該站在這裡的，我一直對國王忠心耿耿。」於是把海上聽到小鳥對話，為了主人才做這些事情的原本給說出來。國王說：「啊，忠肝義膽的約翰啊，你原諒我，原諒我吧！快把他放下來。」但是忠實的約翰在說完最後一句話之後，漸漸停止呼吸，他已經變成石頭了。

國王和王妃為此非常傷心。國王說：「啊，我居然做了這種事情，居然對如此忠義之人做出這麼過分的事情！」他讓人把石像搬到他房間的床旁邊，一面看著一面垂淚說：「啊，你能不能活過來啊，忠肝義膽的約翰。」

話說時光飛逝，王妃已經生了一對雙胞胎，兩個都是男孩子，帶給這對夫婦許多歡樂。有一天當王妃去教會時，兩個小孩子正在父王的身邊玩耍，這時國王又看著石像感傷起來，他嘆著氣說：「啊，你能不能活過來啊，忠肝義膽的約翰。」這時石像開口說：「可以的，我有辦法起死回生，您最心愛的東西可以幫助我復生。」國王這時叫著：「我願意用我任何的東西幫助你。」石像繼續說：「如果您親手把這對兒子的頭割下來，用他們的血塗在我身上，我就可以重新活過來。」國王一聽到要親手把最心愛的兒子的頭割下來，先是嚇了一跳，但是隨之想到約翰那無人能出其右的忠心，他是為了自己而死，他終於拔出劍，親手把兒子的頭割下來，他用這些血塗在石像上之後，石像漸漸有了生命，轉眼間約翰就回復到原來的樣子，站在國王面前。約翰對國王說：「我怎麼能不報答您對我付出的一片真心呢。」他把小孩子們的頭接回身上，用他們的血塗抹傷口，兩個兒子頓時活了過來，好像什麼事也沒有發生過一樣繼續玩耍著。國王為此高興得不得了。當他看見王妃回來時，他先把忠實的約翰和兩個兒子藏在大衣櫃裡面。國王等王妃進來之後問道：「妳今天在教會裡面祈禱了嗎？」「是啊。」王妃回答說：「我這段時間一直想著忠實的約翰的事情，他為了我們居然遭到這樣的不幸。」國王說：「妳知道嗎，我們可以把他救回來，但是需要犧牲我們兩個兒子不可。」王妃一聽臉色一陣鐵青，心裡面緊了一下，她說：「如果想到他那麼的忠肝義膽，我們也只能這麼做啦。」國王一聽，知道王妃和自己的想法相同，快步走過去把衣櫃打開，讓孩子和忠實的約翰出來，他說：「實在太感謝了，能夠解救約翰，又能讓兩個孩子重新回到我的身邊。」他把剛剛發生的事情從頭到尾告訴王妃，這些人從此過著幸福快樂的生活。

矢川澄子譯「格林童話」（「グリム童話」）（河合隼雄《童話心理學：從榮格心理學看格林童話裡的真實人性》（『昔話の深層』）福音館書店，一九七七年〔中譯本為遠流出版〕）

3 三眼男

從前從前，一名貧窮的樵夫有三個女兒。有一天，其中一個女兒從窗戶眺望外面時，看到外面站著一個男人。這個男人一見到這個女兒就非常喜歡，他向隔壁的太太打聽，知道這個女兒是單身，他立刻拜託隔壁的太太幫他提親。女兒的父親很高興地答應了這樁婚事。

當女兒到丈夫家之後覺得非常幸福。丈夫給妻子一百把鑰匙，告訴她可以隨意打開這一百個房間，但是只有第一百零一個房間不可以打開，他說因為那間房子是空的，所以打開也沒有什麼意思。丈夫最後說：「反正這把鑰匙對妳沒有什麼用，就還給我保管吧。」年輕的妻子把這一百個房間全部打開，發現裡面裝滿了許多寶物。隨著打開一間間房間，妻子發出一聲聲的驚呼，她慢慢把這些房間都看完了，只覺得為什麼丈夫願意把這麼多的珍寶交給自己保管。但她對於只有那一個房間不可以打開這件事情，覺得非常不可思議。妻子注意到丈夫把那把鑰匙放在哪裡之後，就去拿那把鑰匙打開房間來看。她把房間看了一遍，發現裡面什麼也沒有，就是四面牆壁和一個面向道路的窗子。妻子自言自語說：「可以從這個窗子看到屋子外面耶，但是為什麼要對著道路開一扇窗呢，他是希望我不要看到外面，所以把這個房間鎖起來的吧。」她一面這麼想，一面走到窗邊。這時看到外面有人在舉行葬禮，但是因為沒有親戚朋友在送葬，讓這個年輕的妻子想到如果自己死的時候，丈夫沒有叫自己的親戚過來，那她也會有這種冷清的葬禮，因而難過地哭起來。當屍體被埋葬，人們都回去之後，她看到自己的丈夫出現在那個墳場。丈夫的頭變得非常巨大，頭上還長了三個眼睛，兩隻手臂好像可以抱住整個世界那麼長，手指上還長了三十公分長的指甲，丈夫把屍體挖出來開始啃食。妻子看到這個情景嚇了一大跳，稍微定神一看，確定丈夫真的在啃食死屍。妻子隨即感到一陣劇熱，不禁跌坐在地上。

過沒多久之後丈夫回來，當他像往常一樣打開房門，巡視一番之後，發現妻子的腳印和打開的窗戶，他馬上衝到妻子的房間大叫：「妳這個混蛋！妳把那個房間打開，看到我是三眼男了吧。這麼一來妳就非死不可，我要把妳吃了。」妻子這才知道自己闖了大禍，馬上從床上爬起來想要逃跑。這時三眼男去廚房生火，抓起一把大叉子，向妻子叫道：「好啦，快過來，燒紅的叉子在等著妳呢。我之前發過誓，所以非得把妳這麼吃了不可，我想妳也可以理解吧。」妻子回答：「你原諒我吧，丈夫大人，我永遠都是你的人。求你讓我多活兩個小時，我在這段期間要做最後的懺悔，你在我懺悔之後，就把我吃掉吧。」三眼男答應她這個要求，妻子一聽之後馬上跑去拿那個房間的鑰匙，打開房間，從窗戶跳到外面的馬路上，但是路上一個人都沒有，所以她就順著馬路開始跑。她跑了一陣子，終於遇到一個騎馬的人，她把被三眼男追殺的事情告訴那個人，求他幫忙。騎馬的人說：「讓我想想妳要藏在哪裡才能得救，年輕的太太，」又說：「妳就算藏在我這裡，也一定會被三眼男發現，到時候連我的馬和我都要被吃掉。妳還不如再往前走一些，前面有國王的駱駝使者。如果是那個男的話，應該可以救妳。」妻子聽了馬上用盡力氣往前跑，終於找到駱駝使者。她又像之前那次一樣，把被三眼男追殺的事情告訴他，求他幫忙。駱駝使者果然覺得她很可憐，把駱駝背上的棉花放下來，叫她藏在裡面。

這時三眼男眼見鐵叉已經燒得通紅，於是大叫「喂，在哪裡啊，快過來，時候到啦。」但是因為妻子沒有出現，所以他開始搜查整間屋子，結果沒有找到妻子。

最後他發現那個房間的窗子是打開著的，他馬上從窗戶跳出去，他把道路左右仔細看了一遍，開始順著道路跑起來。他看到騎馬的人之後大聲地說：「喂，騎馬的，等一下，小心我把你跟你的馬給吃了。」在這條路上遇過三眼男的人，幾乎不是嚇死就是昏倒，但是這個騎馬的人聽到三眼男的聲音卻只是停了下來。三眼男問他：「你有看到一個年輕女子跑過嗎？」「什麼也沒看到耶，這位先生，真的喔。但說不定前面的駱駝使者會看到。」於是三眼男繼續往前跑，問駱駝使者同樣的話。「不知道，什麼也沒有看到。」駱駝使者這麼回答，三眼男聽到之後自言自語地說：「那回家再找一次。」他回到家之後還是沒有找到妻子，想了一想又自言自語道：「好，讓我拿著這個燒紅的鐵叉，再去問那個駱駝使者一次。」他把燒紅的鐵叉放在背上，又從窗戶跳出去，跑去追駱駝使者。駱駝使者和年輕的妻子見狀嚇得連呼吸都要停止，但是兩個人都裝著一副什麼都沒有的樣子。三眼男命令駱駝使者：「不要囉唆，把所有的棉花都給我放下來！」駱駝使者不得不聽他的命令。三眼男把燒紅的鐵叉依序插入每一捆棉花之中，他當然也叉了年輕妻子藏身的棉花當中。當他都叉完之後說：「好了，你可以走了。」當確定三眼男走了之後，駱駝使者趕緊問年輕妻子怎麼樣，是否被鐵叉戳到。「鐵叉戳到我的一隻腳，但是我趕緊用棉花把鐵叉上的血擦乾淨了。」於是使者說：「妳不要擔心啦，國王是個好人，我把你帶到國王那裡去，國王一定會搭救你的。」

國王聽到這些事情之後，對年輕妻子說：「妳不用再害怕啦，年輕的女孩，妳就住在我的宮殿裡面，這個三眼男沒有辦法對妳怎麼樣的。」國王說完之後就把醫生找來，讓醫生把妻子的腳給包紮好。當年輕的妻子腳傷好了之後，她因為不願意每天閒晃，所以希望國王給她工作。當國王問她會做什麼時，她回答說刺繡。國王給她白色天鵝絨、絹布、珍珠和金絲。年輕的妻子在布上繡出國王頭戴王冠、坐在王座上的樣子，栩栩如生。當她做好呈現給國王之後，國王為她的繡工精美而高興不已。妻子接著又展現驚人的刺繡技術，做出許多美麗的作品，有一天國王對王后說：「那個年輕的女孩不正是一個好媳婦的人選嗎？她雖然不是皇室出身，但那不構成問題。她的手那麼巧、腦袋又好、長得又那麼美，我們的兒子應該也很喜歡她吧。」王后也贊成國王的看法。他們把這個年輕的女孩叫來，告訴她這個想法。但是女孩聽了之後哭著說：「您們怎麼會有這種想法呢？我當然很高興，但是萬一那個三眼男知道了，他會跑來把我和您的兒子也吃掉的。但如果您真的想要這麼做的話，請蓋一個七層樓高的房子，在房子下面挖出深壕，在深壕上面蓋上稻草，再把所有的階梯上塗滿牛油。結婚儀式不要讓別人知道，要在半夜舉辦。如果能這樣就沒問題了。」國王完全遵照她的意思辦理。雖然悄悄準備結婚儀式，但還是被三眼男知道了，他決心要利用這個機會報仇。在結婚儀式的晚上，當所有的人都睡了之後，三眼男想要把新娘子偷偷帶出去吃掉。他偷溜進新房，在已經成為這位年輕妻子的丈夫的王子旁邊，撒滿從某個墓地拿來的土，王子因而無法醒過來。新娘發現三眼男站在自己床邊時，想要叫醒丈夫卻發現沒有用。三眼男抓住新娘說：「好啦，乖乖地站起來，年輕的太太，燒紅的鐵叉等著妳呢。我之前已經發過誓要把妳吃掉，所以非這麼做不可。妳如果不聽話，我在這裡就把妳吃掉。」三眼男說完之後就拉著新娘的手下樓梯，下了三階之後，新娘跟三眼男說：「拜託你走在前面好嗎，我好害怕喔。」三眼男因為怕新娘大叫而把別人吵醒，所以照她說的去做。但是就在要下到最後一階的時候，新娘把手掙脫開，用另外一隻手使勁從後面推三眼男。男子因為地上的牛油而一路摔到壕溝裡面，壕溝裡面養了老虎和獅子，立時就把男子給殺了。新娘在推這個男的之前，因為想到：「萬一他沒有跌到深溝裡面，那他會爬起來把我吃掉。」所以在推完之後害怕得昏倒了。當國王早上起來之後，一直等著這對年輕夫婦起床。但是兩人一直沒有現身。國王對王后說：「那兩個人在做什麼啊，去看看吧。」當國王進到寢室之後，發現兒子倒在那裡奄奄一息，而新娘子也昏倒在樓梯上。馬上找來醫生後，終於把兩個人救回來。這時才知道新娘在半夜起來的事情。國王叫人去看這個三眼男在壕溝裡面怎麼樣了，發現這個男的已經被獅子老虎吃得乾乾淨淨，這才高興地舉行婚禮。婚禮在歡笑聲中持續了四十天四十夜。我們就是參加完這個婚禮之後，才到這裡來的。

小澤俊夫編譯《世界的民間故事十三 地中海》（『世界の民話13 地中海』）（Gyosei，一九七八年。）

4 不吃飯的女人

——廣島縣安藝郡

從前，有一個地方有一名男子。他總是單身一個人，所以朋友們擔心他，勸他娶一個太太，「是時候了，你也應該找個老婆。」結果這個男的說：「如果找到一位不需要吃飯的妻子的話，就介紹給我吧。」

話雖這麼說，有一天傍晚，一名女子來到這名男子的家裡，「我是一個旅行的人，眼看太陽就要西下，讓我借住一晚好嗎？」表示希望借宿。男子拒絕說：「要住宿可以，但是我們家沒有吃的東西喔。」結果這個女拜託他說：「我什麼也不吃，我是不吃飯的女人，只要讓我借宿就可以了。」男子雖然大感意外，但還是讓這名女子留下來了。

女子在第二天早上並沒有走，因為她替男子做了很多事，所以男子就讓她住下來。最棒的一件事情就是她不吃飯卻可以做許多工作。但是因為她一直都沒有吃東西，所以男子勸她要不要稍微吃一點，女子卻說她只要聞味道就夠了，還是什麼東西也沒吃。

男子認為世界上絕對沒有這樣好的妻子，所以向朋友們炫耀，任誰都沒想到真的會有這種事情。這時跟他交情最好的一個朋友告訴他：「喂，你是怎麼搞的，還沒有發現嗎？你的老婆不是人，你要好好認清楚啊。」但是這個名男子說：「怎麼可能有這種事情。」不肯相信朋友的話。

朋友說：「只有你一個人不知道吧，村子裡都在說世界上怎麼可能有不吃飯的人。你如果覺得我們亂說，那你去偷看啊，為了不要讓你老婆發現，你可以爬到天井上面去看她在幹什麼」。

有一天，男子說他要去城裡，「要到晚上才會回來。」接著就出門了。他才走了一段路就折回來，趁妻子不注意的時候偷偷爬到天井上。女子一個人開始煮飯，眼看爐火熊熊，飯也煮好了。當飯做好之後，她一共做了三十三個飯糰，又從廚房拿了三條鯖魚來烤。接著坐在那裡，把頭髮撥開。仔細一看，發現她把飯糰和魚都塞到頭頂上一個大嘴巴裡面吃掉了。

男子見狀嚇得心膽俱裂，偷偷地從天井爬下來，逃到朋友家去。「你不能讓她知道你看到了，所以你要裝著不知道的樣子回去。」朋友這麼說，他只好裝著不知道的樣子回去。回去發現妻子說她頭痛正睡著呢。問她怎麼了，她只是很小聲地說：「沒什麼，只是有些不舒服而已。」問她：「這樣喔，那要不要吃藥，還是找人來祈福呢？」，她回說：「我也不知道該怎麼做才好。」一副想要他抱她的樣子，他趕快說：「那我去找祈福師來。」一溜煙地跑去把朋友找來。當朋友振振有辭說：「是什麼在作祟啊？是三升飯在作祟吧，是三條鯖魚在作祟吧。」女子聞聲一躍而起，說：「喔，你們看到了啊。」奔到朋友們面前，把他們塞到頭裡面吃掉了。

男子嚇得轉身就想逃，但女子把他的朋友們吃完之後過來一把抓住他，把他像小貓一樣放在頭頂，一路跑到山裡面去，像兔子一樣跳躍過荒山野嶺。當他們到森林裡之後，眼看前面有樹枝擋在那裡，男子本以為完蛋了，沒想到被樹枝掛住，這個不吃飯的女鬼沒有注意到，就繼續往前跳走了。

男子從樹上爬下來，藏在艾草和菖蒲叢當中。女鬼這時回來找到男子隱身的地方，她說：「你躲在哪裡都會被找到，逃不了的。」她縱身想跳過來，但是就在快要到男子的草叢時說：「啊，可恨啊，是艾草和菖蒲，這對身體沒有毒性，但是被這草碰到會弄的一身臭。如果不是這些草，我就把你給吃了。」一副很可惜的樣子。男子認為這個應該可以有用，所以拿這些草丟鬼，結果鬼真的被這些草給毒死了。

關敬吾編《胖爺爺・咔嚓咔嚓山——日本的民間故事（I）——》（『こぶとり爺さん・かちかち山——日本の昔ばなし（I）』）（岩波文庫，一九五六年。）

5 鬼笑

——新潟縣南蒲原郡

從前，有一個地方有一個心腸很好的人，他心愛的獨生女兒將要嫁到很遠的村子去。出嫁的當天，女婿家派來氣派的迎親隊伍，女兒的母親和親戚們一起簇擁著轎子說：「新娘子，新娘子。」眼看著轎子一路翻山越嶺而去，突然天空飄來一朵烏雲籠罩著轎子，就在大家說「這怎麼搞的，怎麼辦啊」的時候，黑雲把轎子中的女兒給吹走了。

母親眼看心愛的女兒被吹走，擔心的差點要瘋了，她說：「無論如何我也要把女兒找回來。」帶了一些烤飯糰就去深山裡找女兒。她尋遍荒山野外都沒有找到，眼看天就要黑了，她看到前面有一個小廟堂，到那裡說：「不怕您見笑，不知道能否借宿一宿？」裡面出來一位女尼說：「這裡沒有換洗的衣服和吃的，妳就將就湊合一宿吧。」當母親進入廟堂之後，因為太過疲勞所以馬上躺下來。女尼見狀，把自己的衣服脫下來給她蓋上，當女尼蓋好衣服之後說：「妳要找的女兒就在河對面鬼的家裡，但是因為有大狗和小狗守著那條河，所以妳過不去的。

這些狗在白天的時候會睡覺，妳必須趁這個時候渡河。河上面的橋叫做珠算橋，是由許多珠子所串成的，妳必須要小心不要踩到這些珠子，如果踩到就會送命，非小心不可。」

第二天早上，母親因為聽到窸窸窣窣的聲音而醒過來，一看自己是睡在草原之中，哪有什麼廟堂。早上的風吹著這些草發出窸窸窣窣（悲鳴）的聲音，母親是枕著一個受風吹雨打而剝落的石塔碎塊睡著的。母親口中唸道：「女尼姑，謝謝妳啊。」於是依照女尼所說的來到河川旁邊，正好那些狗還在睡，她小心翼翼不踩到珠子地過橋了。當她一過橋就聽到熟悉的織布聲，母親想都沒想就大叫女兒，女兒果然走出來，母女倆高興地抱在一起。

女兒用一個很大的鍋子做晚飯給母親吃，她說：「如果被鬼發現就糟糕了。」所以把母親藏在石頭櫃子裡面。這時鬼回來了，一面說：「怎麼有人的臭味？」一面湊著鼻子拼命聞。女兒回說她不知道，要鬼一起去院子裡面賞花。庭院裡面有一株不可思議的花，會依照房子裡面有幾個人而開幾朵花。鬼一看今天居然開了三朵花，馬上勃然大怒說：「妳把人藏在哪裡了？」準備要大肆搜尋。女兒正愁不知怎麼辦才好的時候，突然心生一計說：「我有身孕了，所以花才開了三朵啊。」沒想到鬼馬上由怒轉喜，高興地呼喊著家裡面的隨從：「來人啊，快拿酒來，把太鼓也拿來，表演歌舞。」開心地在房子裡跳來跳去。隨從們也高興地說：「拿酒、拿太鼓。把大狗、小狗都殺來吃吧。」歡天喜地的展開慶祝。

最後終於所有的鬼都喝醉睡著了。最大的那個鬼說：「喂，我要睡在櫃子裡面，帶我去那個木櫃子那裡。」女兒一聽是木櫃就放心了。女兒把鬼放在木櫃裡面，蓋了七層蓋子，又釘了七個釘子，這才趕快把母親從石櫃子裡面放出來，兩個人一起逃出鬼的家。大狗、小狗都被吃掉，所以沒有人阻擋她們，當她們跑到倉庫，商量要「坐萬里車好、還是千里車好」時，女尼出現說：「萬里車、千里車都不行，趕快坐船逃跑。」母女倆於是坐上小船，一溜煙地想要逃跑。

在木頭櫃子裡面睡覺的鬼因為口渴而大喊：「喂，拿水來。」但是叫了很多遍，發現沒有反應之後，打破七層蓋子出來，發現女兒不在了。他找遍各處都沒有蹤跡，說：「這個餓鬼居然跑了。」於是把所有的隨從都叫起來。他們到了放交通工具的倉庫，發現小船不見了，所有的人都跑到河邊去找。這時母女的小船已經划到很遠的地方去。鬼跟隨從們說：「把河川裡面的水喝光。」眾鬼馬上聽從命令，低頭到河水中，大口大口地喝起水來，河裡面的水果然越來越少，眼看母女的小船也開始後退，雖然還沒有退到鬼的地方，但是母女因為在船中無計可施，已經決定坐以待斃，這時女尼出現說：「妳們兩個不要拖拖拉拉，趕快把重要的地方露給鬼看。」於是女尼和母女三個人一起把和服的裙子拉起來，鬼一看到之後笑翻了，因此把所有的水都吐回去，小船得以駛向遠方，母子在千鈞一髮之際獲救。

母女因為女尼的幫助，所以想要送女尼大禮道謝，但是女尼說：「我本是荒野中的一座石塔，妳們每年在我的旁邊立一座新的石塔就夠了，這比什麼都還讓我高興。」她說完之後就消失了。

母女終於平安無事地回到家裡，她們從此沒有忘記女尼的恩惠，每年都為她樹立一座新的石塔。

關敬吾編《桃太郎・舌きり雀・花開爺——日本民間故事（II）——》（『桃太郎・舌きり雀・花さか爺——日本の昔ばなし（II）』）（岩波文庫，一九五六年。）

6 天鵝姊姊

——鹿兒島縣大島郡

沙須國有一位沙須國王。王后在生下一女一男之後就過世，留下的女兒名叫阿玉，兒子名叫蟹春。

國王在王后死了十年後都沒有續弦，含辛茹苦地扶養他們，直到有一天他跟這兩個孩子商量說：「阿玉、蟹春，我想要幫你們找一個母親，如果你們沒有母親，當別的國王來訪時會很沒有面子。」孩子們說：「請您去找一位吧。」於是父親說：「那你們看家三天，我去找一個母親來喔。」接著父親就出門了。

他在三天之內找了很多地方，雖然遇到很多女性，但是沒有一個他想要娶為妻子的。當他到了一個叫做山田貴野的地方時，看到一位美女在織布，當國王說「不好意思」後，女子說：「您是從哪裡來的啊，要上來抽根煙嗎？」「我是沙須國的國王，因為妻子過世，所以想要找一位妻子，妳要不要成為我的妻子？」「真高興您這麼說，我的丈夫是山田貴野的國王，但是在我生了一個女兒之後就死了，這個家現在也已經轉手給別人，現在以織布維生，如果您可以把我們母女帶走的話，那是我求之不得的。」事情就這麼決定下來，三個人一起回到家裡。

父親說：「阿玉，給你們帶母親回來囉，快出來打招呼。」阿玉聽到父親的聲音出來，說：「看那頭髮，跟生我的母親一樣啊。看那衣服，就像我母親的衣服一樣。請您當我們的母親。」馬上喊對方為母親。新母親也很寶貝這兩個孩子。

阿玉後來被許配給佐賀的王子，眼看明天就要嫁過去。母親把阿玉叫過來，說：「阿玉，你去杉山採一些蕁。我要做蒸籠的網子好蒸味增。」當阿玉把蕁採來之後，母親已經煮好一鍋沸騰的水，把蕁做的網子交給阿玉，說：「好啦，阿玉，去把熱湯澆在網子上。」「我不要，母親，萬一掉進去會被煮死的。」「就要嫁給那樣威武的王子當妻子的女孩，怎麼連加個水都辦不了呢。」母親說完之後，順手把阿玉抓起來丟到大鍋裡面。

阿玉一下就被煮死了，弟弟蟹春看到這個情景，連大氣都不敢喘一下，只能無聲地哭泣著。母親跟父親說：「你真是娶了一個不好的太太，正當我想要蒸味增的時候，女兒因為要把水澆進去，結果掉進去被煮死了。」父親一聽，「真是糟糕，這是要給人的孩子啊，明天要怎麼跟佐賀的國王交代？」「不需要擔心，我們還有加奈，讓她頂替阿玉嫁過去就可以了。」妻子這麼說。父親因為心痛不已而先睡去。

到了第二天，佐賀的王子果真來迎親。父親因為生病而沒有辦法去，所以母親和加奈及蟹春一起過去。她們在那裡受到盛大的招待，在要回來的時候，母親跟國王說：「蟹春是阿玉的貼身佣人，白天你就讓他打柴，晚上讓他幫你們揉腳搥背。」當她回去之後跟父親說：「我叫加奈改名為阿玉，已經嫁給佐賀的國王了。」當父親問：「蟹春怎麼樣了？」她回道：「蟹春怕姊姊在不熟悉的地方會寂寞，所以留在那邊陪她，七天之後回來。」

從加奈變成阿玉的那天開始，她就叫：「蟹春，趕快把飯吃了，去山裡面砍柴。」蟹春只好來到山裡面。他根本不知道要去哪一座山，到哪裡去砍柴，無計可施之下只好去埋著姊姊屍骨的杉山，當他念著「杉山、杉山」時，埋著姊姊屍首的地方出現一隻天鵝，把杉的枯枝折斷，堆在他的面前。「我是你的姊姊啊，你怎麼啦？」「他們要我撿柴、燒火，連腳都要我洗，這樣折磨我。」「好可憐喔，你沒有穿的衣服嗎？」「就只有這一件而已。」「等你回去之後，紡織機的旁邊會有一些零線碎布，你去把那些撿來，姊姊給你做衣服。」

蟹春和姊姊分開之後回家。他第二天很早就起床去紡織機旁邊看，果然有一些碎布零線的，他撿了一些來到杉山，當他喊著「杉山」時，天鵝出現問他：「找到一些零線碎布了嗎？」「找來了。」「你今天撿柴回去之後，就說頭痛趕快去睡。晚飯也不要吃，明天早上的稀飯可以多吃一些，晚飯如果也是稀飯的話，也可以多吃一點，如果是乾飯的話就只要吃半碗，連續睡個三天。等到第四天的早晨就說你病好了，早飯趕快吃一吃就來山裡面。」天鵝說完這些話之後，就把杉葉收集好叫他帶走。

蟹春把柴火頂在頭上回去了。他依照天鵝姊姊教他的，稱說頭痛就睡了。等到第四天的早晨說：「我已經好了，今天去山裡面撿柴。」就趕快來到杉山。當他叫「杉山」時，天鵝姊姊把包好的衣服叼過來。

「這衣服給你，當你回家之後千萬不要擺在乾淨的地方，要藏在灶前最髒的那塊榻榻米下面，等到晚上睡著，第一次冷醒的時候，再把衣服拿出來穿。等到天亮之前再把衣服藏回去。好啦，這些柴火給你。」說完之後，就把收集好的柴薪交給他。「我在這裡只待到今天，明天就是第十七天，我必須要去下一世的國王那裡報到，從今之後不要再叫我囉。」姊姊說完之後就和弟弟道別。

弟弟邊哭邊回到家，他把衣服藏在灶前面最髒的那塊榻榻米下面。當晚上第一次冷醒的時候就把衣服拿出來穿。但是這天晚上，佐賀王因為睡不著，叫傭人添加火爐的柴火也沒有人應，叫妻子也不起來，實在沒有辦法，只好自己去灶前，沒想到看到灶前有個很大的東西在閃閃發光。他以為是火，所以用火夾子去夾，沒想到夾起來一個很大的東西，仔細一看，是一件非常豪華的衣服。國王問他：「你這個小孩子從哪裡拿來這麼豪華的衣服呢？」弟弟於是哭得上氣不接下氣，但聽到國王這麼說「我沒有要打罵你的意思，你就老實告訴我為什麼吧」後，便把姊姊的東西都拿了出來，然後牽著國王的左手說：「請到外面去，我有話跟您說。」兩個人到外面去之後，蟹春把所有的事情原原本本告訴國王。「你怎麼不早一點跟我說呢，明天早上早一點做飯，我們趕快去姊姊的地方找她。」「明天就是姊姊死後第十七天，她必須要去下一世的地方，姊姊叫我不要去找她了。」「如果不去見她的話，我怎麼樣也不會安心，好啦，趕快把早飯做好，帶好兩人份的飯糰就出發吧。」於是兩人在天未明之際就出發了。

兩人到了杉山，國王說：「姊姊看到我站在這裡，說不定不現身，我先藏在樹根邊，你拿樹枝蓋在我身上。」等國王躲好之後，弟弟就大喊「杉山」，天鵝姊姊於是出現說：「怎麼啦？不是已經跟你說不要再叫我了嗎，我已經走在半路上，又特地折回來耶。」這時佐賀王出來說：「妳真的不能回復原來的人形了嗎？」「到昨天還有可能，但是今天已經是第十七天，已經有命令要我去下一世的國王那裡，現在為時已晚。但是我去跟國王商量看看，總之你們先回去，在兩個門柱上各放一個擂缽，在裡面裝滿水。如果看到一隻白色的鳥飛到裡面沾水的話，就去花園的假山那邊找我，應該可以找到我的身體。如果沒有小鳥去門柱上的擂缽，那表示我已經不可能回復為人。」當姊姊在說話的時候，國王試圖去握住天鵝。「你不可以碰到我。」「就算妳罵我，我也想要握住妳，因為我太痛苦了。」國王這麼說之後伸手去握，沒想到張開手一看，裡面只有三隻蒼蠅。

國王回到家中之後說：「父親、母親，之前結婚的喜悅根本就是不值得的。拜託你們，讓我在門柱上面擺放擂缽。」父母回道：「這裡的財產全部屬於你，照你的意思辦吧。」於是國王在門柱上擺放兩個大擂缽，終於有白色的鳥飛來，兩次飛去沾擂缽中的水，於是國王趕快去假山那邊看，發現假山後面站了一位足以讓太陽失色的美女正拿著一個水鉢站在那裡，國王把這個女子裝在籃子裡面帶到二樓去。

國王將壞妻子斬首，再把不知情的後母叫來，把她女兒的頭包成土產的樣子要她帶回去。當她走到一半因為頭痛而休息的時候，把土產打開來看，發現是女兒的頭，結果因為過於驚嚇而氣絕身亡。

國王和阿玉正式結婚，得到祝福。兩個人帶著蟹春一起去沙須國探老國王的病，國王發現他們都平安無事，高興地痊癒了。蟹春之後娶了一位很好的妻子讓父親安心，從此姐弟互相扶持，到現在還過著幸福快樂的生活。

關敬吾編《一寸法師……》（『一寸法師……』）（如前面所揭示，岩波文庫）

7 浦島太郎

——香川縣仲多度郡

從前，在北前大浦這個地方住了一個名叫浦島太郎的人。他和七十幾、快八十歲的老母親兩個人住在一起。浦島是漁夫。他還是單身，有一天母親說：「浦島啊，浦島啊，我沒有關係的，你去娶房妻子吧。」「我還不能真的養家活口，娶妻子也養不起她。當母親還健在的時候，我就每天打漁，我們就這麼過吧。」浦島這麼回答。

時光飛逝，眼看母親已經八十歲，而浦島也四十歲了。秋天鎮日吹著北風，根本沒有辦法出去捕魚。但是沒有魚就沒有錢，到最後連奉養母親吃飯都沒辦法了。浦島心想「如果明天天氣好轉就好」，於是倒身睡去。當他發現天空看起來比較晴朗的時候，趕快爬起來划船去釣魚。但是當東方已經要泛白時，他還沒有釣到一條魚。他正在發愁的時候，突然覺得有大魚上鉤，趕快拉起來一看，居然是一隻烏龜。他試著用兩隻手將烏龜抱上船，烏龜也沒有掙扎的樣子。浦島說：「原來以為是鯛，結果是你這隻烏龜。就是因為你讓別的魚上不了鉤，我把你放了，你趕快去別的地方吧。」就把烏龜放回大海中。

浦島一面抽著煙，一面釣魚，但是根本就沒有魚上鉤。到了中午之前，發現似乎有大魚上鉤，拉上來一看，又是剛剛那隻烏龜，「不是已經跟你說去別的地方嗎？釣不到魚，老是釣到烏龜，運氣真是不好。」他雖然這麼想，但還是把烏龜給放了。釣不到魚不能回去，所以他又痛苦地在海上忍耐兩個小時，但是根本沒有釣到什麼能吃的。好不容易覺得有魚上鉤，結果又是那隻烏龜，他還是把烏龜給放了。就這麼幾次之後，一天就要過去，但是什麼也沒釣到。眼看太陽就要西下，他一面想回去之後母親會怎麼說，一面準備把小船掉轉過頭，這時看到對面有一艘小船。那艘船不知道要幹什麼，朝著浦島的方向划過來。浦島把船稍微往右偏一點，那艘船也跟著往右，這邊的船往左一點，對面的船也往左，最後兩條船成平行。小船的船伕開口說：「浦島先生，你上來我們這條船吧，龍宮的乙姬小姐派我來接你的。」「我如果去龍宮，我的母親一個人沒有人照顧，所以我不能去。」「我們會派人照顧她，你過來這條船吧。」船伕這麼一說，浦島也沒多想就過去那條船。小船一等浦島上船之後，就進入大海裡，往龍宮前去。

浦島一看海裡真有一座豪華的宮殿。乙姬覺得浦島可能餓了，所以招待他吃飯，還說：「你玩個兩、三天再走吧。」浦島發現龍宮有許多像乙姬小姐一樣漂亮的女孩，伺候乙姬更衣，不知不覺就在龍宮過了三年。他想想該回家了，就把這個想法告訴乙姬，乙姬送給他一個三層的玉箱子，告訴他：「必要的時候可以打開這個箱子。」他坐上小船，在一座長得像鼻子的山旁邊下船。

浦島回到村子之後，發現山的樣子都變了，山丘上的樹有的枯了、有的沒了。他一面想著「我才離開三年，這是怎麼搞的」，一面往家裡去，看到有一戶編織稻草的人家裡有一個老人在捆稻草，他過去打招呼問說：「請問知道一個叫做浦島太郎的人嗎？」那個老爺爺說：「在我爺爺那一代的時候，曾聽說過有一個叫做浦島的人去了龍宮，但是一直沒有回來。」浦島接著問他：「這個人的母親怎麼樣了？」聽說好像很久以前就死了。

浦島往自己家的走去，發現那裡除了洗臉盆的石頭和庭院的腳踏石之外，什麼都不剩。他想了一下，打開那個玉箱子看，第一層的箱子裡面裝了一片鶴的羽毛；打開第二個箱子一看，裡面冒出白煙，這陣煙把浦島變成一個老公公；打開第三個箱子看到裡面放了一面鏡子，他拿起這面鏡子，發現自己變成老公公，覺得非常不可思議，這時剛剛的鶴羽毛黏在自己的背上，他飛到母親的墳墓旁邊去繞了幾圈，這時乙姬變成一隻烏龜，已經在沙灘上等待著浦島。

描寫鶴和烏龜相舞的伊勢音頭之曲調，就是由此而來。

關敬吾編《一寸法師……》（『一寸法師……』）（如前面所揭示，岩波文庫）

8 鶴妻

——鹿兒島縣薩摩郡

有一位名叫嘉六的男子，他從事燒炭的工作，和七十歲的老母一起住在山裡面。因為是冬天，所以當他要去城裡買棉被的時候，看到一隻鶴被困在獸網裡面。他想要解開網子救鶴的時候，裝設獸網的男人出現說：「你怎麼破壞人家弄好的東西呢？」嘉六拜託他，「我是因為看牠可憐，想要幫助牠，這樣吧，你把鶴賣給我吧，這裡是我要買棉被的錢，你拿去吧。」男人就把鶴賣給他，嘉六一拿到鶴就把牠放走了。

就算今天晚上會很冷也得這麼做——嘉六這麼想著回到家，當母親問他：「你不是要去買棉被嗎？」他回答：「母親，我看到鶴被困在獸網裡很可憐，就用買棉被的錢把鶴買下來，救了那隻鶴。」母親說：「這樣啊，你這麼做沒關係的。」

到了第二天晚上的時候，突然有一位絕世美女來到嘉六的家，「今夜可以讓我借宿一宿嗎？」本來嘉六因為「我們家太破」想要拒絕，但是對方說：「沒有關係，請務必收留我。」

只好讓她住下來。這時女子說：「我有事想跟你商量，可以聽我說嗎？」「什麼事情啊。」「請務必讓我成為你的妻子。」「我這輩子都沒有看過妳這麼美麗的女子，我是一個吃了今天這頓、不知道下一頓有沒有得吃的人，不可能娶妳這樣的人為妻。」「請你不要這麼說，娶我為妻吧。」「這真是讓我為難。」——嘉六的母親聽到這些對話後說：「如果妳這麼說的話，那就嫁給我兒子，一起努力吧。」她就這麼嫁給他了。

過了沒有多久，這位妻子說：「我要進去衣櫃裡面三天三夜，請你絕對不要打開衣櫃偷看。」之後她就真的進去衣櫃裡，不見身影，直到第四天終於出來。丈夫說：「很辛苦吧，好擔心妳喔，趕快過來吃飯。」妻子應聲「好」，就過來吃飯。這時她說：「嘉六、嘉六，我在衣櫃裡面織了一匹布，你去賣個兩千兩吧。」妻子說完之後，從衣櫃裡面拿出一匹布。嘉六拿了這塊布，去到領主的家。沒想到領主說：「這麼漂亮的布，不要說兩千兩，三千兩我都買，你再做一匹吧。」「好的，我回去問我的妻子再回報您。」「不用問啦，你答應不就好了，我給你錢。」——嘉六回家之後，把這件事情告訴妻子。妻子說：「那就再織一匹吧，但是這次我要進去一個星期，這段期間之內，絕對不可以偷看喔。」於是又進到衣櫃裡面。

到了一星期之後，嘉六因為非常擔心，所以把衣櫃打開來看。結果看到一隻幾乎沒有羽毛的鶴，正拔著自己身上的細毛在織布，眼看就要織好了。這時鶴說：「布織好了，但是你已經看到我的身體，對我有了成見，我必須要走了。我實際上是你救的那隻鶴，你按照約定把這塊布交給領主吧。」鶴接著安靜地面向西方，這時約莫有一千隻鶴飛來把這隻沒有羽毛的鶴給帶走。

嘉六雖然因此得到很多錢，但是他非常思念鶴，已經到了無法停止的地步。他找遍整個日本，最後坐在一個海邊，突然看到有一個老公公駕著一艘小船而來。他正心想這附近也沒有什麼小島，這艘小船是從哪裡來的時候，小船已經到了岸邊。「老公公、老公公，你是從哪裡來的啊？」「我是從名叫仙鶴羽衣這個小島來的。」「你可以帶我去這個島嗎？」「好。」——他坐上船之後，一陣疾行，轉眼到了一個美麗的白色沙灘。當船靠岸、嘉六站上白色沙灘之後，小船和爺爺都不知去向。

嘉六爬上海邊的平地之後，發現有一個大池子，這個池子的中間有一個沙丘，那裡有一隻沒有羽毛的鶴，還有許多其他的鶴。沒有羽毛的鶴原來就是鶴王。嘉六在這裡接受招待之後，又再次坐老公公的船回來了。

關敬吾編《胖爺爺……》（『こぶとり爺さん……』）（如前面所揭示，岩波文庫）

9　沒有手的女兒

——岩手縣稗貫郡

從前有一對感情很好的夫婦，他們有一個很可愛的獨生女，但是女兒四歲時母親就死了。後來雖然來了新的母親，但是這個母親非常討厭這個繼女。她總是想著要怎麼樣把這個女兒趕出去，但因為這個女兒非常聰慧，所以她總是找不到機會。

討厭繼女的日子一天天過去，轉眼女兒已經十五歲。繼母每天都想著要怎麼樣才能把這個討人厭的女兒趕走，終於有一天她跟父親說：「孩子的父親啊、孩子的父親啊，我怎麼樣都無法再和那個伶牙俐齒的孩子住在一起，你可以把她趕出去嗎？」父親因為對繼母言聽計從，所以說：「好啦、好啦，妳不要擔心，我會想辦法的。」心裡已經下定決心要把這個無辜的女兒趕走。有一天父親說：「女兒，我們去廟會吧。」父親為女兒換上從來沒有沒給她穿過的漂亮和服，帶她出去。

那一天的天氣非常好，而父親從來沒有這樣帶她出門，所以女兒非常開心地跟著父親出去。說要去看廟會，卻一直往山裡面走，女兒忍不住問：「父親、父親，廟會在哪裡啊？」父親回說：「過了一座山、兩座山之後，就在一座大城下。」於是父親在前面帶路，兩人越來越往深山走去。當他們越過兩座山之後，父親說：「女兒，吃午飯吧。」把帶來的飯糰拿出來，兩個人一起吃起來。吃完飯之後，女兒因為走太多路而睏得睡著了，父親見狀想是時候了，就從腰際解下柴刀，砍斷可憐的女兒的右手和左手，把哭喊著的女兒丟在那裡，一個人下山去了。女兒倒在血泊裡喊著：「父親，等等我，父親，好痛喔。」她邊跌邊跑地想要追父親，但是父親頭也不回的走了。「啊，真悲哀，為什麼自己的父親會做出這麼殘忍的事情呢？」她這麼想著，但是因為已經無家可歸，只好在山谷的小溪中洗淨傷口，吃著草木的果實而活下來。

有一天，有一個相貌堂堂的年輕人騎著馬，帶著許多隨從經過。他看到草叢中的女孩，問說：「咦，長得是人的樣子，為什麼沒有手呢，這是什麼啊？」這時，女孩說：「我被自己的父親丟棄，是沒有手的女兒。」說著說著就忍不住哭起來。年輕人問清楚緣由之後，覺得女孩非常可憐，「妳沒有地方可以去，就來我家吧。」於是把女孩放在馬後面，帶下山來。年輕人回家之後稟告母親：「母親，今天打獵沒什麼收穫，不過從山裡面撿了一個沒有手的女孩。她是一個很可憐的女孩，請讓她住下來吧。」於是把女孩的事情一五一十地告訴母親。

母親是一個心腸很好的人，她把女孩的臉洗乾淨，把頭髮也梳好。她為女孩化好妝之後，女孩恢復了原本的漂亮樣子，母親為此非常高興，把女孩視作自己親生女兒一樣疼愛。過了一陣子之後，年輕人拜託母親說：「母親、母親，請您讓她做我的新娘好嗎？」「如果是那個女孩的話，我也早就有此心意了。」母親表示贊成，兩人很快就舉行婚禮。

女孩沒多久就懷孕了，女孩、母親感情很好地住在一起，但是年輕人卻得去江戶一趟。年輕人拜託母親說：「母親，小孩子就拜託您了。」母親跟他約好，「不用擔心，小孩子一出生，就馬上派人傳消息去。」年輕人就去江戶旅行。

女孩沒多久就生了一個可愛的男孩，母親說：「女兒啊，我要趕快把這個消息傳去江戶。」就把生小孩子的事情寫在信上，交給隔壁負責傳信的人，吩咐他立刻送去江戶。送信的人穿山越野，途中因為口渴來到一戶人家，希望可以討一點水喝。結果這一家就是沒有手的女孩的娘家。繼母問送信的人說：「你要去哪裡啊？」他沒有多想就說：「喔，因為隔壁富翁家那個沒有手的媳婦生了一個兒子，所以我要趕快送信給在江戶的少爺。」

繼母從送信的口中知道繼女還活著，她說：「天氣這麼熱，要到江戶還有好一段路，你先好好休息一下吧。」接著拿出許多酒菜招待他。送信的沒多久就喝醉了。繼母趁機把箱子裡的信拿出來看，上面寫著「生了一個比玉還珍貴的兒子」，繼母見信之後說：「真是討厭。」所以改寫成「生了一個不知是鬼還是蛇的怪物」，再把信放回箱子裡。這時喝醉的送信人醒過來說：「哎呀，我真是打攪您太久了。」繼母一副很親切的樣子說：「你回來的時候一定要再來喔，我很想聽聽有關江戶的事情。」

年輕人看到送信人帶來的信，嚇了一大跳，但是他寫道：「像鬼像蛇沒關係，在我回來之前請好好撫養他。」又叫送信人帶回去。傳信人記得他去江戶時受到殷勤招待的事情，想到還有可能喝到好酒，所以又再去那戶人家。繼母一看到他就說：「呀啊，這麼熱的天，已經回來了啊，快進來吧。」讓送信人坐下來說：「喝吧，吃吧。」又把送信人給灌醉。當她看到送信人睡著之後，把信給寫成「我根本不想看到這種小孩的臉，我也不想看到那沒有手的妻子，請把她和孩子一起趕出去。如果不這麼做的話，我一輩子都不會回去，我要永遠住在江戶。」又把信放回箱子裡。

送信的人醒來並向繼母道謝之後，繼續翻山越嶺，回到富翁的家。年輕人的母親說：「趕快看看兒子寫了什麼。」打開信一看，裡面的內容讓她大吃一驚。母親問道：「這可不得了，你在半路上沒有在什麼地方停過嗎？」送信的人謊稱：「沒有，哪裡都沒有停。我就像馬一樣直直地去，直直地回來了啊。」

母親沒有把信的事情告訴沒有手的姑娘，本想等兒子回來再說，每天想著今天會回來還是明天會回來，但是年輕人似乎沒有要回來的跡象。母親沒有辦法，只好把媳婦叫來，把兒子從江戶寫來的信告訴她。媳婦聽了非常難過，但是她說：「母親，我沒有辦法報答您對我這個不全人的恩惠，雖然離開是痛苦的，但如果這是少爺的意思，我也沒有什麼好說的，我現在就走。」她把孩子背在背上，哭著和母親分別，離家而走了。

她雖然從家裡出來，但是根本沒有可以去的地方，就在不知往哪裡走的時候，突然覺得口很渴。她來到一條河邊，想要低頭喝水，但就在她彎下腰的時候，背上的孩子眼看就要滑下去，就在她大叫「啊，誰來幫幫忙」時，驚嚇之餘，用沒有手的手臂試圖扶住小孩，不可思議的是她突然生出兩隻手，抱住眼看要掉下去的孩子，她高興地說：「啊，好高興喔，我的手回來了。」

這時年輕人因為想要趕快和妻子、孩子及母親相聚，所以從江戶回來。但是他卻發現妻子和孩子已經走了。當他聽了母親的話之後，覺得隔壁送信的人很可疑，當他仔細盤問送信人之後，發現他曾經在繼母家喝酒的事情。母親說：「真是太可憐了，趕快去把她找回來。」叫年輕人立刻去找。

年輕人到處找她，這時來到河流旁邊的一個神社。看到一個抱著孩子的女乞丐，正虔心向神明祈禱。那個背影非常像他的妻子，但是妻子怎麼會有兩隻手呢，年輕人覺得很不可思議，所以開口詢問。一看那回頭的女乞丐就是他那沒有手的妻子。兩個人高興地抱頭痛哭。

沒想到眼淚掉下去的地方，居然開出美麗的花朵。三個人一起回家，歸程上的草木全都開花了。之後聽說繼母和父親因為虐待女兒的事情，被當地的莊頭處罰。

關敬吾編《胖爺爺……》（『こぶとり爺さん……』）（如前面所揭示，岩波文庫）

10 火男的故事

——岩手縣江刺郡

有一個地方住了一個老公公和一個老婆婆。老公公去山裡砍柴的時候，發現一個很大的洞穴。他認為這個洞裡可能住了不好的東西，所以想要拿什麼東西塞住它。他這麼一想，就拿一束柴塞進洞裡面，本以為這些柴可以塞住洞口，沒想到柴居然掉進去了。於是他又塞了一束，結果也掉進去。就在他想著再塞一束、再一束的時候，居然把這三天砍的柴全部都丟進去了。

這時洞穴中出現一位美麗的女性，謝謝他送那麼多柴，邀請他去洞穴裡玩一次。他禁不住邀請，決定進去看一看，結果發現裡面有令人眼睛為之一亮的房子。房子的旁邊整齊地堆放著老公公三天來砍的柴。美女邀請老公公進去，裡面是一個很漂亮的房間，有一位相貌堂堂的白鬍老翁，他也向老公公道謝。老公公受到熱誠的招待，就在要回去的時候，得到一個小童子作為謝禮。這個童子長了一張醜到難以形容的臉，而且不停摳他的肚臍。老公公本來想拒絕，但是因為對方執意，只好把這個童子帶回家。

這個小孩在回到老公公家之後，還是不停摳他的肚臍。有一天，老公公拿火把去照，發現肚臍裡面有小金粒掉出來，自此之後每天三次掉金粒，老公公家因此而越來越富有。但因為老婆婆是個貪心的女人，為了想要更多的金粒，所以趁老公公不在的時候，拿火鉗去戳小孩的肚臍。沒想到沒有金子掉出來，孩子反而死了。老公公回來知道之後非常難過，晚上小童出現在他夢裡，叫老公公不要哭，教他做一個和小童的臉相似的面具，掛在每天都會看到的灶前柱子上，這樣家裡就會興旺，還告訴老公公他的名字是火男。

這附近的村子到現在都有用木頭或土做醜臉（火男）面具，掛在灶前一個叫作釜男的柱子上的習慣。

關敬吾編《胖爺爺……》（『こぶとり爺さん……』）（如前面所揭示，岩波文庫）

11 燒炭富翁

——鹿兒島縣大島郡

從前有東家富翁和西家富翁這兩個人，兩個人是釣友，每天晚上都一起去海邊釣魚。不久兩個人的妻子都懷孕了。某天晚上，兩人一如往常地去海邊，但是因為潮水未乾，所以決定在等待的時候先休息一下，兩人枕著一塊木雕睡去。東家富翁馬上就睡著了，但是西家富翁沒睡著，這時尼拉（龍宮）神出現，對著他們兩人睡的木雕說：「木雕、木雕，東家富翁和西家富翁的孩子生了，你趕快過去賦予他們命運。」木雕答說：「我現在被人當枕頭睡在上面，你幫我去吧。」尼拉神去了一會又回來說：「我去過了。東家富翁生了一個女兒，這個孩子有一升鹽的富貴命。西家富翁生了一個兒子，他是一根竹子的命。」木雕說：「一升鹽會不會太多啦？」「不會，這個女孩子生的就是這樣的命。」尼拉神說完之後就回去了。

西家富翁聽到神明們的話，知道自己的兒子被賦予一根竹子的命，想著該怎麼幫他才好，於是把東家富翁叫醒。「東家的老爺、東家的老爺。我剛剛做了一個夢，夢到你們家和我們家的孩子都生了，我們回去看看吧。」兩人於是不釣魚而準備回去。在回去的路上，西家富翁對東家富翁說：「東家的老爺，咱們商量一下。我們約好如果我們家生了女孩子，而你生了男孩子，那你們家的孩子當我們家的女婿；如果你生了女兒，而我生了男孩的話，那我們家的孩子當你們家的女婿。」東家的富翁覺得這個提議很好，兩個人約好之後，回家一看，東家的富翁生了女兒，而西家的富翁生了男孩。

兩個孩子都被呵護地照顧長大，轉眼已過十八年。東家的富翁對西家說：「依照孩子們出生那天晚上的約定，你的兒子給我們當女婿吧。」於是西家的兒子成了他們的女婿。

兩個人成為夫妻住在一起，到了五月的大麥收穫祭時，妻子做了麥飯供奉神明和祖先，接著也給丈夫盛了麥飯說：「一捆麥草會變成一斗麥，而這是一斗麥在精研成一升之前所作的飯。因為今天是大麥的收穫祭，所以我們吃這個。」但是丈夫勃然大怒說：「這要是米我還會吃，我不可能吃這種沒有搗研過的東西，大麥哪是人吃的東西。」就把一桌的飯菜都踢翻了。妻子見狀說：「我不可能再住在這裡，這個家業是我父親給我的，就給你吧。我就拿著你踢翻的這些飯菜和碗盤離開這裡。」她撿了食物和碗盤，把那些打翻的大麥一粒不剩地撿起來後就離開家了。

當她出門時遇到下大雨，聽到雨中有兩位米倉神在說話，「這麼好的大麥都一腳踢翻，我們要是還留在這裡，一定也會被那個一根竹子命的男子踢翻。在大北的多原有個燒炭五郎，是一個心地好、樣貌端正的勤奮工作者，我們去他那裡吧。」妻子聽到這些話，心想：「真是聽到好事情了，這是我們家的米倉神說的話，怎麼樣也得去看看那個燒炭五郎的家。」她不分日夜地走去，看到前面有一個忽明忽暗的燈光，順著走去，終於找到燒炭五郎的家。妻子說：「不好意思、不好意思。」五郎應聲出來。她拜託說：「請讓我今天晚上借宿一宿。」五郎拒絕她說：「我們家是頭進去腳就得露出來、腳進去頭就得露出來的小房子，怎麼可能留宿您這樣的貴人，往前走有比較大的房子，您去那裡借宿吧。」但是女子又拜託他說：「外面這麼暗，一個女子不可能單獨行走，屋簷下也可以，只要能讓我歇腳就可以。」他說：「如果是這樣，那就請進吧。」於是讓她進來。

她進去之後，五郎拿出炒米茶來招待她，妻子接過茶，拿出自己帶來的麥飯和他一起分著吃。妻子說：「怎麼樣，娶我做妻子吧。」五郎一聽嚇了一跳，「像我這樣的人，如果娶妳這麼高貴的人當妻子，是會招罪孽的。」她說：「不會，絕對不會有這種事情。這是我自己希望的，請你讓我當你的妻子。」五郎說：「如果是這樣的話，那就請妳當我的妻子吧。」就答應她了。

第二天的早上，妻子對五郎說：「這是我第一次看你燒炭，讓我把你今天燒的炭一個不露看過一遍。」於是兩人到窯那邊去，結果發現窯裡面滿是黃金。他們把這些黃金拿出來，拜託木匠做大箱子裝黃金，兩個人從此成為富翁。

那個只有一根竹命運的男子後來變得非常貧窮，最後靠著行走村落之間販售竹子製的工藝品維生。有一天，他來到燒炭五郎的家，五郎的妻子認出他來，用兩升米跟他買了價值一升米的東西，用四升米買了值兩升米的東西。一根竹的男子心想：「真是個笨女人，下次做個更大的竹籠子來賣。」於是又拿一個大籠子想去賣，女子把當初離開他的時候帶走的碗盤拿出來給他看。男子見到之後羞愧萬分，在一個高大的米倉下咬舌自盡。妻子在米倉旁邊挖了一個洞，說：「我沒有什麼可以供奉你的，五月的時候會拿大麥飯祭祀你，你可不能說想吃什麼別的東西喔，希望你能夠自此保佑米倉裡面的東西。」

從此在啟用新米倉的祭典時，都會有先讓女性背著麥草包爬上去的慣例。

關敬吾編《一寸法師……》（『一寸法師……』）（如前面所揭示，岩波文庫）

後記

我從很久以前就想從日本的民間故事當中，探索日本人的心理狀態。因為我在昭和三十七年（一九六二年）赴瑞士的榮格研究所留學了三年，學習從深度心理學的立場分析民間故事，並且開始對民間故事抱持著強烈的興趣。當時我反覆閱讀由關敬吾編著，岩波文庫出版的日本民間故事套書。本文中也提到，民間故事具有跨越時代與文化差異的共通部分，因此我知道在榮格研究所學到的分析，也能相當有效地套用到日本民間故事上，但另一方面，卻也抹消不去那種總覺得仍有某些部份不是很貼切的心情。

回國之後沉潛了一段時間，但沒想到昭和五十二年（一九七七年）出版的《童話心理學》（福音館出版），獲得了極大的迴響。這本書的目的是介紹、解說榮格派對民間故事的看法，所以我試著以日本也非常熟悉的格林童話為題材進行說明。而就如同我在那本書的「後記」所寫的，我覺得自己身為日本人也想試著分析日本的民間故事，這是我不得不做的事情。

《童話心理學》出版後，岩波書店的大塚信一先生立刻邀請我出版分析日本民間故事的書籍，儘管我欣然接受，工作卻遲遲無法進展。首先第一是因為，我覺得在西方學到的分析心理學的概念與方法，無法直接完美地套用到日本的民間故事上。那麼如果採用日本獨有的思維與方法來分析呢？但就如同本文也提到的，日本的民間故事與西方的不同，在性質上無法輕易容許**清楚明快**的分析。基於上述這些狀況，我在分析日本的民間故事時費了一番苦心。我透過自己長年來的臨床經驗，一邊對照自己大致試著掌握到的日本人的心理狀態，好不容易歸納出合理的結果。本書在撰寫時，實際上發揮了筆者近二十年的臨床經驗，雖然完全沒有提到個別案例，但我想應該可試著將本書登場的古老人物形象套用到現代人的狀況。

整體的構想建立之後，我從昭和五十五年（一九八〇年）春天開始動筆，但這時接下了預期之外的教育學院院長職務，由於工作繁忙，花了比預期更多的時間才完稿。時至今日，我卻覺得這或許是意外的好處，正因為自己像這樣寫稿，才能在院長的工作中取得平衡吧。大塚信一先生在這段期間有耐心地鼓勵我，給予我有益的建議，我由衷地想要對他表達感謝之意。

關於民間故事的探討素材，取自關敬吾等人編著的《日本民間故事大成》（角川書店）。為了方便讀者，我將本文主要探討的日本民間故事與外國民間故事這兩者都收錄在附錄。附錄的日本民間故事，來自關敬吾編著的《日本的民間故事》（岩波文庫，分三冊）。而從中選出的，都是我在瑞士留學時更加熟讀，一直以來持續思考的故事。至於與之比較的西方民間故事，我則經常參考小澤俊夫編著的《世界的民間故事》（GYOSEI）。我想對關敬吾、小澤俊夫兩位前輩，以及其他提供我這些思考素材的人士表達感謝之意。我是臨床心理師，不是民間故事的專家。關於資料的使用方法，或許有許多無知的部分。希望諸賢不吝批評指教，讓我能針對這些部分進行修正。

本文第三章與第五章的內容，已經分別以「日本民間故事——笑的深層」（收錄於梅原猛．河合雅雄．作田啟一編著《創造的世界》第二十七號）及「蒲島與乙姬」（收錄於拙作《母性社會與日本的病理》）為標題發表，這次配合本書的脈絡予以補充修正。

前面已經提過，我曾在榮格研究所學習，並取得榮格派分析師的資格，但以日本人為對象進行分析治療時，無法**直接套用**其理論與技法反而是理所當然。我在有意識．無意識進行改變的同時，也逐漸感受到，該如何看待日本人的心理狀態與生活方式的課題，總是加諸到自己身上。這個課題，完全類似於該透過什麼樣的觀點、什麼樣方法解析日本的民間故事的課題。本書企圖針對這些課題，提出我自己的答案。因此我認為，本書並非一般所想的，將榮格心理學**套用**到日本民間故事的分析。因為這不是單純的套用，而是我灌注自己身為心理治療師的所有體驗及生活方式所撰寫而出的內容。我從事的是與個人的生活方式密切相關的職業，因此企圖針對日本人的身分認同，提出我自己的解答。雖然我至今有許多著作問世，但身為日本第一位榮格派分析師，我也感受到某種類似責任的東西，總是考慮著該如何讓讀者盡可能地理解榮格。但這次請讓我拋開這樣的考慮，大膽陳述自己的想法。我不知道各位會給我什麼樣的評價，但我很感謝各位讓我暢所欲言。

我剛開始覺得，融會貫通地看待整體日本民間故事，幾乎是不可能的事情。後來一而再、再而三地反覆閱讀這些民間故事，才終於透過將焦點擺在本書提出的「女性形象」，找出自己融會貫通的方法。當然，這只是一種貫通方式，從不同的觀點也可能找出不同的方法。此外，本書中並未論及筆者這種分析民間故事的研究方法在學術上屬於什麼樣的領域（話說回來，稱得上是學術嗎），在方法論上又是如何確立，我想日後如果有機會，再說明這兩個問題。

雖然表現方式極為日本，但也透過本書，我覺得自己終於能對榮格研究所有所「回饋」。我想對眾多支持我走到這裡的人表達感謝之情。（林詠純譯）

昭和五十六年（一九八一年）歲末

作者

岩波現代文庫版後記

最近對民間故事感興趣的成人增加了，我很高興看到愈來愈多人試著解讀民間故事中關於人的深刻智慧。

如同我在本書原始版「後記」中提到的，我在一九六五年剛從瑞士回國時，一般人都將民間故事當成小孩子的故事，對其興趣缺缺。但本書在一九八二年出版之後，出乎意料獲得許多讀者，至今不僅多次再版，甚至還像這樣被選入岩波現代文庫，我由衷覺得非常感謝。

本書的原始版出版至今過了二十年。我從瑞士回國至今則過了三十多年，原始版恰巧在差不多相當於中間點的時機出版，一想到現在能像這樣編成文庫版，不禁讓人感受到這幾年當中的時間流逝與社會變化。

我剛從瑞士回國的時候，對人「心」感興趣的人非常少，更不用提「日本人的心」了，甚至可說是不值得討論吧。

當時最主流的思維是，該如何改革社會才能讓日本變成更「富足」的國家。支撐那個時代的是透過「科學」的思考，借用西方近代科學的手法，分析社會，構思策略。這點隨時必須依靠普遍、理性的知識作業，因此像我這種個人的、實際的，因此帶有某種非理性要素的想法，就不太有介入的餘地。

然而有趣的是，隨著日本的經濟狀態急遽好轉，人們開始意識到人的「心」。當「物質」變得富足時，果然就無法對「心靈」不聞不問。而且隨著經濟發展，與外國的往來變得頻繁，也愈來愈無法不去意識到自己身為「日本人」這點。初版在這樣的時代出版，保存了延續至今的漫長生命。

我認為這次編輯成文庫版，是為了呼應高漲的全球化浪潮。全球化讓不同文化之間的溝通，從各個方面來看都變得容易。過去那種「與外國之間的交流，交給部分精英就行了」的思維不再適用。

比起過去，有更多更多的人必須思考自己身為「日本人」的身分認同，以及該如何與外國人往來等問題。從這些方面來看，將本書編輯成文庫，讓更多的人可以輕鬆閱讀，是一件值得感謝的事情。

本書的初版翻譯成英文出版，並且附上詩人蓋瑞．斯奈德（Gary Snyder）的用心解說，或許多虧了這點，現在也再版了。

在全球化傾向急速增強的今天，本書與英譯版如果能共同為加深不同文化間的理解帶來幫助，身為作者沒有什麼比這點更令人欣慰。

在編輯成現代文庫時，受到岩波書店編輯部齋藤公孝先生特別多的照顧。在此由衷表達感謝之意。（林詠純譯）

平成十三年（二〇〇一年）歲末

河合隼雄

典藏版編者後記

本書於一九八二年出版，獲頒大佛次郎獎，確立了河合隼雄的評價，這部作品無疑地稱得上是其代表作之一。二〇〇二年發行的現代文庫版也印了十五刷，此外還翻譯成英文、德文、中文（繁體字、簡體字），在日本以外的國家也廣為人知。這部作品在「故事與日本人的心」典藏套書中，與其他著作一同被定位為透過故事探究日本人內心的作品，因此我想其發行具有極大的意義。

榮格派心理治療相較於其他以言語對話為主的療法，較重視夢境與沙遊等意象。這時，被稱為阿尼瑪．阿尼姆斯的異性形象就具有極大的意義。但作者在《榮格心理學入門》中也指出，日本的心理治療中缺乏異性形象，即使探討民間故事，結婚的主題也很少。這樣的現象顯示出日本人或日本文化的心理弱點嗎？亦或是存在著全然不同的可能性呢？本書就從正面回答了這樣的疑問。

就這層意義來說，作者試圖透過民間故事的分析，釐清他在從事心理治療時感受到的日本人的心理狀態，可說是分析民間故事的特殊方法。因此作者原本打算先描述自己的方法論，接著才進入日本民間故事的分析。但我聽說，他與編輯討論之後放棄了這個構想。最後作者將分析的焦點擺在日本民間故事的女性主角，各章探討的女性，從隱身而去的女性，到有忍耐力的女性，最後是振作起來產生自我意志的女性，讀起來彷彿就像女性透過這整本書逐漸改變，是一部故事性非常高的作品。作者以故事性的方式分析、重新講述故事的獨特風格，可說是透過這樣的結構而生。

不過本典藏版重新收錄了序說〈國際化的時代與日本人的心靈〉，因此希望大家能夠閱讀最後一節「關於方法論」。裡面提到，本書採用的方法論不同於以客觀性為重的自然科學式方法論，而是重視主觀性，並依此為依據展開研究。雖然更具體的方式已經無從得知，但至少可以知道作者的方向性。

本書問世後又過了幾年，作者在愛諾斯（Eranos）演講（《解讀日本人的心——夢境．神話．故事的深層》岩波現代全書，二〇一三年）中，更加深入探討本書介紹的「黃鶯之居」等故事中，隱身而去的女性所醞釀出的「悲歎」美學，或是像「燒炭富翁」的女主角那樣，與原本的丈夫離婚，自己找到燒炭五郎並向他求婚的「有自我意志的女性」等思維。換言之，「無」的產生，或者「悲歎」美學的重要之處，在於實現了包含缺陷在內的完全美，而非毫無缺陷的完成美，並且以美學的方式，而非理論的方式，重新看待矛盾的解決。此外，有自我意志的女性與「自然」這個概念的關係，也與原本被動的主角迎來轉捩點使得主體性崛起等觀點

有關。希望各位也能將這些這點當成本書的思想延伸一併閱讀。（林詠純譯）

二〇一七年三月

河合俊雄

解說

鶴見俊輔

日本在戰敗的五十年之後，終於進入一個可以宏觀全局的境界。在這五十年間出現的一些嶄新思想，幫助我們再也不會倒退回之前的時代（戰中、戰前、大正、明治時代的日本），這些思想的其中之一就是河合隼雄所持續撰寫的這一系列著作。

這些著作主要是透過聆聽的方法去理解日本思想。

這系列一開始的時候是介紹歐洲學者的理論，並將其應用到日本文化上。這些理論所依據的榮格學說具有曖昧和容許自由解釋的特色，因此正適合當成河合隼雄發展自己理論的基礎。

他從介紹沙遊療法的心理諮商實例和治療方法，進入到觀察分析日本的民間傳說故事。他已經超越精神分析學派的應用範圍，開始討論、建議該用何種角度去觀察日本文化。

他的這些討論正是始於本書《日本人的傳說與心靈》。

日本從明治時代開始，因為創立義務教育而使識字率增高，但是人們傾聽的能力卻開始降低。

聽說文藝評論家竹內好因為友人武田泰淳沒有辦法默背出自己剛寫好的短文，而把他罵了一頓，但是日本在戰敗之後能夠寫出他那樣的文章的人已經越來越少。日本政治學家丸山真男因為注意到這一點而刻意朗讀文章（引用文獻），但現在很少有學者將這個習慣融入自己的學問之中。這是因為傾聽別人話語的習慣日漸凋零，所以傾聽的能力也就越顯退化。

在這樣一個時代中，河合隼雄卻傾盡全力復甦人們傾聽的能力，乍看這是一件和當代日本潮流背道而馳的事情，但卻日漸形成一股引人注目的時代潮流。

讓我們來聽一聽民間傳說故事。

首先是「鬼笑」的故事，在「鬼子小綱」中，當這對夫婦的獨生女被怪物抓走後，丈夫雖然坐視不管，但是母親卻一路找到鬼的家裡去。女兒看到母親之後很高興地做晚飯給母親吃，在鬼回來之前把母親藏在石箱子裡面。

母女等到鬼爛醉之後逃出來，當鬼正試圖吸光河川中的水好把她們抓回來時，女尼出現，幫助她們乘小舟逃走。女尼說：「趕快把重要的地方露給鬼看。」接著三個人一起把性器露出來，鬼因為笑翻了而把所有的水吐回去，母女因此得以脫離危險。

鬼因為笑翻了而使它的優越性崩潰。「這讓我們知道所有的力量都是相對的，**沒有**絕對性的強勢存在。」

「黃鶯之居」這個故事中採用各國民間傳說都常見到的「禁忌的房間」主題，其特色在於故事中如何應用這個主題。

年輕的樵夫在森林中看到一個豪宅，裡面住了一位美麗的女性。女子拜託這個男的幫她看家，囑咐他：「不要看後面那個房間。」男子卻打開那個房間，失手打破裡面放的三個鳥蛋。女子回來後，見狀化為一隻黃鶯，悲鳴著「我可憐的女兒啊，吱啾啾揪」離去。

「首先看看禁忌的房間裡面有什麼，在日本的故事中多半是黃鶯站在梅枝上的春景，或者是稻米的生長狀態等這種自然美景，但在西方則是屍體、吃著屍體的丈夫。再看看因為破壞禁令而遭受處罰這方面，在日本的故事中沒有處罰，而西方的故事中則必須要被奪去生命。」

當前蘇聯的民間傳說研究者契斯托夫（K.V. Chistov）唸日本的傳說故事「浦島太郎」給他的孫子聽的時候，他的孫子興趣缺缺地問道：「他什麼時候要跟這個傢伙打？」對於孫子來說，他期待著英雄浦島和怪物龍王大戰，而他怎麼也不了解為什麼浦島沒有跟龍王打起來，也沒有和龍王女兒結婚。

依照河合隼雄的解釋，所謂的 Nothing has happened（什麼也沒有發生——遺留下來的是空無），正是日本故事的一個特色。

〈燒炭富翁〉的故事中，故事的女主人翁最初聽從父親的命令，嫁給父親所安排的丈夫。但是她後來決定離婚，她放棄當富翁的太太，自己出走尋找丈夫。她最後找到燒炭的小五郎當丈夫，兩人一起胼手胝足而致富。原來的丈夫這時來找她，在她的手下當傭人。

「跟現在的丈夫、前夫——現在身為傭人——住在一起是一件非常困難的事情。但假如這種情況毫無可能的話，那不論是這位妻子多善良，故事都會安排前夫最後死掉（如同附篇的故事一樣）。要不然中間這一段就會像剛剛介紹的那樣，讓前夫死掉之後成為妻子的守護神。日本的民間傳說故事，不論怎麼樣都會想辦法把這個薄倖男安排進故事中。」

河合隼雄在這個部分排除榮格的思想，試著將完全性和完成性做一個對比。

「完成性就是藉由排除缺點和惡劣的部分以達成完成性；相對於此的完全性，則是藉由包容、接受惡劣而達成完全性。所謂的父權意識就是以完成性為目標，尖銳地剔除被視為惡劣的部分；但女性意識則包容一切、追求完全性。（中略）這是一種必須被容忍的內部矛盾。」

河合隼雄在這裡比較〈燒炭富翁〉和日本神話之後，賦予民間傳說較優越的評價。他認為日本神話中的〈蛭子〉和〈燒炭富翁〉中的前夫代表類似的意義。當日本神話屏除〈蛭子〉之際，傳說故事卻想辦法接受這個落魄者。

「如果能明確地掌握完全性的意義，完全性就不會受到損害，但如果想要掌握整體，那就會失去明確性的兩難。具有完全性的神不可能明確地掌握人類的意識。」

他的這個說法既吻合日本傳統文化中的規範，也讓人感受到其中的科學性。這是河合隼雄從日本傳統出發，加上自己的直觀之後所下的獨創性結論。

河合隼雄在戰敗後日本學術中的地位，正在於創造以研究故事為主的學術流派。

這些故事和戰爭中用來教育人民的神風吹起、神國必勝的故事，以及戰敗後占領國美國所刻意創作的歐美故事都有所不同。當初日本軍國主義時代所認為的東西一體、全世界只存在一個真實的想法，也許到現在還留在日本知識分子心中的某個角落，但這也和河合隼雄的想法不同。

故事是依著每個人不同的資質和方式，被賦予不同的色彩。這難道是說故事是騙人的嗎？河合隼雄放任內心想要說謊的衝動，讓自己的想法脫離同質性強烈的日本社會的想法。

河合隼雄具有說謊的一面，就算在《日本人的傳說與心靈》中也悄悄地在運作。他的這一面只有在河合隼雄、大牟田雄三合著的《說謊俱樂部短信》（講談社，一九九五）中描述到當他帶著兒子去日本說謊俱樂部本部時，在接待室陳設的獎盃上刻著國際說謊俱樂部會長萊雅（說謊的意思）先生的格言中明顯透露出來：

Believe it or not.
The truth lies here.

這兩句英文的意思是「信不信由你，真實就在那裡」，但也可以讀成「真實正在說謊」。

一八六七年大政奉還、天皇成立新政府，六年之後，日本成立義務教育制度，小孩子從進入小學開始就被教導不可以說謊。訛言本來還沒有被貶得那麼低，至此之後則打入萬惡深淵。柳田國男設立訛言會，試圖收集地方上各式各樣被認為是虛構的故事，希望能夠建立不同於當時採用的歐洲學校教育制度之想法，但是他力有未逮，在戰爭的十五年之間，日本國民全部聽從了當時唯一的教條思想（那是當時政府決定採用的謊言）。

日本戰敗、被占領，會令國人產生與戰時不同的想法，但日本的知識分子從明治初年到現在還稱不上已經從專一思想之中解放，真正擁有自由思想。

河合隼雄所關心的這種從學術角度都沒有辦法扼殺的所謂虛構故事中的精神意義，歷經柳田國男在明治、大正、昭和所做的努力，終於被戰敗後的日本所接受。

河合隼雄在〈柳田國男和榮格〉（一九八二）中將這兩個人做對比，他說：「柳田在昭和十六年的時候，在東京大學的演講中提到他認為研究『……沒有文字記錄、只不過是多數人的感覺和行為中無意義的部分』的是民俗學者。他將人們的感覺和行為背後的『無意識』視為一個研究議題，但他沒有像榮格一樣直接談論無意識這個題目。這裡存在著一個很大的問題點。」

身為分析派心理學家的河合隼雄進而探討柳田沒有談到的這個部分。

「對於柳田來說，外在的感覺就是內在的事實，這兩者是不可分割的真實存在。但如果他能夠這麼簡單地把真實說出來，那就不需要『訛言』的存在了。」

這裡正是受過數學訓練的河合隼雄和明治以前那種將感覺藏在內心的柳田國男的學術風格差異之所在。

※附記：本篇文章當初是為了替《河合隼雄著作集第五卷　民間傳說的世界》（岩波書店，一九九四）中《日本人的傳說與心靈》（一九八二）助言，因此有其特殊的寫作目的。

「故事與日本人的心」選輯

發刊詞

岩波現代文庫最早發行的河合隼雄選輯，是包含《榮格心理學入門》（『ユング心理学入門』）與《佛教與心理治療藝術》（『ユング心理学と仏教』）等等在內的「心理治療」系列。對於以心理治療為專業的河合隼雄來說，這樣的選擇應該是非常適合的。接下來的「孩子與幻想」系列，也考慮到河合隼雄最主要的工作與孩子有關，同時，「幻想」也是榮格心理學中重要的概念。然而在從事心理治療工作的基礎上，河合隼雄達到了自己思想的根本，而這根本的關鍵字就是「故事」。因此，該系列收錄了《日本人的傳說與心靈》和《神話與日本人的心》等主要著作。

在心理治療中，治療師傾聽患者所敘述的故事。但是河合隼雄之所以重視「故事」，其意義不止於此；因為河合隼雄在心理治療中最關心的，是存在於個人內在的 realization 之傾向。這裡刻意使用了 realization 這個英文字，是因為它同時具有「實現某種事物」與「知道、理解某種事物」雙方面的意義。而就像故事有其劇情，能在「理解的同時逐漸實現」的，就是「故

事」，不是別的。正因為如此，故事非常重要。故事究竟是什麼？在河合隼雄人生的最後，他和小川洋子對談的標題「活著，就是創造自己的故事」（生きるとは、自分の物語を作ること），如實地呈現了這個問題。

故事在河合隼雄的人生中，具有重要的意義。首先，河合隼雄從小生長在豐富的大自然環境之中，但他很喜歡看書，特別是故事書。有趣的是，他喜歡閱讀故事，卻對所謂的文學感到格格不入。雖然小時候、年輕的時候，吸引他的都是西方的故事，這套選輯卻如標題「物語與日本人的心」所示，主要探討的是日本的故事。戰爭的經驗，使他厭惡日本的故事與神話，但後來他之所以不得不面對它們，和他經由夢等等分析自身的經驗有關。在日本從事心理治療工作的經驗，迫使他認識到日本故事的重要性——對日本人的心來說，日本的故事就像來自遠古的歷史沉積。這樣的認識，促使他完成了許多關於日本故事的著作。

這套選輯中的《日本人的傳說與心靈〈典藏版〉》，是透過民間故事分析日本人心靈的作品。在那之前，河合隼雄一直扮演的，是將西方的榮格心理學介紹給日本的角色。一九八二年他以這部作品，首次向世界提出自己獨創一格的心理學，不但得到大佛次郎獎，更可以說讓河合隼雄超越了心理學的領域，獲得了屹立不搖的名聲。和這本書比肩的是《神話與日本人的心》。這部作品的原型是他一九六五年取得榮格派分析家資格時，以英文撰寫的論文；經過將近四十年的醞釀發酵，再加上「中空結構論」與「蛭子神論」[1]，於二〇〇三年，七十五歲的時候執筆而成。以某種意義來說，這是他集大成的作品。

關注故事的過程中，河合隼雄注意到中世，特別是中世的物語文學，對日本人心靈的重要性，於是他開始致力在這方面。《源氏物語與日本人》以及探討《宇津保物語》、《落窪物語》等中世物語文學的《活在故事裡：現在即是過去，過去即是現在》，就出自這樣的脈絡。

相對地，《民間故事啟示錄》（『昔話と現代』）與《神話心理學》（『神話の心理学』）則把焦點放在故事的現代性。收錄在「心理治療」系列中的《生與死的接點》（『生と死の接点』），因為篇幅的關係，將第二部分的〈民間故事與現代〉獨立出來，再加上探討「片子」[2]的故事（河合隼雄認為它承繼了姪子神的傳說）的一章做為壓卷，就構成了《民間故事啟示錄》一書。《神話心理學》原本連載於雜誌《思考者》（『考える人』），如原先的標題「眾神的處方箋」所示，聚焦在人類心靈的理解，以之解讀各式各樣的神話。

這個選輯，幾乎網羅了河合隼雄關於故事的大部分作品。未能收錄在這個系列的重要作品，大概還有《換身物語、男與女》、《解讀日本人的心：走入夢、神話、故事的深層》（『日本人の心を解く：夢・神話・物語の深層へ』，岩波現代全書）、《故事的智慧》（『おはなしの智慧』，朝日新聞出版）等等，還希望讀者能夠互相參照閱讀。

藉著這個出版的機會，我要向同意出讓版權的小學館、講談社、大和書房，以及當時負責這幾本書的猪俣久子女士、古屋信吾先生致謝。還有在百忙之中慨允為各書撰寫解說的各位、擔任企劃、校閱的岩波書店的中西澤子女士，以及前總編輯佐藤司先生，致上深厚的謝意。

二〇一六年四月吉日
河合俊雄

（林暉鈞譯）

註釋

1 譯註：根據《古事記》記載，「蛭子神」（ヒルコ）是創造日本的神祇伊邪那岐、伊邪那美之間所生的第一個孩子。因為身體畸形殘缺，被放在蘆葦編成的船上，丟棄到海上漂流。

2 譯註：「片子」是日本各地自古相傳的民間故事中，鬼與人類之間生下來的、半人半鬼的孩子。片子從鬼島回到日本後，生活困難，在大多數故事的結局中，最後自殺了。

〔附錄一〕

索引

- 本索引標示的頁碼為日文版頁碼，請查閱貼近內文（不包括附篇）下方之數字。
- 粗體的數字表示該詞條位在圖或表中。
- 全書翻譯時為求句意通順，中文會有不同但相似的譯法，也使得中文詞條出現許多不同但相似的名稱，如：日文中的エレウシースの密儀，就有厄琉西斯神殿的祭祀儀式、厄琉西斯的儀式、厄琉西斯的春之祭典等譯法。為了容易查找且避免過於重覆，此索引的中文詞條僅留下一至兩種，至多四種詞條。

〔附錄二〕

延伸閱讀

- 《活在故事裡：現在即過去，過去即現在》（2019），河合隼雄，心靈工坊。
- 《民間故事啟示錄：解讀現代人的心理課題》（2018），河合隼雄，心靈工坊。
- 《源氏物語與日本人：女性覺醒的故事》（2018），河合隼雄，心靈工坊。
- 《神話心理學：來自眾神的處方箋》（2018），河合隼雄，心靈工坊。
- 《童話中的女性：從榮格觀點探索童話世界》（2018），瑪麗-路薏絲・馮・法蘭茲（Marie-Louise von Franz），心靈工坊。
- 《童話中的陰影與邪惡：從榮格觀點探索童話世界》（2018），瑪麗-路薏絲・馮・法蘭茲（Marie-Louise von Franz），心靈工坊。
- 《公主變成貓：從榮格觀點探索童話世界》（2018），瑪麗-路薏絲・馮・法蘭茲（Marie-Louise von Franz），心靈工坊。
- 《閱讀奇幻文學：喚醒內心的奇想世界》（2017），河合隼雄，心靈工坊。

- 《公主走進黑森林：榮格取向的童話分析》（2017），呂旭亞，心靈工坊。
- 《解讀童話：從榮格觀點探索童話世界》（2016），瑪麗-路薏絲·馮·法蘭茲（Marie-Louise von Franz），心靈工坊。
- 《孩子與惡：看見孩子使壞背後的訊息》（2016），河合隼雄，心靈工坊。
- 《故事裡的不可思議：體驗兒童文學的神奇魔力》（2016），河合隼雄，心靈工坊。
- 《轉大人的辛苦：陪伴孩子走過成長的試煉》（2016），河合隼雄，心靈工坊。
- 《當村上春樹遇見榮格：從《1Q84》的夢物語談起》（2014），河合俊雄，心靈工坊。
- 《高山寺的夢僧：明惠法師的夢境探索之旅》（2013），河合隼雄，心靈工坊。
- 《榮格心理治療》（2011），瑪麗-路薏絲·馮·法蘭茲（Marie-Louise von Franz），心靈工坊。
- 《榮格解夢書：夢的理論與解析》（2006），詹姆斯·霍爾博士（James A. Hall, M.D.），心靈工坊。
- 《妖怪地圖：世界各地的神祕生物：雪怪、狗靈、年獸、鳥身女妖等等》（2018），珊卓拉·勞倫絲（Sandra Lawrence），大家出版。
- 《神話的力量》（2015），喬瑟夫·坎伯（Joseph Campbell），立緒。
- 《日本昔話詞彙之研究》（2014），林立萍，國立臺灣大學出版中心。

- 《質樸傻趣：尋找臺灣民間故事箇中滋味【臺灣民間故事研討會論文集】》（2013），孫藝玨，萬卷樓。
- 《類型研究視野下的中彰民間故事》（2013），劉淑爾，秀威資訊。
- 《漢聲中國童話》（2012），漢聲雜誌社，英文漢聲。
- 《中國民間故事史：清代篇》（2012），祁連休，秀威資訊。
- 《中國民間故事史：明代篇》（2011），祁連休，秀威資訊。
- 《中國民間故事史：宋元篇》（2011），祁連休，秀威資訊。
- 《中國民間故事史：先秦至隋唐五代篇》（2011），祁連休，秀威資訊。
- 《民間文學的理論與實際(平裝)》（2010），胡萬川，里仁書局。
- 《澎湖民間故事研究》（2007），姜佩君，里仁書局。

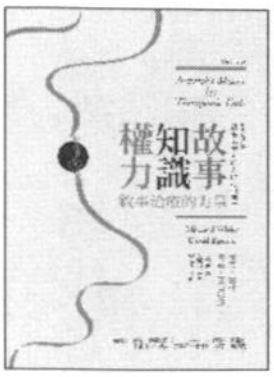

故事・知識・權力【敘事治療的力量】（全新修訂版）

作者：麥克．懷特、大衛．艾普斯頓　審閱：吳熙琄　譯者：廖世德　校訂：曾立芳　定價：360元

一九八〇年代，兩位年輕家族治療師懷特與艾普斯頓，嘗試以嶄新思維和手法，克服傳統心理治療的僵化侷限，整理出這名為「敘事治療」的新療法的理論基礎與實作經驗，寫出本書。

故事・解構・再建構

【麥克．懷特敘事治療精選集】

作者：麥克．懷特　譯者：徐曉珮　審閱：吳熙琄　定價：450元

敘事治療最重要的奠基者，麥克・懷特過世後，長年的工作夥伴雪莉・懷特邀請世界各地的敘事治療師推薦心目中懷特最具啟發性的文章，悉心挑選、編輯，集結成本書。

敘事治療三幕劇

【結合實務、訓練與研究】

作者：吉姆．度法、蘿拉．蓓蕊思　譯者：黃素菲　定價：450 元

本書起始為加拿大社會工作者度法與蓓蕊思的研究計畫，他們深受敘事治療大師麥克・懷特啟發，延續其敘事治療理念，並融合後現代思潮，提出許多大膽而創新的觀點。

敘事治療的精神與實踐

作者：黃素菲　定價：560 元

本書作者黃素菲教授以15年來深耕敘事心理學研究、教學及實務的經驗，爬梳敘事治療大師們的核心思想，並輔以圖表對照、華人案例及東方佛道思想，說明敘事治療的核心世界觀，讓奠基於西方後現代哲學的敘事理論讀來舉重若輕。

醞釀中的變革

【社會建構的邀請與實踐】

作者：肯尼斯．格根　譯者：許婧　定價：450元

作者站在後現代文化的立場，逐一解構現代文化的核心信念，正反映當代社會的劇烈變革，以及社會科學研究方法論的重大轉向。這本書為我們引進心理學的後現代視野，邀請我們創造一個前景更為光明的世界。

翻轉與重建

【心理治療與社會建構】

作者：席拉．邁可納米、肯尼斯．格根
譯者：宋文里　定價：580 元

對「社會建構」的反思，使心理治療既有的概念疆域得以不斷消解、重建。本書收錄多篇挑戰傳統知識框架之作，一同看見語言體系如何引導和限制現實、思索文化中的故事如何影響人們對生活的解釋。

關係的存有

【超越自我．超越社群】

作者：肯尼斯．格根　譯者：宋文里　定價：800 元

主流觀念認為，主體是自我指向的行動智者，但本書對這個啟蒙時代以降的個人主義傳統提出異議，認為我們必須超越將「個體人」視為知識起點的理論傳統，重新認識「關係」的優先性：從本質上來說，關係才是知識建構的場所。

開放對話・期待對話

【尊重他者當下的他異性】

作者：亞科．賽科羅、湯姆．艾瑞克．昂吉爾　譯者：宋文里　定價：400 元

來自心理學與社會科學領域的兩位芬蘭學者，分別以他們人際工作中長期累積經驗，探討對話的各種可能性及貫徹對話作法的不同方式。這讓本書展開了一個對話精神的世界，邀請我們虔心等候、接待當下在場的他者。

心靈工坊 PsyGarden

對於人類心理現象的描述與詮釋
有著源遠流長的古典主張，有著素簡華麗的現代議題
構築一座探究心靈活動的殿堂
我們在文字與閱讀中，尋找那奠基的源頭

重讀佛洛伊德

作者：佛洛伊德　選文、翻譯、評註：宋文里　定價：420 元

本書選文呈現《佛洛伊德全集》本身「未完成式」的反覆思想鍛鍊過程。本書的精選翻譯不僅帶給我們閱讀佛洛伊德文本的全新經驗，透過宋文里教授的評註與提示，更帶出「未完成式」中可能的「未思」之義，啟發我們思索當代可以如何回應佛洛伊德思想所拋出的重大問題。的醫療難題。

生命轉化的技藝學

作者—余德慧　定價—450 元

本書由余德慧教授在慈濟大學宗教與人文研究所開設之「宗教與自我轉化」的課程紀錄整理而成。藉由《流浪者之歌》、《生命告別之旅》、《凝視太陽》等不同語境文本的閱讀，余教授帶領讀者深入探討改變的機轉如何可能，並反思、觀照我們一己生命脈絡中的種種轉化機緣。

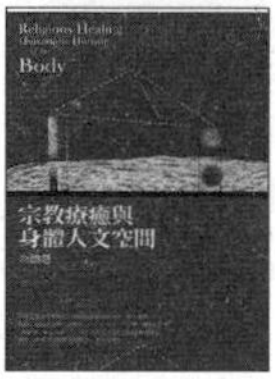

宗教療癒與身體人文空間

作者：余德慧　定價：480元

本書探討並分析不同的修行實踐，包括靜坐、覺照、舞動、夢瑜伽等種種宗教修行的法門，而以最靠近身體的精神層面「身體的人文空間」的觀點去研究各種修行之道的「操作平台」。這本書是余德慧教授畢生對於宗教療癒的體會及思索，呈現其獨特的後現代視域修行觀。

宗教療癒與生命超越經驗

作者：余德慧　定價：360元

余德慧教授對於「療癒」的思索，從早期的詮釋現象心理學，到後來的身體轉向，研究思路幾經轉折，最終是通過法國後現代哲學家德勒茲「純粹內在性」的思想洗禮，發展出獨特的宗教療癒論述。其宗教療癒與生命超越路線，解除教門的教義視野，穿越不同認識論界線，以無目的之目的，激發讀者在解疆域後的遊牧活動，尋找自身的修行療癒之道。

沙灘上的療癒者【一個家族治療師的蛻變與轉化】

作者：吳就君　定價：320元

《沙灘上的療癒者》是吳就君回首一生助人歷程的真情記錄。全書分為三部分，第一部呈現一位助人工作者不斷反思和蛻變的心路歷程。第二部強調助人工作最重要的核心：與人接觸、一致性、自我實踐。第三部提出家族治療師的全相視野：重視過程、看見系統、同時具備橫向與縱向的發展史觀。

輕舟已過萬重山【四分之三世紀的生命及思想】

作者：李明亮　定價：450元

既是醫生、也是學者，更是推動國家重要醫療政策的官員，走過四分之三個世紀，李明亮卻說自己始終是自由主義的信徒。本書不僅描述了他的成長境遇、人生體悟、教育思想與生命觀念，更侃侃道來他從最初最愛的哲學出發，朝向醫學、生物學、化學，再進入物理、數學，終歸又回到哲學的歷程，淡泊明志中可見其謙沖真性情。

瘋狂與存在【反精神醫學的傳奇名醫R.D. Laing】

作者：安德烈．連恩　譯者：連芯　定價：420元

集反精神醫學的前衛名醫、叛逆的人道主義者、抽大麻的新時代心靈導師、愛搞怪的瑜伽修士、失職的父親、生活混亂的惡漢與酒鬼於一身，R.D. Laing被譽為繼佛洛伊德、榮格之後最有名的心理醫生，他的反叛意識和人道主義觀點，深深影響了一整個世代的年輕治療師。

品德深度心理學

作者：約翰．畢比　譯者：魯宓
定價：280元

完善的品德，經得住時間的考驗，也是一種持續而專注的快樂。當個人的品德在醫病關係中發展時，病患與治療師也能在過程中分享與互動。這也是所有深度心理治療的基礎。

大地上的受苦者

作者：弗朗茲．法農
譯者：楊碧川　定價：400元

弗朗茲・法農認為種族主義並非偶發事件，而是一種宰制的文化體系，這種體系也在殖民地運作。若是不看清統治文化所帶來的壓迫效應與奴役現象，那麼對於種族主義的抗爭便是徒然。

心靈工坊 PsyGarden

對於人類心理現象的描述與詮釋
有著源遠流長的古典主張，有著素簡華麗的現代議題
構築一座探究心靈活動的殿堂
我們在文字與閱讀中，尋找那奠基的源頭

青年路德【一個精神分析與歷史的研究】

作者：艾瑞克．艾瑞克森　譯者：康綠島 審訂：丁興祥　定價：600 元

艾瑞克森因提出「認定危機」與「心理社會發展論」名響於世，這本《青年路德》是他的奠基之作，也可謂跨越史學與心理學的開創性鉅作。艾瑞克森用自己開創的理論重新解析十六世紀掀起宗教革命的馬丁・路德，刻畫了一個苦惱於自己「該是什麼樣的人」而瀕於崩潰的青年，如何一步步被心理危機推向世人眼中的偉大。

意義的呼喚【意義治療大師法蘭可自傳】（二十週年紀念版）

作者：維克多．法蘭可　譯者：鄭納無　定價：320 元

本書是意義治療大師法蘭可九十歲時出版的自傳。法蘭可繼佛洛伊德、阿德勒之後開創「第三維也納治療學派」，而他在集中營飽受摧殘，失去所有，卻在絕境中傾聽天命召喚而重生，進而開創「意義治療」，這一不凡的人生歷程帶給世人的啟發歷久彌新，讓人深深反思自身存在的意義。

逃，生【從創傷中自我救贖】

作者：鮑赫斯．西呂尼克　譯者：謝幸芬、林說俐　定價：380元

法國心理學家西呂尼克回顧二戰期間猶太屠殺帶來的集體創傷，及身為猶太後裔的成長歷程，並以心理學角度看待受創的兒童如何展現驚人的心理韌性，與外在世界重新連結。作者在本書中展現了勇氣的例證、慷慨的精神，任何因遭逢迫害而失語緘默、迴避痛苦、佯裝樂觀的個人或群體，都能從本書中得到啟示和鼓舞。

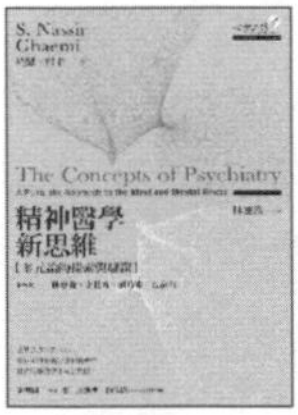

精神醫學新思維

【多元論的探索與辯證】

作者：納瑟．根米　譯者：陳登義
定價：600元

全書共24章三大部，從部一理論篇、部二實務篇，到部三總結篇，帶領讀者完整探究了精神醫學這門專業的各個面向，並建議大家如何從多元論的角度來更好地瞭解精神疾病的診斷和治療。

榮格心理治療

作者：瑪麗-路薏絲．馮．法蘭茲譯者：易之新　定價：380元

榮格心理學實務最重要的著作！作者馮．法蘭茲是榮格最重要的女弟子，就像榮格精神上的女兒，她的作品同樣博學深思，旁徵博引，卻無比輕柔，引人著迷，讓我們自然走進深度心理學的複雜世界。

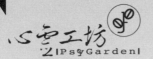

心靈工坊 PsyGarden
Master 064

日本人的傳說與心靈（典藏版）

定本 昔話と日本人の心

作者—河合隼雄　編者—河合俊雄
譯者—廣梅芳、林詠純

出版者—心靈工坊文化事業股份有限公司
發行人—王浩威　總編輯—王桂花
特約編輯—陳慧淑　責任編輯—饒美君
封面設計—羅文岑　內頁排版—李宜芝
通訊地址—10684台北市大安區信義路四段53巷8號2樓
郵政劃撥—19546215　戶名—心靈工坊文化事業股份有限公司
電話—02）2702-9186　傳真—02）2702-9286
Email—service@psygarden.com.tw　網址—www.psygarden.com.tw

製版・印刷—中茂分色製版印刷股份有限公司
總經銷—大和書報圖書股份有限公司
電話—02）8990-2588　傳真—02）2990-1658
通訊地址—248新北市新莊區五工五路二號
二版一刷—2019年5月　ISBN—978-986-357-150-6　定價—460元

"MONOGATARI TO NIHONJIN NO KOKORO" KOREKUSHON
VI: TEIHON, MUKASHIBANASHI TO NIHONJIN NO KOKORO
by Hayao Kawai, edited by Toshio Kawai

with commentary by Shunsuke Tsurumi
Originally published in 2017 by Iwanami Shoten, Publishers, Tokyo.
This complex Chinese edition published 2019
by PsyGarden Publishing Co, Taipei
by arrangement with Iwanami Shoten, Publishers, Tokyo

國家圖書館出版品預行編目資料

日本人的傳說與心靈 / 河合隼雄著 ; 廣梅芳, 林詠純譯. -- 二版. -- 臺北市 : 心靈工坊文化, 2019.05
面；　公分—(故事與日本人的心) (Master; 64)
譯自 : 定本 : 昔話と日本人の心

ISBN 978-986-357-150-6(平裝)

1.民間傳說　2.民族性　3.日本

539.531　108007157

心靈工坊 PsyGarden 書香家族 讀友卡

感謝您購買心靈工坊的叢書，爲了加強對您的服務，請您詳填本卡，
直接投入郵筒（免貼郵票）或傳眞，我們會珍視您的意見，
並提供您最新的活動訊息，共同以書會友，追求身心靈的創意與成長。

書系編號－MA064　　書名－日本人的傳說與心靈（典藏版）

姓名　　是否已加入書香家族？ □是 □現在加入

電話（公司）　（住家）　手機

E-mail　生日　年　月　日

地址 □□□

服務機構／就讀學校　職稱

您的性別—□1.女 □2.男 □3.其他

婚姻狀況—□1.未婚 □2.已婚 □3.離婚 □4.不婚 □5.同志 □6.喪偶 □7.分居

請問您如何得知這本書？

□1.書店 □2.報章雜誌 □3.廣播電視 □4.親友推介 □5.心靈工坊書訊
□6.廣告DM □7.心靈工坊網站 □8.其他網路媒體 □9.其他

您購買本書的方式？

□1.書店 □2.劃撥郵購 □3.團體訂購 □4.網路訂購 □5.其他

您對本書的意見？

封面設計	□ 1.須再改進	□ 2.尚可	□ 3.滿意	□ 4.非常滿意
版面編排	□ 1.須再改進	□ 2.尚可	□ 3.滿意	□ 4.非常滿意
內容	□ 1.須再改進	□ 2.尚可	□ 3.滿意	□ 4.非常滿意
文筆／翻譯	□ 1.須再改進	□ 2.尚可	□ 3.滿意	□ 4.非常滿意
價格	□ 1.須再改進	□ 2.尚可	□ 3.滿意	□ 4.非常滿意

您對我們有何建議？

□ 本人＿＿＿＿＿＿（請簽名）同意提供真實姓名/E-mail/地址/電話/年齡/等資料，以作為心靈工坊聯絡/寄貨/加入會員/行銷/會員折扣/等用途，詳細內容請參閱：http://shop.psygarden.com.tw/member_register.asp。